Mathilde Fachan

✴

ASTROLOGIE FÜR JEDEN TAG

KREATIVE SINNSUCHE

MIT DEINEM

GEBURTSHOROSKOP

Illustriert von Clémence Gouy

Aus dem Französischen übersetzt von Felix Mayer

Anaconda

Such dir einen Stern aus und lass ihn nicht aus den Augen..
Mit seiner Hilfe wirst du weit kommen, ohne Mühen oder Plagen.

Alexandra David-Néel

Deine Astro-Map als Poster zum Download:

www.anaconda-verlag.de/astromap

Wenn du deine Astro-Map nicht ausdrucken möchtest, findest du sie
auch am Ende dieses Buchs in kleinerem Format.

INHALT

AN ALLE NEUEN ENTDECKUNGSREISENDEN
DER ASTROLOGIE …   **5**

I   WAS GENAU IST ASTROLOGIE EIGENTLICH?   **9**

II   AUFBAU UND ELEMENTE
      DES GEBURTSHOROSKOPS   **15**

III   DER TIERKREIS   **26**

IV   DIE ASTROLOGISCHEN PLANETEN   **74**

V   DIE HÄUSER   **119**

VI   DIE ASPEKTE   **205**

VII   GESTALTE DEINE ASTRO-MAP!   **215**

VIII WEITERE THEMENKREISE   **219**

IX   ASTROLOGISCHE BEGEGNUNGEN   **228**

MEIN ASTRO-TAGEBUCH   **242**

DANKSAGUNG   **263**

AN ALLE NEUEN ENTDECKUNGSREISENDEN DER ASTROLOGIE

In unserer modernen Gesellschaft gilt die Deutung der Himmelserscheinungen oft als vages Gerede, man nimmt sie nicht ernst oder macht sich sogar lustig über sie. Weil die Astrologie auf die frei erfundenen Horoskope in den Zeitschriften reduziert wird und die jüngsten Entdeckungen der Astronomie ihre (vermeintlichen) Mängel aufzeigen, hat sie mit massiven Vorurteilen zu kämpfen. Diese sind jedoch unbegründet. Die Astrologie ist eine fabelhafte Methode, um sowohl die Welt als auch sich selbst in differenzierter Weise kennenzulernen. Mir persönlich war sie schon oft eine große Hilfe, etwa beim Umgang mit Gefühlen im Alltag oder bei wichtigen Entscheidungen. Die Geringschätzung, mit der sie in der Öffentlichkeit behandelt wird, beruht auf zahlreichen Missverständnissen.
Das größte dieser Missverständnisse besteht in der weitverbreiteten Annahme, die Planeten, diese gewaltigen Himmelskörper, die Tausende Kilometer von uns entfernt ihre Bahnen ziehen, würden unsere unbedeutenden Existenzen hier auf der Erde beeinflussen. Die meisten Astrologen haben so etwas jedoch nie behauptet. Allerdings bedarf es einer gewissen spirituellen Offenheit, wenn man sich mit der Symbolik der Sterne befasst. Man muss den Gedanken zulassen, dass vielleicht nicht alles, was uns widerfährt, Ergebnis des Zufalls ist. Vielleicht will eine höhere, unsichtbare, unergründliche Instanz, dass wir unsere Spiritualität entwickeln, damit wir ihre Botschaften verstehen und ihre Aufrufe zu Ausgeglichenheit, Harmonie und Frieden hören. Aber natürlich ist das nur eine Vermutung – keine mathematische Formel könnte das je beweisen oder widerlegen.
Wenn das zutrifft – wie finden wir uns dann am besten im Leben zurecht? Wie können wir feststellen, ob wir den richtigen Weg eingeschlagen haben, welche Entscheidungen wir treffen sollen und ob wir den Erwartungen, die an uns herangetragen werden, entsprechen?

Die Astrologie ermuntert uns dazu, nach oben zu blicken und die Sterne, die Asteroiden und die Trabanten der Himmelskörper zu betrachten, insbesondere die zwölf astrologischen Planeten. In ihren Bewegungen und Konstellationen kommt ein Dialog zum Ausdruck, der von höherer Natur ist, weil ihm das Denken und das Bewusstsein fehlen, die uns Menschen zu eigen sind. Unser intelligentes Denken kann uns in seinen zahlreichen Verzweigungen die Richtung weisen, aber auch in die Irre führen; es kann uns eine Hilfe, aber auch eine Last sein. Unser Leben ist nicht nur von unseren Sehnsüchten und unserer Freiheit geprägt, sondern auch von Kompromissen, von vorgefassten und damit einengenden Ansichten und Irrtümern. Wir passen uns so gut wie möglich an unsere Umwelt an, an die gesellschaftlichen, ökonomischen und politischen Gegebenheiten.

Der Himmel dagegen weiß nichts von dieser pulsierenden, lärmenden Maschinerie, die die Menschheit seit Jahrtausenden immer weiter ausbaut. Die Himmelskörper bilden die Kräfte jener höheren Instanz ab, die unseren ganzen Planeten beeinflusst, die vielleicht göttlicher Natur ist und zu der wir nur schwer eine Verbindung aufbauen können, weil sie von so viel größeren Dimensionen ist als wir. Die Botschaft, die uns die astrologischen Planeten senden, spricht von kosmischer Einheit, und das astrologische Denken ermöglicht es, diese Botschaft zu deuten. Die Planeten selbst haben also keinerlei Einfluss. Wie wir sind sie nur Ausdruck eines Aufrufes zu allumfassender Harmonie – nur dass ihr Tanz weitaus leichter zu interpretieren ist als das chaotische und unvorhersehbare Treiben des *Homo sapiens!* In diesem Buch wird es darum gehen, wie wir diesen kosmischen Text und unser Handeln in Einklang bringen.

Wenn man der Astrologie mit aufgeklärtem Geist und Wohlwollen begegnet, kann sich dieser uralte Wissensschatz als wertvolle Erkenntnisquelle erweisen. Dabei geht es nicht darum, ein vorbestimmtes Schicksal zu ergründen oder unmittelbar bevorstehende Katastrophen vorherzusagen. Astrologische Deutung ermöglicht uns vielmehr, unser weltliches Dasein so zu akzeptieren, wie es ist, unsere emotionale Verfasstheit zu erkennen und die uns innewohnenden Möglichkeiten zu entdecken – und gleichzeitig dem Aufruf des Universums zu folgen. Im Lauf unseres Lebens schlüpfen wir in die unterschiedlichsten Rollen. Die Astrologie kann uns helfen, dabei unsere innere Harmonie zu bewahren, aber auch das allgemeine Gleichgewicht der Welt.

Eine große Aufgabe! Doch zum Glück unterstützt uns der Himmel dabei. Er bietet uns Anzeichen, Hinweise und Ratschläge, und wir können sie annehmen oder auch nicht. Diese Hinweise finden sich im Geburtshoroskop, einer grafischen Darstellung der Planetenkonstellation, die zum Zeitpunkt deiner Geburt herrschte. Es enthält alle notwendigen Angaben, anhand derer du deine Stärken und Schwächen, deine Begabungen und deine verdrängten Seiten ermitteln kannst – alles, was du brauchst, um die großen Entwicklungslinien deines Lebens und die Themen deiner Persönlichkeit zu verstehen.

Wenn du dein astrologisches Profil deuten kannst, hilft dir das, dein Persönlichkeitsprofil zu entwerfen und deine innere Erzählung wieder selbst zu bestimmen: Welche Figur willst du im Alltagsleben verkörpern? Welche Aufgabe willst du erfüllen? Welche grimmigen Ungeheuer willst du bezwingen? Wenn du dein astrologisches Profil verstehst, kannst du bevorstehende Wendepunkte absehen, daran arbeiten, du selbst zu werden, dein Potenzial ausschöpfen und so schließlich dein ganz persönliches Happy End erreichen.

Mit der Astrologie verhält es sich wie mit einer Fremdsprache: Um sie zu beherrschen, muss man viel über sie lesen und sie praktizieren. Wenn du dich für dein Geburtshoroskop interessierst, aber nur wenig Zeit oder Lust hast, dich in die Astrologie einzuarbeiten, hast du verschiedene Möglichkeiten. So gibt es etwa Computerprogramme und Apps, die Geburtshoroskope deuten. Sie sind leicht in der Handhabung, liefern aber oft unbefriedigende Ergebnisse, denn eine umfassende Darstellung des persönlichen Lebensthemas kann die künstliche Intelligenz noch nicht leisten. Alternativ kannst du eine astrologische Beratung aufsuchen, und vielleicht willst du ja im Vorhinein dein Horoskop näher kennenlernen, um besser zu verstehen, worum es geht.

Dieses Buch will dir dabei helfen, dich mit deinem Horoskop vertraut zu machen, ob du es nun auf eigene Faust ergründest oder mit der Hilfe von Fachleuten, die dir weitere Horizonte eröffnen. Es will in keiner Weise die persönliche Beratung ersetzen, sondern dich bei der Erforschung und Deutung deines Horoskops begleiten, dich beim Freilegen deines astrologischen Lebensweges leiten und dich auf die wichtigen Begegnungen deines Lebens vorbereiten. Außerdem will es dir mögliche Entwicklungslinien aufzeigen, die dir helfen können, zu einem angenehmeren Leben zu finden.

Anders als viele Leute glauben, beraubt uns die Astrologie nicht unseres freien Willens. Vielmehr müssen wir unser Geburtshoroskop wie eine Straßenkarte betrachten: Nicht nur sind darin zahlreiche unterschiedliche Wege verzeichnet, sondern es gibt auch keine obligatorische Route. Es ist an uns, die möglichen Strecken zu ermitteln, zu erkennen, welche Etappen unbedingt zu absolvieren sind, und schließlich den eigenen Weg einzuschlagen.

Die Astrologie ist ein unermesslich reichhaltiges und weites Feld, auf dem sich zahlreiche Schulen entwickelt haben. Sie wandelt sich laufend, entsprechend den Veränderungen in unserer Gesellschaft. Dieses Buch will die Astrologie nicht erschöpfend behandeln, sondern dir dabei helfen, deine eigene astrologische Erzählung zu entwickeln. Lass dich von deiner Intuition leiten, und ergänze das Wissen aus diesem Handbuch durch eigene Recherchen.

Einige Hinweise zur Benutzung dieses Buches

In diesem Buch erlernst du die theoretischen Grundlagen sowie deren praktische Anwendung auf dein Geburtshoroskop. Außerdem bietet es dir:

* die Möglichkeit der interaktiven Lektüre. In deinem Astro-Tagebuch am Ende des Buches kannst du alles notieren, was du herausgefunden hast und was dir wichtig erscheint. So kannst du alles sammeln, was du bei der Lektüre gelernt hast.

* die ab S. 259 abgedruckte und zum Download verfügbare Astro-Map (Link auf S. 2), die du mit deinen persönlichen Daten ergänzen kannst. Diese Karte veranschaulicht deinen persönlichen Weg und kann dir auch nach der Lektüre dieses Buches als Orientierung dienen.

Hilfsmittel: Tagebuch und Karte

Astro-Tagebuch
Notiere alles, was du lernst, sowie deine Gedanken dazu in deinem Astro-Tagebuch am Ende des Buches ab S. 242.

Astro-Map
Lad deine Astro-Map herunter, druck sie aus und folg den Anweisungen.

Was brauchst du für diese Reise?

Um zu wissen, wie die Sterne für dich stehen, brauchst du eine grafische Darstellung deines Geburtshoroskops. Diese bekommst du bei Astrologen, aber es gibt auch zahlreiche Internetseiten, auf denen man sich kostenlos eine solche Grafik erstellen lassen kann. Achte darauf, dass darin auch die Planeten sowie die Aspekte verzeichnet sind (die Beziehungen zwischen den Planeten). Eine Webseite, die auch auf Deutsch verfügbar ist: www.astro.com

– I –

Was genau ist Astrologie eigentlich?

Als unsere Vorfahren anfingen, sich über die Welt, in der sie lebten, und über den Platz des Menschen im Universum Gedanken zu machen, versuchten sie zunächst, das Phänomen der Zeit zu verstehen. Auf den hellen Tag, während dessen sie tätig sein und sich fortbewegen konnten, folgte die Nacht, deren Gestirn in regelmäßigen Abständen verschwand und wieder auftauchte. Die Sterne dagegen waren immer auf dieselbe Weise angeordnet und verschwanden bei Sonnenaufgang. In den unterschiedlichsten Weltgegenden entstanden Himmelskarten, die einander ähnelten: in Ägypten, Mesopotamien, Griechenland, Indien, Japan, bei den Kelten und bei den Inkas. Zahlreiche Kulturen beobachteten die Abfolge von Tagen und Nächten sowie der Jahreszeiten (woraus später die Kalender hervorgingen) und teilten die Zeit in Einheiten von 365 Tagen (den Zeitraum, den die Erde für eine Umrundung der Sonne braucht), zwölf Monaten und, je nach Region, zwei, drei oder vier Jahreszeiten. Um der dahinfließenden Zeit eine Ordnung zu geben, erdachte man Legenden und Geschichten, die die Veränderungen des Wetters im Jahresverlauf erklärten, Vegetationszyklen beschrieben und die Art und Weise, wie der Mensch seine Tätigkeiten an Temperaturen und Wetterverhältnisse anpasste.

EINE WISSENSCHAFT WIE JEDE ANDERE ...

Früher waren die wissenschaftlichen Disziplinen nicht so scharf voneinander getrennt wie in heutigen Zeiten, in denen Mathematik, Biologie und Physik als autonome und darüber hinaus als die einzig ernst zu nehmenden Wissensgebiete gelten.
Vielmehr herrschte reger Austausch: Wissenschaftler und Gelehrte suchten nach Verbindungen zwischen ihren jeweiligen Gebieten und nach Zusammenhängen zwischen den unterschiedlichen Informationen, die ihnen die Welt lieferte, um die Geheimnisse dieser Welt zu ergründen. Thales und Pythagoras, deren berühmte geometrische Sätze noch heute alle Schüler auswendig können, widmeten sich auch eifrig der Astrologie. Der Geograf und Astronom Hipparch, der um 150 v. Chr. lebte, beschäftigte sich mit Sonnen- und Mondfinsternissen und berechnete die Position der damals bekannten Planeten unseres Sonnensystems mit Bezug auf eine imaginäre Bahn, den sogenannten Tierkreis. Der Universalgelehrte Ptolemäus, der um 140 n. Chr. in Alexandria wirkte, war sowohl für seine astronomischen Arbeiten über die Bewegung der Erdachse bei der

Tagundnachtgleiche berühmt als auch für seine astrologischen Abhandlungen, die bis ins 17. Jahrhundert Grundlagenwerke darstellten. Und die sogenannten Ephemeriden – Tabellen, die für jeden Tag die genaue Position der Himmelskörper angeben – werden sowohl in der Astronomie als auch in der Astrologie verwendet.

... ODER DOCH NICHT?

Wie viele anerkannte wissenschaftliche Disziplinen, etwa Geschichtsschreibung, Literaturwissenschaft oder Psychologie, lässt sich auch die Astrologie nicht in Algorithmen fassen oder auf eine mathematische Formel bringen. Was für ein Glück! Wenn sie uns klar und deutlich und mit felsenfester Gewissheit sagen könnte, wie wir leben sollen, würde die Menschheit sie gewiss zu abscheulichen Zwecken missbrauchen – so wie in einer Dystopie in der Art von *Minority Report*. Einer der häufigsten Vorwürfe, die der Astrologie gemacht werden, lautet, dass statistische Daten, die sich auf das Sonnenzeichen beziehen, nur selten aussagekräftig sind: Unter Firmenchefs finden sich nicht notwendigerweise mehr Widder als Krebse, unter Prominenten nicht mehr Löwen als Stiere. Statistische Auswertungen, die allein das Sonnenzeichen berücksichtigen, sind kaum überzeugend.
Wer sich näher mit Astrologie beschäftigt, wird gegen solche Feststellungen nichts einwenden. Sie sind in mehrfacher Hinsicht berechtigt. Erstens ist die Sonne, so groß ihre Bedeutung auch sein mag, in einem Geburtshoroskop nur ein Aspekt unter vielen (hierzu später mehr). Weiterhin besteht das Wesen der Astrologie darin, uns unser persönliches Potenzial und unsere verwundbaren Stellen aufzuzeigen – und dann ist es an uns, gemäß der jeweiligen Lebenssituation zu handeln und Lösungen zu finden. Und schließlich sind die Statistiken, die von Astrologen erstellt werden, weitaus aussagekräftiger, denn die Fachleute wissen, dass ein Blick auf das Sonnenzeichen nicht ausreicht, um etwas über die berufliche Lage einer Person zu erfahren, oder auf die Venus, um das Wesen ihrer Liebesbeziehungen kennenzulernen. Andererseits gibt es klare Tendenzen, die sich auffällig oft häufen: Bei Staatschefs hat Jupiter oft eine dominante Stellung, und bei extrovertierten Popmusikern zeigt sich oft die ganze Energie des Schützen. Das sind zum Glück keine allgemeingültigen Gesetze, denn die Astrologie beschreibt zwar unsere Potenziale, doch wir sind jederzeit voll und ganz Herr über unser Handeln. Astrologie ist keine Wissenschaft; die Bezeichnung leitet sich von den griechischen Wörtern *astron* (»Stern«) und *logos* (»Lehre«) ab. Die Planeten bringen durch ihre Bewegungen am Himmel die waltenden Kräfte zum Ausdruck, und der Astrologe ist nur der bescheidene Deuter dieses Geschehens.

VON DER WAHRSAGEREI BIS ZU DEN HOROSKOPEN IN ZEITSCHRIFTEN

Kann man mithilfe der Astrologie die Zukunft vorhersagen? Die ältesten erhaltenen Überreste von Horoskopen datieren aus der Zeit um 500 v. Chr. und stammen aus Mesopotamien: Darstellungen des Tierkreises, die die Form eines in zwölf Felder unterteilten Himmelsbandes haben und sich auf die wichtigsten Sternbilder stützen, die die Wissenschaftler und Sternbeobachter dieser Epoche am Himmel erkannten. Diese Karten beinhalten auch Darstellungen von Göttern, die in der Folge Eingang in die griechisch-römische Mythologie fanden. Der babylonische Tierkreis kennt Figuren wie den Himmelsstier (Stier), den Ziegenfisch (Steinbock) oder die Kornähre (Jungfrau). Die Babylonier glaubten, dass die Götter bei der Geburt eines Königs sowohl über sein Schicksal als auch das seines Reiches entschieden – eine deterministische, ja fatalistische Weltsicht. Aus dem Geburtsort des Monarchen und der Position der Planeten in den Sternbildern zum Zeitpunkt seiner Geburt leiteten sie ab, welche Gefahren und welche möglichen Erfolge für die Zeit seiner Herrschaft zu erwarten waren. Dabei stützten sie sich auf die Vorstellung, dass bestimmte Planeten (Mars und Saturn) grundsätzlich Unheil brachten, andere (Venus und Jupiter) dagegen Glück verhießen. Die moderne Astrologie verzichtet auf solche Prophezeiungen. Sie weiß vielmehr, dass jeder Planet und jedes Sonnenzeichen seine Stärken und Schwächen besitzt.

Nach dem Niedergang der Kulturen Mesopotamiens zogen Astrologen aus Babylon in den Mittelmeerraum und bis nach Griechenland, wo sie begeistert empfangen wurden. Nun wurde die Astrologie auch auf Einzelschicksale angewandt, und Menschen aus dem Volk suchten Wahrsager auf, um zu erfahren, welches Geschick die Götter ihnen hinsichtlich ihrer Geschäfte, ihrer Ehe oder bestimmter Entscheidungen beschieden hatten. Als die römische Zivilisation die Oberhand gewann, nahm die Popularität der Astrologie noch einmal zu.

In Mitteleuropa verbot die Kirche das Erstellen von Horoskopen, weil sie darin ein Werk des Teufels sah. Doch im Mittelalter und in der Renaissance ist diese Praxis hin und wieder zu beobachten. So holte sich etwa im 16. Jahrhundert Katharina von Medici, eine leidenschaftliche Esoterikerin, Rat bei Nostradamus, und Ludwig XI. zog den Astrologen Galeotti hinzu. Auch so mancher Papst wurde neugierig (so richtete etwa Papst Leo X. 1515 an der Universität La Sapienza in Rom einen Lehrstuhl für Astrologie ein). Während die katholischen Institutionen die Astrologie größtenteils nur misstrauisch beäugten, begegneten ihr zahlreiche Philosophen der Aufklärung rundheraus mit Verachtung. Der damals weitverbreitete Aberglaube und ein Mangel an gesicherten wissenschaftlichen Erkenntnissen machten die Astrologie zu einem riskanten Unterfangen, und sie stiftete eher Chaos als Weisheit. Mit der Aufklärung und der Erkenntnis, dass jeder Mensch für sein Handeln und sein Schicksal selbst verantwortlich ist, sank das Bedürfnis, die Sterne zu befragen. Auch der Aufstieg der Physik und des Ra-

tionalismus, der Industrialisierung und des Materialismus im 18., 19. und 20. Jahrhundert trug dazu bei, dass die Astrologie aus der Mode kam.
Doch so war es nicht überall. In Ländern, die durchaus zu wissenschaftlichen Höchstleistungen und beachtlichem Wirtschaftswachstum in der Lage sind, wie etwa Indien, China oder Japan, kann (oder muss bisweilen sogar!) bei weitreichenden Entscheidungen wie Firmenübernahmen, Vertragsunterzeichnungen oder auch Eheschließungen noch immer ein Astrologe hinzugezogen werden, und sei es nur, um den günstigsten Zeitpunkt zu ermitteln. Nicht alle modernen Gesellschaften haben mit Verweis auf wundertätige Hilfsmittel, die den Fortschritt garantieren, wie etwa Impfstoffe oder Computer, spirituelles Denken und Handeln verbannt.
In Westeuropa dagegen fristet die Astrologie seit zwei- bis dreihundert Jahren ein Schattendasein. Zwar suchen zahlreiche Politiker und Wirtschaftsbosse heimlich Rat bei Astrologen, die ihnen bei der Entscheidungsfindung helfen sollen, doch die breite Öffentlichkeit kennt meist nur die Horoskope in Modezeitschriften, die von vorne bis hinten frei erfunden sind, meist von Praktikantinnen, die sich jede Woche etwas Neues aus den Fingern saugen müssen. Wer Astrologie jedoch ernsthaft betreibt, nutzt sie als Mittel, um sich selbst kennenzulernen und besser zu verstehen, ohne dabei unbedingt das Geheimnis ergründen zu wollen, das zukünftige Ereignisse darstellen.

WENIGER VORHERSAGE ALS SCHÖPFERISCHE DEUTUNG

So wie die Verfahren der Medizin oder der Pädagogik sich im Lauf der Zeit weiterentwickelt und an die gesellschaftlichen Veränderungen angepasst haben, haben sich auch die Verfahren der Astrologie gewandelt. Ein Treffen zwischen Katharina von Medici und ihrem Leibastrologen, ein Beratungsgespräch zwischen einem Geschäftsmann und seinem spirituellen Meister, bei dem der günstigste Zeitpunkt für die Unterzeichnung eines umfangreichen Vertragswerks gefunden werden soll, oder der Termin, den du bei einer Astrologin hast, weil du den Sinn deines Daseins auf der Erde besser verstehen willst – drei ähnliche, aber doch gänzlich verschiedene Szenen.
In unserer Gesellschaft herrscht die Ansicht vor, Magie und Spiritualität seien Relikte aus vergangenen Zeiten. Das Interesse an Astrologie dagegen wächst seit einigen Jahrzehnten wieder. Wie geht man nun am besten an dieses Wissensgebiet heran (an dem sich die Geister scheiden und das oft missverstanden wird), und wie macht man es sich am besten zunutze? Hierfür gibt es zwei Wege. Wer skeptisch ist, kann die Astrologie als Erklärungsmodell auffassen, vergleichbar der Psychologie und der Psychoanalyse. Um die eigene astrologische Erzählung zu verfassen, muss man aufrichtig sein und sich selbst gut kennen, doch

man bekommt dabei auch die Gelegenheit, über sich selbst nachzudenken, das eigene Innere kennenzulernen und seiner Intuition zu folgen. Man kann dabei an sich selbst arbeiten und sich Zeit nehmen, um sich in der eigenen Haut wohler zu fühlen, wie es etwa auch bei einer Psychotherapiesitzung geschieht. Wer dagegen den kosmischen Kräften auf der Spur ist, kann sich darüber hinaus verschiedenen anderen spirituellen Praktiken widmen, wie etwa Ritualen, dem Heilen mit Pflanzen oder Steinen oder dem Tarot.

Die moderne Astrologie macht sich die Erzählkunst zunutze. Zu ihren Elementen gehören Geschichten, die uns geprägt haben, die Träume, die wir haben, die symbolischen Projektionen, mit denen wir die Dinge in unserer Umgebung belegen, die kleinen Details, die unsere Aufmerksamkeit auf sich ziehen, unsere Sprachticks, die Spitznamen, mit denen wir gerufen werden, die Träume, die wir im Verborgenen nähren, die Alpträume, die uns bedrücken, die Metaphern und Parabeln, denen wir im Alltag begegnen und die unserem Empfinden, unseren Entscheidungen und unserem Handeln einen Sinn verleihen. Daher ist die Astrologie eine lebendige Wissenschaft, die nicht in letztgültigen und unveränderlichen Antworten erstarrt ist. Sie macht ein breitgefächertes Sinnangebot und bietet einen unerschöpflichen Schatz an Möglichkeiten. Dieses Buch will dir dabei helfen, deine Erinnerungen hervorzurufen und dein kreatives Potenzial zu nutzen. Sieh das, was du auf den kommenden Seiten lesen wirst, nicht als unumstößlich an; glaub nicht, dem Wirken des Universums ausgeliefert zu sein. Wenn du gegen etwas inneren Widerstand verspürst oder etwas nicht verstehst, notiere es und denk eine Weile darüber nach. Lass deiner Neugier freien Lauf und lass dich inspirieren – so wird die Beschäftigung mit der Astrologie noch bereichernder!

Dieses Buch folgt keinem festgelegten Plan. Es will auf deine Fragen antworten, dich aber auch dazu bewegen, dich selbst zu befragen. Zwar wohnt der Astrologie eine gewisse Logik inne, und sie zu erlernen erfordert Disziplin, doch die Antworten, die ein Geburtshoroskop gibt, sind immer vielfältig, offen und veränderlich.

Nun wünsche ich dir viel Freude bei der Erkundung deines Horoskops!

– II –

Aufbau und Elemente des Geburtshoroskops

ERSTE SCHRITTE

Jahrhundertelang mussten Astrologen Geburtshoroskope mithilfe spezieller geometrischer Kenntnisse und der sogenannten Ephemeriden berechnen, astronomischer Tabellen, die über einen Zeitraum von Hunderten von Jahren für jeden Tag die Positionen der Himmelskörper verzeichnen. Heutzutage braucht man sich zum Glück keine schweren Enzyklopädien mehr anzuschaffen, sondern kann sich sein Geburtshoroskop in wenigen Minuten erstellen lassen.
Man braucht dazu nur sein Geburtsdatum, die Uhrzeit sowie den Geburtsort. Mit diesen Daten kann man sich auf spezialisierten Webseiten sein Geburtshoroskop erstellen lassen. Wie du mit diesem Horoskop umgehst, erklärt dir dieses Handbuch.

SIDERISCHE ODER TROPISCHE ASTROLOGIE, DAS IST HIER DIE FRAGE ...

Die Astrologie unterteilt den Himmel in zwölf Abschnitte, die den zwölf Zeichen des Tierkreises entsprechen. Diese Aufteilung kann in zwei Arten erfolgen.
Der siderische Tierkreis orientiert sich bei der Aufteilung an den Sternbildern. Man findet dieses System in der vedischen Astrologie, in China und in Japan. Auch im angelsächsischen Raum ist es wegen der aus der Kolonialzeit stammenden Beziehungen zu etlichen asiatischen Regionen weitverbreitet.
Der tropische Tierkreis teilt den Himmel in zwölf Abschnitte zu je 30°. Weil die Sternbilder unterschiedlich groß sind und die Achsen der Planeten im Lauf der Jahrtausende ihre Position verändern, ist im tropischen Tierkreis etwa der Himmelsabschnitt »Widder« nicht unbedingt identisch mit dem Sternbild Widder. Das ist jedoch nicht von Belang, denn in der tropischen Astrologie sind die Planeten und die Asteroiden von Bedeutung, nicht die Sterne. In diesem Buch wird die tropische Astrologie behandelt.

DIE BEIDEN HAUPTACHSEN

Stell dir vor, diese Karte veranschaulicht die Positionen der Himmelskörper zum Zeitpunkt deiner Geburt.

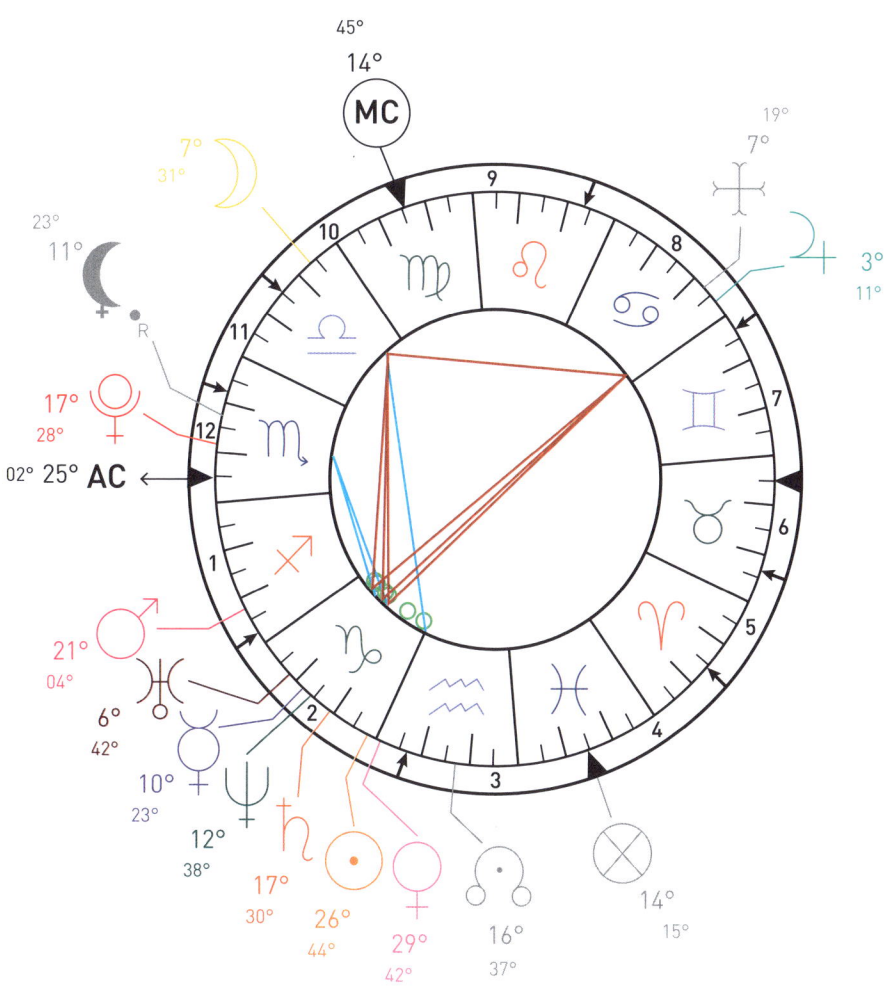

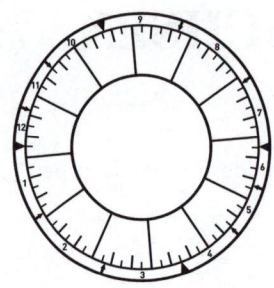

Ein Geburtshoroskop ist in zwölf Häuser unterteilt.
Jedes Haus entspricht einem Grundprinzip, einem Lebensthema. Diese werden wir später eingehend besprechen.
Im äußeren Kreis steht, entgegen dem Uhrzeigersinn, die fortlaufende Nummerierung. Das 1. Haus beginnt unterhalb des Aszendenten, das 12. Haus liegt direkt darüber.

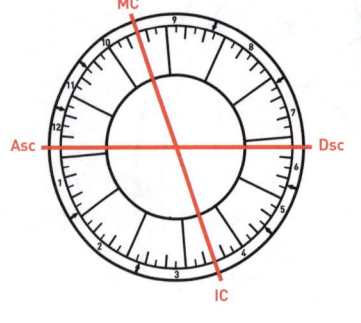

Ein Geburtshoroskop wird von zwei Achsen durchzogen.
Horizontale Achse: Sie führt von links nach rechts, vom Aszendenten (Asc) zum Deszendenten (Dsc), von der Grenze zwischen 12. und 1. Haus zur Grenze zwischen 6. und 7. Haus. Diese Linie entspricht dem Horizont im Augenblick der Geburt. Ein Geburtshoroskop ist wie ein verkehrter Kompass aufgebaut: Osten liegt links (beim Aszendenten), Westen rechts (beim Deszendenten), Norden unten (in der Himmelstiefe, Imum Coeli, IC), Süden oben (in der Himmelsmitte, Medium Coeli, MC).
Wenn du also nachts oder am frühen Morgen auf die Welt gekommen bist, befindet sich die Sonne sehr wahrscheinlich in der unteren Hälfte. Wenn du am Nachmittag geboren wurdest, steht sie ziemlich sicher oben.

Vertikale Achse: Sie verläuft von der Himmelstiefe (IC) zwischen dem 3. und dem 4. Haus zur Himmelsmitte (MC) zwischen dem 9. und dem 10. Haus. Die Himmelstiefe entspricht dem Norden, die Himmelsmitte dem Süden.

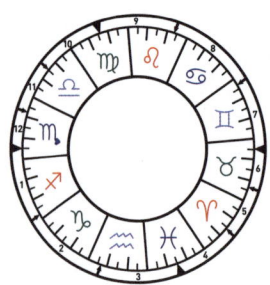

Die zwölf Zeichen des Tierkreises
Die Symbole im inneren Kreis repräsentieren die zwölf Zeichen des Tierkreises. In jedem Haus befinden sich also ein, zwei oder sogar drei Zeichen.

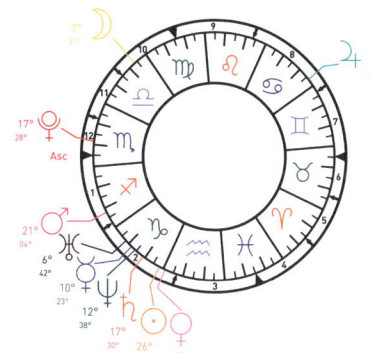

Die astrologischen Planeten

Die Symbole außerhalb des Kreises stehen für die astrologischen Planeten. Der Himmel ist in zwölf Abschnitte zu je 30° unterteilt; die Ziffern neben den Symbolen geben die Position des Planeten im jeweiligen Zeichen an.

In diesem Beispiel steht etwa der Mond bei 7° 31' im Zeichen der Waage.

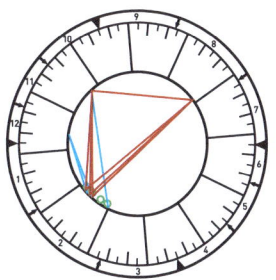

Die Aspekte

Die Linien in der Mitte des Kreises stehen für die Beziehungen zwischen den Planeten (die Aspekte). Harmonieren sie miteinander? Wir werden später näher darauf eingehen, vorab nur so viel: Blaue Linien zeigen harmonische Aspekte an (die Sterne verbünden sich und unterstützen uns auf einem bestimmten Gebiet), rote dagegen gespannte Aspekte. Doch keine Sorge, diese wirken wie Triebfedern im Leben und helfen uns dabei, Lösungen zu finden, sodass unsere kleine Sternenwelt wieder in Ordnung kommt!

Zusammengefasst

Im Geburtshoroskop verlaufen zwei Achsen: eine horizontale vom Aszendenten zum Deszendenten (Ost–West), und eine vertikale von der Himmelstiefe zur Himmelsmitte (Nord–Süd). Es besteht aus zwölf Häusern, die den zwölf Tierkreiszeichen entsprechen. Außerdem verzeichnet es zwölf Planeten, die jeweils in einem Haus und einem Zeichen stehen. Die Beziehungen zwischen den Planeten (die Aspekte) können harmonisch oder gespannt sein.

JEDES HOROSKOP IST ANDERS, ALLE SIND SCHÖN!

Noch bevor wir uns näher mit den Tierkreiszeichen und den astrologischen Planeten beschäftigen, kannst du allein durch einen raschen Blick auf dein Horoskop viel erkennen. Ob die Planeten sich alle an einer Stelle drängen oder eher verteilt sind, ob im Inneren des Kreises viele oder nur wenige Aspekte verzeichnet sind – all das sagt schon eine Menge aus!

Die Planeten liegen alle nahe beieinander
Die Energie der Zeichen und die Themen der Häuser, in denen die Planeten stehen, sind in deinem Lebensweg besonders stark ausgeprägt. Wenn vier oder mehr Planeten in einem Haus stehen, spricht man von einer Planetenballung bzw. einem sogenannten Stellium. Eine solche Häufung spürst du sicher sehr deutlich. Ein entsprechendes Horoskop ist, zumindest in seinen Grundzügen, oft leicht zu deuten, denn es gibt nur wenige Bezüge zwischen den Planeten, was das Verständnis erleichtert. Aufs Ganze gesehen ist ein solches Horoskop jedoch nicht weniger komplex als eines, in dem die Planeten über den ganzen Kreis verteilt sind; man muss nur die Thematik der jeweiligen Häuser, Zeichen und Planeten eingehender beleuchten.

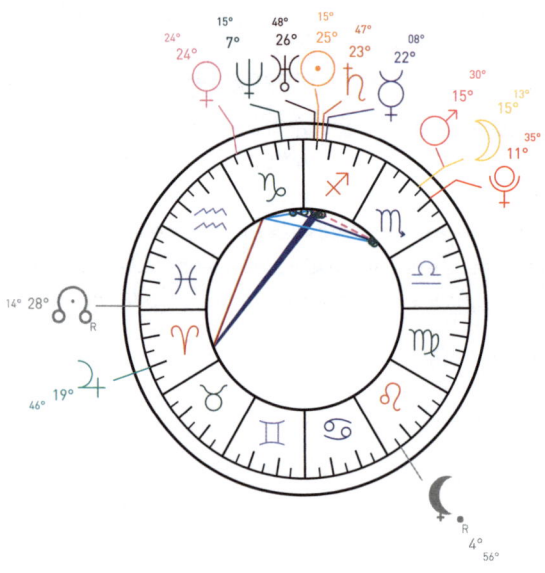

Horoskop von Chelsea Manning, geboren am 17.12.1987 in Crescent, Oklahoma. Auffällig sind die Ballungen von drei Planeten im Skorpion sowie von vier Planeten im Schützen.

Die Planeten sind über das ganze Horoskop verteilt

Bei einer solchen Anordnung oszillierst du zwischen zahlreichen Kräften. Wahrscheinlich bestehen vielfältige Bezüge zwischen den Planeten (symbolisiert durch rote, blaue und grüne Linien im Zentrum), die wie ein Spinnennetz wirken, das sich in alle Richtungen erstreckt. Gleichwohl lässt sich jeder Aspekt analysieren. Wenn dein Horoskop so aussieht, findest du leicht zu innerer Ausgeglichenheit, denn kein Planet, kein Haus und kein Zeichen zieht die ganze Aufmerksamkeit auf sich.

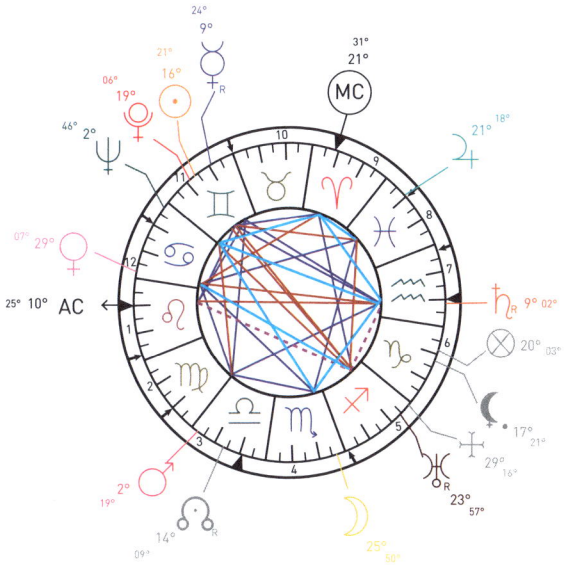

Horoskop von Marguerite Yourcenar, geboren am 8.6.1903 um 8:00 Uhr in Brüssel. Drei Planeten stehen in den Zwillingen, alle anderen finden sich verstreut über die gesamte Karte.

Ein Planet steht allein in einer Himmelsrichtung

Der isolierte Planet hat die Funktion eines ausgleichenden Gewichts. Indem das Universum ihn einer Gruppe anderer Planeten gegenüberstellt, sorgt es für Balance. Weil er als einziger einen anderen Ton anschlägt, kommt ihm eine besondere Bedeutung zu.

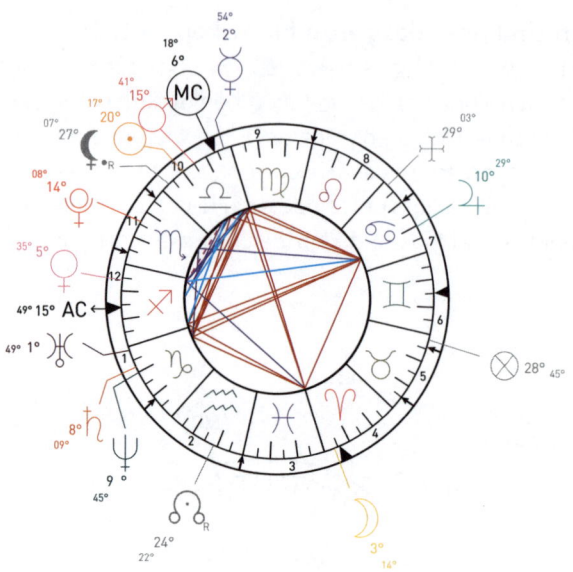

Horoskop von Alexandria Ocasio-Cortez, geboren am 13.10.1989 um 11:50 Uhr in der New Yorker Bronx. Fast alle Planeten stehen im Osten; nur Jupiter im Südwesten und der Mond im Norden bilden ein Gegengewicht.

Alle Planeten stehen in derselben Hemisphäre

Im Osten (links): Der Osten eines Horoskops steht für die persönliche Identität. Wer so ein Horoskop hat, strebt möglicherweise nach Unabhängigkeit und ist sehr auf sich selbst fokussiert (aber nicht unbedingt egoistisch).

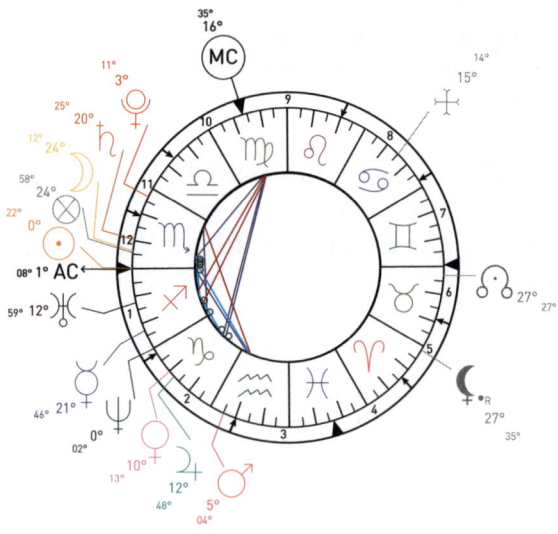

Horoskop von Scarlett Johansson, geboren am 22.11.1984 um 7:00 Uhr in New York. Alle Planeten stehen im Osten.

Im Westen (rechts): Der Westen eines Horoskops steht für die anderen Menschen. Wer so ein Horoskop hat, ist möglicherweise besonders auf andere angewiesen und hat ein starkes Bedürfnis nach Beziehungen.

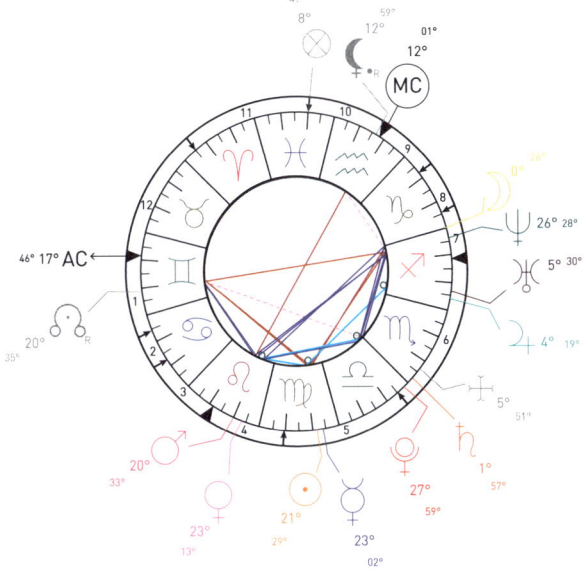

Horoskop von Amy Winehouse, geboren am 14.9.1983 um 22:00 Uhr in Enfield/London.

Im Norden (unten): Der Norden eines Horoskops steht für das Private. Mit so einem Horoskop hast du vielleicht die Aufgabe, dich auf diesem Gebiet zu entfalten.

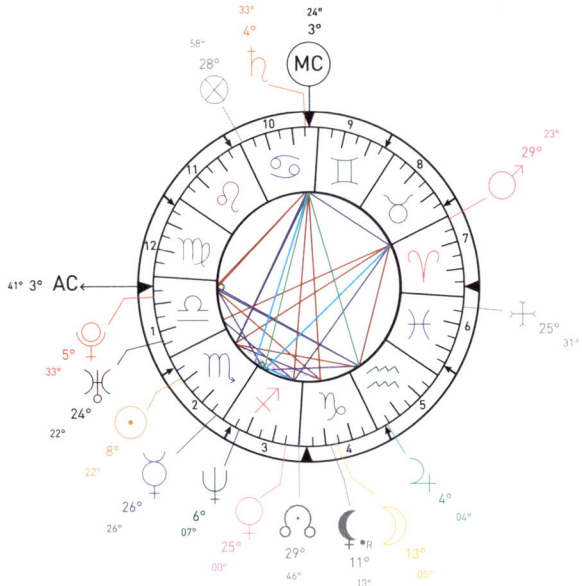

Horoskop von Aishwarya Rai, geboren am 1.11.1973 um 4:05 Uhr in Mangaluru. Außer Mars und Saturn stehen alle Planeten im Norden.

Im Süden (oben): Der Süden eines Horoskops steht für das öffentliche Leben. Mit so einem Horoskop ist es vielleicht Deine Aufgabe, deinen Platz im Gemeinwesen und in der Gesellschaft zu finden.

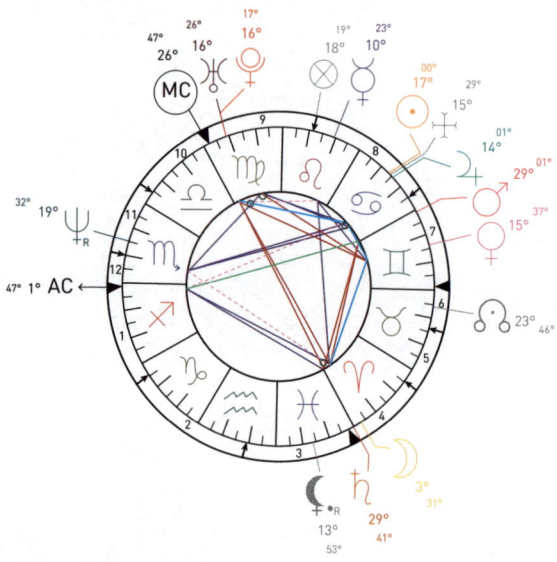

Horoskop von Amélie Nothomb, geboren am 9.7.1966 um 17:22 Uhr in Etterbeek/Brüssel. Außer Saturn und dem Mond, die im Norden stehen, finden sich alle Planeten im Süden.

Einige Hinweise vorab

Im Folgenden wirst du viel Neues lernen, mit deinem Horoskop vertrauter werden und es besser verstehen. Ein Geburtshoroskop ist wie eine Zwiebel – es besteht aus mehreren Schichten.

* Verzage nicht, wenn du einen Aspekt deines Horoskops zunächst nicht verstehst. Ein umfassendes Verständnis erfordert geistige Beweglichkeit, und diese zu entwickeln, braucht seine Zeit. Keine Panik! Wir werden dein Horoskop Schicht für Schicht entblättern.

* Denk immer daran, dass ein Horoskop weder gut noch schlecht ist. Dein Horoskop hält weder böse Überraschungen noch unheilbringende Omen für dich bereit. So rätselhaft die Sterndeutung auf den ersten Blick auch erscheinen mag, sie dient zu deinem Nutzen. Sie hilft dir, die Kräfte und die Zweifel zu verstehen, die du in dir trägst.

»Hilfe! In einem oder mehreren Häusern meines Horoskops stehen zwei oder drei Zeichen!«

Keine Sorge, so etwas kommt vor. Welches Zeichen hat in so einem Fall die größte Bedeutung?

* *Entweder du behandelst alle Zeichen in diesem Haus als gleichwertig.*

* *Oder du siehst das Zeichen, das am Anfang des Hauses (an der Hausspitze) steht, als das wichtigste an.*

* *Oder du betrachtest, falls in einem Zeichen ein Planet steht, dieses als vorherrschend.*

Nun hast du dein Horoskop schon ein wenig kennengelernt! Wie wirkt deine Karte auf den ersten Blick? Notiere deine Gedanken in deinem Astro-Tagebuch ab Seite 243.

- III -

Der Tierkreis

ZWÖLF KOMPLEMENTÄRE KRÄFTE

Wenden wir uns nun ausführlicher den zwölf Kräften zu, die den Tierkreis bilden. Sie alle sind in jedem Horoskop zu finden, wobei jeweils bestimmte von ihnen ausgeprägter sind, aktiver, dynamischer. Das Bild des Tierkreises war schon in der Antike gebräuchlich. Er besteht aus zwölf kreisförmig angeordneten, symbolischen Zeichen, von denen jedes sein eigenes Wesen und seine eigene Logik besitzt. Die Sternbilder, die den Zeichen entsprechen, gehören zu den 88 Sternbildern, die die Internationale Astronomische Union festgelegt hat.
Die Zwölf ist eine besondere Zahl. Sie ist eine hochzusammengesetzte, praktische und erhabene Zahl, eine Harshad-Zahl sowie eine Pell-Zahl. Das Zifferblatt der Uhr ist in zwölf Abschnitte geteilt, und auch manche Waren werden im Dutzend verkauft. Die Zwölf besitzt starke Symbolkraft: Wir kennen die zwölf Stämme Israels, die zwölf Apostel, die zwölf Imame oder die zwölf Arbeiten des Herkules. Auch in Mystik und Mythologie ist die Zwölf weitverbreitet.
Die Ursprünge des Tierkreises sind nur schwer zu bestimmen. Er findet sich in den Überlieferungen zahlreicher Kulturen und Weltgegenden, was gewisse Ähnlichkeiten erklärt zwischen dem japanischen Shintoismus, den mythologischen Gestalten Südamerikas, den kosmogonischen Erzählungen Mittelasiens und der griechisch-römischen Mythologie.
Alle Zeichen des Tierkreises stehen miteinander in Verbindung, und auch wenn sie sich manchmal widersprechen, so ergänzen sie sich letztlich doch und gleichen einander aus. Lege also deine Vorbehalte gegenüber einzelnen Zeichen ab. Der Tierkreis erschließt sich nur, wenn man alle seine Elemente in den Blick nimmt. Wenn du einmal verstanden hast, dass auch du alle zwölf Zeichen in dir trägst, wirst du keines mehr geringschätzen.
Jedes Zeichen steht für eine bestimmte Haltung, eine bestimmte Sichtweise, eine bestimmte Form der Intuition. Die zwölf Zeichen erscheinen in dieser Reihenfolge: Widder, Stier, Zwillinge, Krebs, Löwe, Jungfrau, Waage, Skorpion, Schütze, Steinbock, Wassermann, Fische. Diese Reihenfolge hat ihre innere Ordnung und ist unveränderlich. Sie erfasst reihum alle Aspekte der menschlichen Existenz, alle ihre Möglichkeiten und alle Fragestellungen.
Jedes Zeichen hat seine besondere Kraft, je nachdem, welchem Element es zugeordnet ist (Feuer, Erde, Luft, Wasser), welcher Jahreszeit (Frühling, Sommer, Herbst, Winter), und welche Qualität es besitzt (Kardinalzeichen, bewegliches Zeichen, festes Zeichen).
Wenn du den Kreis der Tierzeichen verstehst und weißt, welchen Platz jedes Zeichen in deinem Horoskop einnimmt, kannst du es in der Gesamtheit seiner Bedeutungen erfassen.

Übersicht über die zwölf Zeichen des Tierkreises

ZEICHEN	SYMBOL	JAHRESZEIT	ELEMENT	QUALITÄT
Widder	♈	Frühling	Feuer	kardinal
Stier	♉	Frühling	Erde	fest
Zwillinge	♊	Frühling	Luft	beweglich
Krebs	♋	Sommer	Wasser	kardinal
Löwe	♌	Sommer	Feuer	fest
Jungfrau	♍	Sommer	Erde	beweglich
Waage	♎	Herbst	Luft	kardinal
Skorpion	♏	Herbst	Wasser	fest
Schütze	♐	Herbst	Feuer	beweglich
Steinbock	♑	Winter	Erde	kardinal
Wassermann	♒	Winter	Luft	fest
Fische	♓	Winter	Wasser	beweglich

📍 *Jetzt bist du dran! Druck deine Karte aus, und los geht's!*
  * *Such das Zeichen, mit dem dein Horoskop beginnt: am Aszendenten, der den Anfang des 1. Hauses markiert. Wenn du dich erst einmal orientiert hast, wirst du sehen, dass der Tierkreis immer in derselben Richtung verläuft. Zeichne das Symbol deines Aszendenten und zieh die beiden Achsen: Aszendent – Deszendent und Himmelstiefe – Himmelsmitte.*
  * *Trag bei jedem Zeichen das entsprechende Symbol ein. Hüte dich dabei vor Verwechslungen – für Anfänger sind die Zeichen und Symbole oft noch verwirrend!*

✏️ *Wenn du gegenüber einem Zeichen Vorurteile hegst, hinterfrag diese. Das führt dich sicher zu Gedanken über deine eigenen Schwächen und Fehler sowie deine Ängste. Notiere sie in deinem Astro-Tagebuch auf S. 243.*

WIDDER

Zwischen 21. März und 20. April steht die Sonne im Zeichen des Widders*

Mit der Aufgabe, den Tierkreis zu eröffnen, wäre manch anderer wohl überfordert. Ein Draufgänger wie der Widder scheint dagegen wie dafür gemacht. Wie das Tier, das es symbolisiert, ist auch das Sternzeichen des Widders ein Heißsporn. Oft mangelt es ihm an Voraussicht oder Strategie, er handelt lieber spontan und folgt seinen rohen, unverstellten Instinkten.
Er ergreift gern die Initiative und bringt Neues auf den Weg, macht den Anfang, geht zum Angriff über. Er weiß, dass das Leben ein täglicher Kampf ist und jeder Tag eine neue Schlacht. Er stürzt sich ins Getümmel und wird im Hier und Jetzt aktiv, ohne der Vergangenheit nachzuhängen oder sich um die Zukunft zu sorgen. Er ergreift die Initiative und gibt Anstöße; zum Ende hin stellt er sich jedoch oft unbeholfen an, und nur selten glänzt er mit einem gelungenen Abschluss.
Der Widder ist impulsiv und aufbrausend und übertreibt gern, und wenn er beherzt auftritt, entspringt das eher seinem Leichtsinn als echtem Mut. Dennoch ist er den anderen aufgrund seines Pioniergeistes oft weit voraus. Er ist weniger eine Führungsperson mit langfristigen Plänen, sondern eher Leithammel oder Motivator. Er geht voran und ist schneller als die anderen, weshalb diese ihm oft folgen.
Der Widder ist kampflustig und liebt den Wettbewerb, und er räumt mit Wucht alle Hindernisse zur Seite. Dabei kann er andere auch (ungewollt) zermalmen, um seine Vormachtstellung zu festigen. Er ereifert sich rasch; wenn er wütend ist, kann er auch gewalttätig werden, und wenn er erklärt, was er vorhat, kann das einer kriegslustigen Aufforderung zum Duell gleichkommen. Doch der Schlachtruf des Widders dient vor allem der Selbstvergewisserung. Er will sich seine Einzigartigkeit und sein ungeschliffenes Wesen bewahren.

* *Wenn du am Anfang oder am Ende eines Zeichens geboren bist (z. B. hier am 21. März oder am 20. April), solltest du exakt ermitteln, in welchem Zeichen sich die Sonne befindet.*

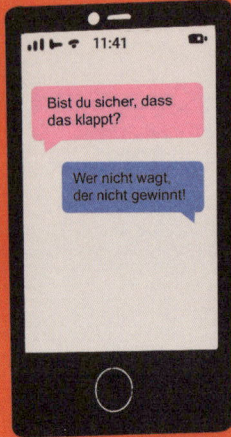

Symbol: Das Symbol des Widders zeigt seine Hörner, die er im Kampf gegen Widersacher einsetzt oder um ein Hindernis aus dem Weg zu räumen. Als Widder wurden auch die Rammböcke bezeichnet, mit denen man früher die Tore von Burgen aufbrach.

Qualität und Jahreszeit: Der Widder ist das Kardinalzeichen des Frühlings. Er markiert den Beginn der Jahreszeit der Erneuerung, die den Triumph des Lebens über die Dunkelheit feiert, auch wenn sie noch etwas unausgegoren daherkommt.

Element: Feuer – vom Funken, der den Urknall ausgelöst hat, bis zu dem, der die Lunte am Pulverfass entzündet. Achtung bei Bränden, deren Flammen man nicht im Griff hat!

Landschaft: eine Arena, in der die Gladiatoren um ihr Leben kämpfen!

Stärken: spontan, lebhaft, zupackend, mitreißend, selbstsicher, energiegeladen, effizient.

Schwächen: impulsiv, ungeduldig, unvorsichtig, eigenbrötlerisch, streitlustig, aggressiv.

Berufe: Sportler, Führungsperson, Self-made-man/-woman, risikobehaftete Tätigkeiten (Stuntman, Extremsport …).

Im Kleinen und im Großen: das Spermium, das die Eizelle befruchtet, weil es sich durchgesetzt hat und als erstes angekommen ist; der Boxchampion, der als *last man standing* seine Gegner schlägt.

Tarotkarte: Dem Widder entspricht im Tarot die Kraft. Sie symbolisiert Stärke, Spannung zwischen mehreren Polen oder eine mögliche Auseinandersetzung. Sie ist nicht grundsätzlich gut oder schlecht; ihre Wirkung hängt davon ab, wie sie eingesetzt wird.

Ermittle, wo der Widder in deinem Horoskop steht, und zeichne sein Symbol in das entsprechende Haus oder notiere dort »Widder«.

Erkennst du dich im Zeichen des Widders wieder? Oder jemanden aus deinem Umfeld? Notiere deine Gedanken in deinem Astro-Tagebuch auf S. 243.

STIER

Zwischen 21. April und 20. Mai steht die Sonne im Zeichen des Stiers

Während der Widder den Lebensinstinkt verkörpert, nimmt sich der Stier Zeit, das Leben zu genießen und ganz in einem komfortablen *dolce vita* aufzugehen. Dabei nutzt er seinen Beschützerinstinkt, um seinen materiellen Besitz zu sichern. So wie das Tier, das es repräsentiert, ist auch das Sternzeichen behäbig und schwerfällig, dafür aber hartnäckig. Es vereint drei Aspekte in sich:

* die Kuh, die unbeirrt ihr saftiges Gras frisst und unaufhörlich wiederkäut;
* den Stier in der Arena, der beobachtet, mit den Hufen scharrt und dann zum Angriff übergeht, um sich auf gewaltsame Art zu verteidigen;
* den hart schuftenden Ochsen, der nur langsam vorankommt, aber dickköpfig ist, und den nichts aufhalten oder von seinem Weg abbringen kann.

Er braucht lange, um sich Dinge anzueignen (um Wissen zu festigen oder sich seiner Gefühle sicher zu sein), doch er entwickelt gewaltige Kräfte, um sie festzuhalten. Er sammelt so viel an, dass es ihm zur Last zu werden droht oder er Gefahr läuft, an dem, was er aufnimmt, zu ersticken. Von seinen Werten ist er tief überzeugt, er fürchtet Neues, weil es seine Behaglichkeit bedrohen könnte, Routinen machen ihm nichts aus und er hat festgefahrene Ansichten, die den Charakter von Vorurteilen annehmen können.

Wegen seiner Fähigkeit, sich Dinge einzuverleiben, ist für ihn das Streben nach Ausgeglichenheit von größter Bedeutung. Wie sich das Zeichen entwickelt, hängt auch davon ab, wie seine Umgebung es behandelt, so wie ein mit Pestiziden verseuchter Boden nur vergiftete Früchte hervorbringt. Rinder sind passive Tiere, sie brauchen Zeit, um zu reagieren, und so fällt es auch dem Stier schwer, sich vom Joch der Leidenschaften zu befreien, das ihn niederdrückt. Wenn er von göttlichem Nektar gekostet hat, stimmt er eine Ode auf die lieblichen Genüsse an, die unsere fünf Sinne uns bereiten.

Symbol: Das Symbol stellt einen Stierkopf dar, kann aber auch als Kreis gesehen werden, der etwas in sich aufnehmen kann, gekrönt von einem fruchtbaren Halbmond, der noch weiteren Reichtum empfängt.

Qualität und Jahreszeit: Der Stier ist das feste Zeichen des Frühlings. Er steht für alle Aspekte der Wiedergeburt und die irdischen Freuden, die diese Jahreszeit bringt.

Element: Erde – fruchtbarer und ertragreicher Boden, aus dem die ersten Frühlingsblumen sprießen.

Landschaft: eine Wiese mit saftigem Gras, auf der friedlich Kühe grasen, deren Euter randvoll mit Milch sind.

Eigenschaften: beständig, ausdauernd, gutherzig, treu, mit Sinn für die guten und schönen Dinge, freigebig und liebevoll.

Schwächen: materialistisch, nach Besitz gierend, neidisch, starrköpfig, konservativ, langsam, träge.

Berufe: Banker, Berufe, die Reichtümer anhäufen; Architektin, Bauunternehmer; Landwirtin, Gärtnerin; Händler; Bildhauer, der aus Ton oder Stein ansprechende Objekte erschafft.

Im Kleinen und im Großen: der Körper, unmittelbarer Ausdruck unserer Inkarnation in dieser Welt; dementsprechend das Wohnhaus, das fest im Boden und der materiellen Wirklichkeit verankert ist.

Tarotkarte: Dem Stier entspricht im Tarot die Herrscherin. Sie steht für wohltuende, schöpferische und fruchtbare Lebensenergie sowie für Liebe und Verpflichtung gegenüber den Menschen in unserem Umfeld.

Ermittle, wo der Stier in deinem Horoskop steht, und zeichne sein Symbol in das entsprechende Haus oder notiere dort »Stier«.

Erkennst du dich im Zeichen des Stiers wieder? Oder jemanden aus deinem Umfeld? Notiere deine Gedanken in deinem Astro-Tagebuch auf S. 243.

ZWILLINGE

♊

Zwischen 21. Mai und 21. Juni steht die Sonne im Zeichen der Zwillinge

Während es den Widder zum Sein drängt und den Stier zum Haben, pflegen die Zwillinge das Denken. Den Begriff der Zwillinge verbindet man zunächst mit Gleichheit, doch bei dem Sternzeichen dieses Namens geht es vor allem um Dualität. Es lehrt uns, dass in seiner Welt die Dinge immer zwei Seiten haben: Vorderseite und Rückseite, Kopf und Zahl, eine passive und eine aktive Seite, eine kalte und eine warme … Dementsprechend ist kein Ding nur gut oder nur schlecht. Die Zwillinge blicken auf die Welt wie auf ein Tennismatch, ohne für einen der Gegner, die den Ball hin und her schlagen, Partei zu ergreifen.
Dadurch gewinnen sie eine erstaunliche Flexibilität. Die Zwillinge brauchen die Sprache, um die Dinge zu benennen und voneinander zu unterscheiden. Ihr Werkzeug und liebstes Spielzeug ist das Wort. So können sie ständig neue Ideen entwickeln, aber auch auf Reisen gehen und neue Möglichkeiten entdecken, von einem Gedankengebäude zum nächsten wandern, von einer Wahrheit zur nächsten …
Doch hier zeigt sich auch die Ambiguität des Zeichens: Wenn man die Kunst des Wortes beherrscht, ist es nur ein kleiner Schritt von der Kommunikation zur Manipulation, von der Erzählung zur Lüge, vom Verkauf zum Nepp, vom Scherz zur Verletzung. Dieser Grat wird noch schmaler, wenn man keine allgemeingültigen Wahrheiten anerkennt. Dann kennt man auch weder Gut noch Böse. Die Zwillinge fürchten den Stillstand und den Mangel an Flexibilität. Daher verlieren sie sich, sind zerstreut und flatterhaft und fortwährend in Bewegung. Sie haben Mühe, sich zu konzentrieren und einer Sache ihre volle Aufmerksamkeit zu widmen. Sie scheuen vor Verpflichtungen zurück und sind selten aufrichtig und treu. Außerdem fällt es ihnen schwer, ihren Platz zu finden, und sie sind oft in ihrer Unentschlossenheit gefangen.
Andererseits sind die Zwillinge ein nie versiegender Jungbrunnen, mit ihrer kindlichen Kameradschaft, der Lust am Spiel, der Begeisterung für das Unentdeckte und ihrer geistigen Frische in jedem Alter.

Symbol: Die beiden Säulen, die durch zwei horizontale Linien verbunden sind, stehen natürlich für ein Zwillingspaar, lassen aber auch an ein Paar Lungenflügel denken, wie es sich im menschlichen Brustkorb befindet.

Qualität und Jahreszeit: Die Zwillinge sind das veränderliche Zeichen des Frühjahrs und hinterfragen die leicht egozentrischen Bestrebungen der beiden vorhergehenden Zeichen. Sie betonen das Interesse an dem, was sich in unserer Umgebung abspielt, außerhalb unseres eigenen Denkens und unseres eigenen Körpers.

Element: Luft. Wir atmen sie ein und geben sie anschließend wieder ab – ein sich ständig wiederholender, endloser Austausch mit der Außenwelt.

Landschaft: ein Kreisverkehr mit einem ganzen Wald an Wegweisern, in dessen Mitte ein Briefkasten steht.

Stärken: neugierig, erfinderisch, redegewandt, aufgeweckt, humorvoll, sorglos, flexibel, anpassungsfähig.

Schwächen: kindlich, zerstreut, nachlässig, überbordend, oberflächlich, beißend ironisch.

Berufe: alles, was mit Kommunikation zu tun hat; Verlegerin, Schriftsteller, Berufe, die mit Sprache zu tun haben; Postbotin, Auslieferer; Verkäufer, Vermittlerin.

Im Kleinen und im Großen: die Sprache, mit der man jedes Ding auf der Welt Wort für Wort benennt; der Austausch von Gedanken und Ansichten.

Tarotkarte: Den Zwillingen entspricht im Tarot der Magier. Er führt sein Publikum geschickt in die Irre und strebt mit Neugier und Leichtigkeit nach Wissen und nach Einsicht in die Mysterien dieser Welt.

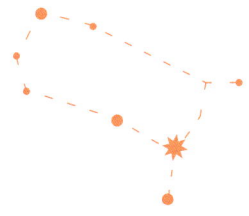

Ermittle, wo die Zwillinge in deinem Horoskop stehen, und zeichne ihr Symbol in das entsprechende Haus oder notiere dort »Zwillinge«.

Erkennst du dich im Zeichen der Zwillinge wieder? Oder jemanden aus deinem Umfeld? Notiere deine Gedanken in deinem Astro-Tagebuch auf S. 243.

KREBS

Zwischen 22. Juni und 22. Juli steht die Sonne im Zeichen des Krebses

Stell dir einen Krebs oder eine Krabbe vor, mit einem dicken Panzer, der das empfindliche Innere vor den zahlreichen Gefahren der Außenwelt schützt – so ist auch das Bild des Krebses zu verstehen, der das, was ihm wichtig ist, in Sicherheit halten will. Das Reich des Krebses ist nicht unbedingt der beste Ort für Streitlustige; in dieser Welt fühlen sich eher die Träumer zu Hause, Grillenfänger, die sich in ihren Lieblingsgeschichten verlieren, oder Introvertierte, die sich lieber in ihr Versteck zurückziehen, als mit der Welt um sie herum in Verbindung zu treten.
Den Krebs treibt es dazu, die Dinge zu erspüren und sein Inneres zu entwickeln, was dazu führen kann, dass er sich abkapselt. Meist verhält er sich wie eine Schnecke oder wie der Mond. Als Schnecke zieht er sich, wenn ihn die Reize der Außenwelt überfluten, in sein Haus zurück, errichtet zwischen sich und dem Draußen eine Mauer, verharrt in seiner Burg oder in seiner Gemeinschaft und umgibt sich dabei hauptsächlich mit seinen Nächsten, seinen Kindern, seinen Haustieren oder seinen Büchern, die ihm vertraut sind und ihm Trost spenden. Wenn er sich in seinen Unterschlupf verkrochen hat, pflegt er seine geistigen und emotionalen Reichtümer. Handelt er dagegen wie der Mond, dann zieht er seine Kreise und überlässt sich dem Auf und Ab seiner emotionalen Achterbahn. Seine Sensibilität leitet ihn und weist ihm die Richtung, führt ihn bisweilen jedoch auch in die Irre.
Der Krebs dämmert vor sich hin, und nur seine Sensibilität kann ihn aus dem Halbschlaf wecken, in den er sich geflüchtet hat. Sein Lebensrhythmus folgt Ritualen, Traditionen und regelmäßigen Gewohnheiten, die ihm Halt verleihen.

Symbol: Die beiden ineinandergreifenden Spiralen erinnern an zwei Fische, die in einem Glas kreisen, aber auch an das Symbol für Yin und Yang, die zwei gegenläufigen Kräfte, die einander in einem geschlossenen Kreislauf durchdringen.

Qualität und Jahreszeit: Der Krebs ist das Kardinalzeichen des Sommers. Er markiert den Beginn der fruchtbaren Jahreszeit, in der das Individuum aufblüht.

Element: Wasser – das klare Wasser des Baches, der »Quell allen Lebens«, aber auch das Fruchtwasser, in dem sich das Baby entwickelt.

Landschaft: ein geheimer, umzäunter Garten, vor der Welt geschützt, mit einem erfrischenden Brunnen und einer Wiege, in der friedlich ein Säugling schläft.

Stärken: reiche, überbordende Vorstellungskraft, stark ausgeprägte Kreativität, hohe Sensibilität, weitreichendes Erinnerungsvermögen.

Schwächen: introvertiert, passiv, verletzlich, melancholisch, neigt zur Schwarzmalerei, konservativ.

Berufe: Berufe, die mit Kindern zu tun haben (Amme, Hebamme, Grundschullehrerin, Schwester in der Neugeborenenstation), mit Geschichte (Archäologe, Historikerin), mit Geschichten (Märchenerzähler) oder mit Kreativität, vor allem in der Gastronomie und der Mode (wo Kleidung entsteht, die oft etwas Märchenhaftes an sich hat).

Im Kleinen und im Großen: das eigene Heim, die Familie, die ihrer Herkunft eingedenk bleibt und ihre Sippe schützt; das Heimatland, die große Gemeinschaft, die ihre Werte schützt und ihre nationalen Traditionen bewahrt.

Tarotkarte: Dem Krebs entspricht im Tarot der Mond, das empfangende Prinzip, welches das emotionale Erleben, die Vorstellungskraft und Geborgenheit betont.

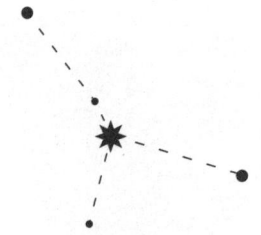

📍 *Ermittle, wo der Krebs in deinem Horoskop steht, und zeichne sein Symbol in das entsprechende Haus oder notiere dort »Krebs«.*

✏️ *Erkennst du dich im Zeichen des Krebses wieder? Oder jemanden aus deinem Umfeld? Notiere deine Gedanken in deinem Astro-Tagebuch auf S. 243.*

LÖWE

♌

Zwischen 23. Juli und 22. August steht die Sonne im Zeichen des Löwen

Nach dem Stillstand und der Passivität des Krebses steigt der Löwe vom kindlichen, mondbezogenen Leben in die Sonnenphase des Erwachsenendaseins. Er lebt im strahlenden Licht, vernachlässigt seine emotionalen Instinkte, ordnet sich nicht unter und will nicht genügsam sein, und er gibt auch nichts auf Rituale, die ihn auf dem Weg zur Reife nur behindern. Sobald er dem Kokon der Familie entkommen ist, nimmt er sein Schicksal selbst in die Hand.
Der Löwe vermag zu lieben. Weil er sich seiner Stärke und seiner Erhabenheit bewusst ist, kann er seine persönliche Kraft voll und ganz nutzen. Er strebt nach Höherem und denkt groß, ohne sich in Details zu verlieren. Er ist weder kleinlich noch niederträchtig, sondern freigebig und aufrichtig. Seine Majestät ragt aus der Menge heraus, zeigt sich aber gern großherzig und mildtätig. Darüber hinaus besitzt ereinen ausgeprägten Lebenshunger. Er ist mit Tatkraft und Leidenschaft bei der Sache, und er hält seine Gefühle im Zaum, ohne sie zu negieren.
Das Zeichen des Löwen steht für eine Selbstliebe, aus der heraus er auch dem Rest der Welt mit Liebe begegnet. Der Löwe will sich nicht hinterfragen, sondern sich selbst mit Wohlwollen begegnen. Das kann jedoch zu Verwerfungen führen, wenn die hohe Meinung, die er von sich hat, und der wahre Wert seines Handelns auseinanderklaffen. Ein Löwe sorgt sich möglicherweise mehr um seinen Ruf als darum, im Einklang mit sich selbst zu sein. Dann ist es seine Aufgabe, seinen Stolz und die Angst vor der Lächerlichkeit zu überwinden, um die Fallen zu vermeiden, die ihm die Schmeichler stellen, die ihn wie ein Hofstaat umkreisen.
Der Löwe ist ein Muskelpaket, das seine Beute mit schierer Kraft überwältigt. Er verabscheut die Niederlage, denn jeder Misserfolg kratzt an seinem Selbstbild. Daher sucht er den wahren Sieg, der, im fairen Zweikampf errungen, echten Wert besitzt. Je mehr er auf Abenteuer auszieht, desto zahlreicher werden seine Heldentaten. Wenn es ihm gelingt, seine Emotionen im Zaum zu halten und zu nutzen, erreicht er Großes.

Symbol: Der Kreis am Anfang steht für die Sonne, die Arabeske für ihre kräftigen Strahlen, die über die Welt hinwegfegen wie der Schwanz des Löwen. Der Löwe ist in zahlreichen Kulturen das Symbol der Erhabenheit, der Herrschaft, der Tapferkeit und der Kraft.

Qualität und Jahreszeit: Der Löwe ist das feste Zeichen des Sommers und steht für Blüte und die Entfaltung von Talenten, wie sie für diese Jahreszeit typisch sind.

Element: das im Kamin gebändigte Feuer, das Licht spendet, wärmt und durch sein goldenes Leuchten Bewunderung hervorruft.

Landschaft: der rote Teppich auf den Treppen eines Filmpalastes, der von Scheinwerfern und Blitzlichtern erhellt wird.

Stärken: Willensstärke und Begeisterung, Lebenshunger und Eroberungsdrang; aufrecht und großherzig; hat seine Triebe im Griff, liebt sich selbst und die anderen.

Schwächen: Hochmut und unangebrachter Stolz; empfindlich, herrschsüchtig, egoistisch, anfällig für Schmeicheleien.

Berufe: Regisseurin, Produzent; Mäzen; Machthaber; Schauspielerin.

Im Kleinen und im Großen: das Neugeborene, das die bedingungslose Liebe und die Zuneigung seiner Eltern erfährt, einfach nur, weil es auf die Welt gekommen ist; der Monarch, der vom hohen Thron herab nach Lust und Laune regiert.

Tarotkarte: die Sonne, die Kraft der Selbstverwirklichung und der Vitalität, die die Massen bewegt, aber auch des unangemessenen Stolzes.

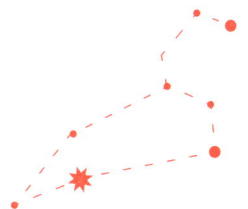

Ermittle, wo der Löwe in deinem Horoskop steht, und zeichne dort sein Symbol in das entsprechende Haus oder notiere dort »Löwe«.

Erkennst du dich im Zeichen des Löwen wieder? Oder jemanden aus deinem Umfeld? Notiere deine Gedanken in deinem Astro-Tagebuch auf S. 243.

JUNGFRAU

♍

Zwischen 23. August und 22. September steht die Sonne im Zeichen der Jungfrau

Nach dem Überfluss der Vorstellungskraft bei den produktiven Zeichen Krebs und Löwe braucht der Tierkreis ein wenig Nüchternheit. Die Jungfrau trennt die Spreu vom Weizen, schafft Ordnung und macht eine Bestandsaufnahme, um auf den kommenden Winter vorbereitet zu sein. Das mag undankbar erscheinen, aber irgendjemand muss diese Aufgabe ja übernehmen! Und nach getaner Arbeit ist die Befriedigung groß.
Die Jungfrau ist ein dienendes Zeichen, sie stellt ihr Ego hintan. Das macht sie verletzlich, denn ihr Perfektionismus und ihre analytischen Fähigkeiten können dazu führen, dass sie sich selbst herabsetzt. Müßiggang, Verschwendung und Mangel an Respekt sind ihr zuwider, und mit scharfem Blick erkennt sie diese Übel bei anderen, aber auch bei sich selbst. Ein Übermaß an Selbstkritik kann zu Verunsicherung und anderen Problemen führen: die Angst, seine Sache nicht gut zu machen, Ernährungsprobleme, Phobie vor Keimen …
Die Jungfrau plant und handelt vorausschauend. Dabei hat sie stets alles im Blick, was möglicherweise ihre Sicherheit und ihre Seelenruhe bedrohen könnte, weshalb sie auch dazu neigt, sich Denkverbote aufzuerlegen. So schützt sie sich vor den Verlockungen des Lebens, die sie in ihren Grundfesten erschüttern könnten, wie etwa der Liebe. Und hier lauert Gefahr! Solche Emotionen fordern Hingabe, was manchmal zu spontanen oder irrationalen Entscheidungen führt, die das Abarbeiten der To-do-Liste verhindern. Vorsicht vor Entgleisungen! Die Jungfrau steckt ihre ganze Aufgeregtheit in eine große Schachtel, die jeden Moment zu explodieren droht, und ist deshalb manchmal äußerst angespannt und nervös. Dann genügt es möglicherweise, ihr den Rücken zu stärken und ihr Anerkennung zu zollen. Vielleicht hilft auch etwas Fantasie, um mit lästigen Pflichten besser klarzukommen. Sie gehen leichter von der Hand, wenn die Laune gut ist, und das Ergebnis lohnt die Mühe.

Symbol: Das stark stilisierte Symbol steht für eine geflügelte junge Frau, die eine Getreidegarbe im Arm hält.

Qualität und Jahreszeit: Die Jungfrau ist das veränderliche Zeichen des Sommers. Sie hinterfragt die Entfaltung der Charaktereigenschaften und der Begabungen, die Krebs und Löwe gepflegt haben. Sie weist die anderen Zeichen darauf hin, dass ihr Ego zurücktreten muss und sie sich in den Dienst der Gemeinschaft stellen müssen.

Element: die Erde, die ihre Pflicht getan hat, indem sie Früchte getragen hat, und sich nach der Ernte wieder in jungfräulichem Zustand befindet.

Landschaft: ein Kornspeicher auf dem Land, in dem die Früchte der Ernte verlesen werden; ein sorgfältig bestelltes Getreidefeld mit schnurgeraden Furchen.

Stärken: nüchtern und maßvoll, verantwortungsbewusst und selbstlos, methodischer und kritischer Geist, effizient und pragmatisch.

Schwächen: pedantisch und hypochondrisch, knauserig und kleinlich; wertet sich selbst und andere gern ab.

Berufe: Hochschuldozent, Forscherin, Wissenschaftlerin (Datenanalyse); »helfende« Berufe, Betreuung, Sozialdienst; handwerkliche Berufe, die Akribie und Perfektion erfordern; Berufe, die sich mit dem körperlichen Wohlergehen beschäftigen (Apothekerin, Kräuterheilkundler, Ernährungsberaterin); Rezensent.

Im Kleinen und im Großen: die Dokumentenmappe, in der Unterlagen geordnet werden; Statistiken, die Menschen nüchtern nach Merkmalen sortieren.

Tarotkarte: die Hohepriesterin, die für strategisches Denken, Vorsicht und Ausgeglichenheit steht.

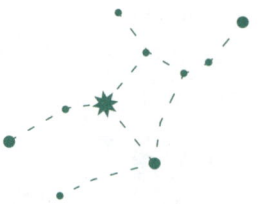

Ermittle, wo die Jungfrau in deinem Horoskop steht, und zeichne ihr Symbol in das entsprechende Haus oder notiere dort »Jungfrau«.

Erkennst du dich im Zeichen der Jungfrau wieder? Oder jemanden aus deinem Umfeld? Notiere deine Gedanken in deinem Astro-Tagebuch auf S. 243.

WAAGE

♎

Zwischen 23. September und 22. Oktober steht die Sonne im Zeichen der Waage

Die ersten sechs Zeichen des Tierkreises sind ausgesprochen individualistisch geprägt. Als Zeichen des Frühjahrs und des Sommers können sie sich das auch leisten! Selbst die Jungfrau handelt eher aus Perfektionismus denn aus aufrichtiger Sorge für ihr Umfeld. Mit der Waage richtet sich die Aufmerksamkeit auf die Gemeinschaft. Sie ist bereit, sich ein wenig einzuschränken, bestimmte Charakterzüge zu unterdrücken und Wasser in ihren Wein zu gießen, denn Toleranz und Offenheit sind der Preis dafür, mit anderen in Kontakt zu treten. Und daraus entspringt sozialer Zusammenhalt. Die Waage steht wie kein anderes Zeichen für den Frieden und wirbt für Harmonie, Gerechtigkeit und ein zivilisiertes Miteinander. Warum Krieg führen, wenn Konflikte auch durch Debatten und Kompromisse beigelegt werden können? Die Waage hört immer beide Seiten, kann unterschiedliche Ansichten miteinander vereinen und die Wogen glätten, und sie zeigt sich dabei stets feinfühlig. Sie beweist Geschmack, ist elegant und kultiviert und bringt so unsere besten Seiten ans Licht. Wenn sie sich nach dem Geschmack ihres Gegenübers richtet, gereicht ihr das auch selbst zum Vorteil, weshalb sie sich für Mode interessiert und Wert auf das Bild legt, das sie nach außen abgibt. Sie lässt ihren Charme spielen, findet immer die richtigen Worte und das passende Kompliment, oder sie rückt die Wahrheit leicht zurecht und verschönert so die Dinge. Wegen ihrer Sehnsucht danach, verschiedene Seiten zusammenzubringen, ist sie oft als Heiratsvermittlerin tätig. Ihre Stilsicherheit hilft ihr, die passenden Farben zu kombinieren, die Beleuchtung anzupassen ... Ihr Streben nach Zuneigung und die Suche nach verwandten Seelen können ihr aber auch zum Nachteil gereichen. Sie sieht in ihrem Gegenüber ihr Spiegelbild, und weil sie ihm gefallen will, verstellt sie sich manchmal. Wenn sie das vermeiden will, sollte sie sich auf das Wesentliche konzentrieren und sich von der einzigen Instanz leiten lassen, die zählt: ihrem Herzen.

Symbol: Die beiden Waagschalen versuchen, zwischen den beiden Seiten das Gleichgewicht zu halten. Ihr gemeinsames Zentrum liegt in der Mitte des Balkens. Ihre Aufgabe besteht darin, die goldene Mitte zu finden.

Qualität und Jahreszeit: Als Kardinalzeichen des Herbstes kündigt die Waage den Niedergang des Materiellen an. Bei sinkenden Temperaturen wäre es unklug, sich nur auf materiellen Reichtum zu verlassen, um dem Raureif zu trotzen. Daher plädiert die Waage für spirituelles Erwachen, das zu mehr Gemeinschaft und Zusammenarbeit führt.

Element: die Luft, die die Samen über den Erdboden verstreut, wo sie bis zum nächsten Frühjahr überdauern.

Landschaft: ein stiller, idyllischer Teich, auf dem sich verliebte Paare in Gondeln ein Stelldichein geben und in der Abenddämmerung im Schimmer der Lampions einander ihre Liebe gestehen.

Stärken: tolerant, ausgleichend, strebt nach Harmonie und Gerechtigkeit, elegant und kultiviert, charmant und liebenswürdig.

Schwächen: bisweilen launenhaft und oberflächlich, halbherzig und unentschlossen, manipulativ und unfähig, wirklich sie selbst zu sein.

Berufe: Berufe, die die Gemeinschaft betonen (Schlichter, Personalreferent); juristische Berufe (Mediator, Richterin); Berufe, die mit Ehe zu tun haben (Organisation von Hochzeitsfeiern, Eheberatung) oder mit allgemein gültigen Schönheitsvorstellungen (Model, Dandy, Modebloggerin, Modeinfluencer).

Im Kleinen und im Großen: die unbeseelte Porzellanpuppe, mit der man spielt; die im Burgfried eingesperrte Prinzessin, die tatenlos auf ihre Befreiung wartet.

Tarotkarte: die Mäßigkeit, eine ausgleichende und versöhnende Kraft, die für Harmonie und die Suche nach dem Schönen steht.

📍 *Ermittle, wo die Waage in deinem Horoskop steht, und zeichne ihr Symbol in das entsprechende Haus oder notiere dort »Waage«.*

✏️ *Erkennst du dich im Zeichen der Waage wieder? Oder jemanden aus deinem Umfeld? Notiere deine Gedanken in deinem Astro-Tagebuch auf S. 243.*

SKORPION

♏

Zwischen 23. Oktober und 22. November steht die Sonne im Zeichen des Skorpions

Wenn ein Skorpion von Flammen umzingelt ist, ersticht er sich angeblich lieber selbst, als sein Ende abzuwarten. Biologen zufolge handelt es sich hierbei zwar eher um eine Panikreaktion angesichts der drohenden Gefahr, doch führt dieses Bild sehr anschaulich vor Augen, welche Triebkräfte im Skorpion am Werk sind. Nach außen wirkt er kalt, rätselhaft, geheimnisvoll und undurchschaubar, doch in seinem Inneren kochen unablässig Inbrunst, Leidenschaft, Impulsivität und Aggressivität. Wer daran rührt, verbrennt sich. Wenn du Streit suchst, hüte dich vor meinem giftigen Stachel! Der Skorpion ist ein Meister der ätzenden Kommentare und der beißenden Repliken, die er einsetzt, um seine Gesprächspartner verstummen zu lassen. Von scheinbar ruhigem Wesen, liebt er doch die Extreme und pflegt in den finstern Regionen seines Inneren zahlreiche Tabus: Gewalt, Sexualität, Unterdrückung, Geheimnisse, Verbote … Die Dunkelheit der Welt und der menschlichen Seele erschreckt ihn nicht, im Gegenteil! Das Bizarre, das Groteske und selbst das Grässliche sind ihm vielmehr Anregung und Inspiration.

Zwar steht das Zeichen des Skorpions für den Tod, das Nichts, den Schmerz und das Böse, vor allem symbolisiert es jedoch den Wandel und die Wiedergeburt vermittels auflösender und zersetzender Kräfte. Daher hat es zu Unrecht einen so schlechten Ruf. Im rechten Zusammenhang genutzt, können seine wirkmächtige Intuition und sein Aufbegehren gegen Ungerechtigkeit beträchtliche Kraft entfalten.

Der Skorpion weiß, dass nur durch Zerstörung reiner Tisch gemacht und das Überkommene, Verdorbene, Vergiftete beseitigt werden kann. Und er hat daran sogar seine Freude! Rom muss in Flammen stehen und untergehen, um aus der Asche wiederaufzuerstehen zu können, schöner als je zuvor und mit der Gewissheit, dass uns, was uns nicht umbringt, stärker macht.

Symbol: die stilisierte Darstellung eines Skorpions, mit Kopf, Körper und dem Giftstachel, mit dem er den Feind angreift oder sich in einer ausweglosen Lage selbst vernichtet.

Qualität und Jahreszeit: Als festes Zeichen des Herbstes steht der Skorpion für die Kräfte des Niedergangs, die diese Jahreszeit prägen. Alles muss vergehen. Nur wer sich selbst zerstört, kann aus der eigenen Asche wiederauferstehen.

Element: Wasser – das Wasser der Sümpfe, das nicht fließt, aber voller Bakterien ist, die für den Zyklus des Lebens unerlässlich sind, aber auch das Wasser von Flüssigkeiten mit ätzender Wirkung, wie etwa Säuren.

Landschaft: ein Vulkan, der als erkaltet galt, jetzt aber plötzlich explodiert und die zerstörerische Lava ausspuckt, die sich unter seinem felsigen Panzer verbirgt.

Stärken: leidenschaftlich und intensiv, anziehend und charismatisch, instinktiv und sinnlich, widerstandsfähig; erträgt keine Ungerechtigkeit.

Schwächen: zwanghaft, misstrauisch, despotisch und unerbittlich, rachsüchtig und zu allem entschlossen.

Berufe: Berufe, die mit Tod und Sterben zu tun haben (Gerichtsmediziner, Bestatter, Kriminologin), mit Sex (Sexologe, Verkäuferin im Sex-Shop), mit Psychologie oder Esoterik. Eine bizarre Auswahl, findest du? Möglicherweise ist die Energie des Skorpions bei dir nicht stark ausgeprägt, oder gesellschaftliche Tabus haben dein Interesse daran im Keim erstickt – an dem, was als abseitig gilt, aber doch eine drängende Neugier weckt, eben weil diese Dinge elementar und in uns allen vorhanden sind, ob uns das nun passt oder nicht.

Im Kleinen und im Großen: das Nein, das ein Kind seinen Eltern entgegenwirft, wenn es lernt, seine Macht auszuspielen; das Nein, das wir als Erwachsene aussprechen, um eine Ordnung aufzulösen, die seit unserer Geburt besteht.

Tarotkarte: der Teufel, der für Triebhaftigkeit steht, für das Begehren, für Ehrgeiz und für Intensität.

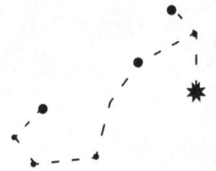

Ermittle, wo der Skorpion in deinem Horoskop steht, und zeichne sein Symbol in das entsprechende Haus oder notiere dort »Skorpion«.

Erkennst du dich im Zeichen des Skorpions wieder? Oder jemanden aus deinem Umfeld? Notiere deine Gedanken in deinem Astro-Tagebuch auf S. 243.

SCHÜTZE

Zwischen 23. November und 21. Dezember steht die Sonne im Zeichen des Schützen

Ein treffendes Symbol für dieses ambivalente Zeichen ist der Kentaur, halb Mensch, halb Tier. Er steht mit seinen Pferdehufen fest auf dem Boden und blickt doch zu den Sternen auf. In ihm sind das Materielle und das Spirituelle vereint. Den Zwiespalt des Skorpions, der zwischen rohen Instinkten und dem Streben nach Reinheit gefangen war, löst der Schütze in friedlicher Synthese auf. Um nicht mehr aufgerieben zu werden zwischen Körper und Seele, dem Spirituellen und dem Handeln, beschreitet er einen dritten Weg. Noch ganz berauscht von der Intensität seines Vorgängers, spannt er den Bogen und schießt einen Pfeil ab, der so weit fliegt, wie seine Macht reicht. Der Pfeil ist auf das Unendliche gerichtet und verweist auf das Grenzenlose.

Warum sollten wir uns zwischen irdischer Nahrung und den Weiten des Spirituellen entscheiden, wo die Welt doch so groß ist und über uns der sternenübersäte Himmel leuchtet? Wer einen Drang nach dem Leben verspürt, will es in vollen Zügen genießen, in geistiger wie in lustvoller Weise, will Erfahrungen sammeln und sie miteinander verschmelzen lassen. Weil es dem Schützen schnell zu eng wird, sehnt er sich nach der Ferne, – auch wenn er sich dabei manchmal ungeschickt anstellt oder von seiner Begeisterung überrollt wird. Er will hinaus aus dem Korsett, in das er aufgrund seiner Herkunft, seiner Ausbildung und seiner Kultur gezwängt ist, um ganz in die Fülle der Welt einzutauchen. Ein Übermaß an Kleinigkeiten droht ihn zu ersticken; lieber richtet er den Blick nach oben und nach außen, auf universelle Werte, die für ihn als Einzelnen unerreichbar sind, ihn aber weder ertränken noch entwurzeln.

Wählt der Schütze den Weg der Weisheit, so richtet er seinen Bogen in die Himmel und macht sich auf eine spirituelle und philosophische Suche nach metaphysischen Antworten. Beherrscht ihn dagegen der ungebändigte Drang nach Freiheit, erkundet er die Weiten, die ihn umgeben, und geht auf Reisen.

Symbol: ein Pfeil, der auf spirituelle Horizonte gerichtet ist, jedoch von einem Balken zurückgehalten wird, dem Symbol für die Weltlichkeit der menschlichen Existenz. Der Pfeil kann aber auch auf neue geografische Horizonte verweisen.

Qualität und Jahreszeit: Als veränderliches Zeichen des Herbstes hinterfragt der Schütze den Prozess, den Waage und Skorpion in Gang gesetzt haben und an dessen Ende weniger Licht und Wohlbefinden als im Sommer stehen. Er mahnt dazu, die Hoffnung zu bewahren und das Animalische in uns mit dem Göttlichen zu versöhnen.

Element: das Feuer – das der Kerzen, die zum Gebet entzündet werden, des Weihrauchs, der in Tempeln während der Meditation verbrannt wird, aber auch das olympische Feuer, das ein Ideal symbolisiert.

Landschaft: eine Oase in der Wüste, in der Nomaden zwischen zwei Etappen ihre Zelte aufgeschlagen haben.

Stärken: begeisterungsfähig, wohlwollend, inbrünstig, mitfühlend und tolerant, neugierig und humorvoll.

Schwächen: maßlos, wechselhaft, unbeholfen, vulgär, paternalistisch, karriereorientiert.

Berufe: Berufe, die mit Reisen und Erforschen zu tun haben, mit Reiten oder mit Motorrädern (den Pferden der Moderne!), mit Reportagen oder mit der Lehre an Hochschulen auf den Gebieten des Rechts, der Philosophie und der Theologie.

Im Kleinen und im Großen: die innere Reise, die sich an großen Ideen orientiert; das Reisen durch die Welt, das durch besondere Erfahrungen umfassendes Wissen verspricht, oder auch das Auswandern.

Tarotkarte: der Wagen, der für das Reisen und für Zuversicht steht sowie für den günstigen Wind, der einem weht, wenn man nicht lockerlässt.

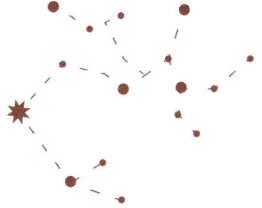

Ermittle, wo der Schütze in deinem Horoskop steht, und zeichne sein Symbol in das entsprechende Haus oder notiere dort »Schütze«.

Erkennst du dich im Zeichen des Schützen wieder? Oder jemanden aus deinem Umfeld? Notiere deine Gedanken in deinem Astro-Tagebuch auf S. 243.

STEINBOCK

♑

Zwischen 22. Dezember und 20. Januar steht die Sonne im Zeichen des Steinbocks

»Eile führt zu nichts« – so könnte der Wahlspruch derer lauten, die in diesem Zeichen geboren wurden. Den Steinbock kümmert es nicht, wie viel Zeit und Mühe er aufwenden muss, um eine Aufgabe zu meistern. Seine Ziele will er um jeden Preis erreichen, und das gelingt ihm durch Hartnäckigkeit, Geduld und Selbstbeherrschung.

Der Steinbock geht planvoll vor und strebt nach Höherem. Dazu muss er sich von allem befreien, was ihm hinderlich sein könnte: von triebhaften Neigungen, Leidenschaften, Emotionen, seinen zahlreichen Interessen ... Er ist stark darin, sein inneres Gleichgewicht zu halten, fürchtet weder Einsamkeit noch Entbehrungen und hofft darauf, beizeiten den Lohn für seine Mühen und Anstrengungen zu erhalten.

Er ist arbeitsam, geht gründlich und gewissenhaft vor und konzentriert sich ganz auf sein Vorhaben und seine Ziele sowie den beruflichen, gesellschaftlichen und politischen Erfolg. Als Erdzeichen besitzt er ausgeprägtes Ehrgefühl und Sinn fürs Praktische, und er ist sich jederzeit seiner Verantwortung bewusst. Bei allem, was er tut, hat er den anvisierten Gipfel vor Augen. Wenn wir frieren, kauern wir uns zum Schutz vor Unterkühlung zusammen. Der Steinbock geht genauso vor und bewahrt sich so seinen inneren Reichtum, den er braucht, um seine Ziele zu verwirklichen. Wie ein Felsen ist er unerschütterlich in seinen Prinzipien verankert und fürchtet weder Unwetter noch Stürme.

Obwohl der Steinbock jederzeit kaltblütig bleibt, hat er doch ein warmes Herz. Nur hält er seine Emotionen hinter Schutzwällen zurück, damit sie ihn nicht bremsen.

Symbol: Das Symbol aus einer aufsteigenden und einer absteigenden Schleife steht für einen Bachlauf in einem Tal und einen Berggipfel sowie den Weg, der zwischen den beiden zurückzulegen ist. Der Steinbock erinnert an die Gämse, der es gelingt, sich aus dem engen Tal zu befreien und die Berghänge zu erklimmen.

Qualität und Jahreszeit: Als Kardinalzeichen des Winters verweist der Steinbock darauf, dass es in der kargen Jahreszeit Not tut, sich auf das Wesentliche zu konzentrieren. Das Unterdrücken der körperlichen Triebe ermöglicht eine kollektive transzendentale Erfahrung, in einer Jahreszeit, in der das Menschsein in materieller Hinsicht stark eingeschränkt ist und mit Nahrung sowie mit körperlichen Kräften sparsam umgegangen werden muss, um das Überleben zu sichern.

Element: die Erde, der karge Boden, der leblos und von jeder Vitalität verlassen erscheint. In einer gewissen Tiefe jedoch lagern geschützt die Samen und die in ihnen enthaltenen Nährstoffe und warten auf das nächste Frühjahr.

Landschaft: ein verschneiter Gletscher, der nur über einen steilen Pfad erreichbar ist.

Stärken: ausdauernd und beharrlich, akribisch, loyal und standfest, geduldig und selbstbeherrscht.

Schwächen: unnachgiebig und starrsinnig, kalt und distanziert, geizig und verdrießlich, streng und autoritär.

Berufe: Berufe in den exakten Wissenschaften, die keine Subjektivität zulassen (Mathematik, Ingenieurwesen, Datenverarbeitung), in Politik oder Gerontologie (der Steinbock steht für die Weisheit alter Menschen, die diese im Lauf der Jahre gewonnen haben); Berater, Assistent.

Im Kleinen und im Großen: die Regel, die man Kindern bei der Erziehung auferlegt, gegen die nicht verstoßen werden darf und die die gesamte Gruppe in höhere Sphären führt; die Verfassung, die Fundament und Ordnung des Staates bildet.

Tarotkarte: der Eremit, das Symbol für Innerlichkeit und Autonomie, aber auch für Einsamkeit und Meditation.

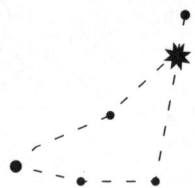

Ermittle, wo der Steinbock in deinem Horoskop steht, und zeichne sein Symbol in das entsprechende Haus oder notiere dort »Steinbock«.

Erkennst du dich im Zeichen des Steinbocks wieder? Oder jemanden aus deinem Umfeld? Notiere deine Gedanken in deinem Astro-Tagebuch auf S. 243.

WASSERMANN

≈≈

Zwischen 21. Januar und 18. Februar steht die Sonne im Zeichen des Wassermanns

Sein Wasser besteht aus spiritueller Energie, Erkenntnissen der Moderne und innovativen Ideen, und der Wassermann verteilt es gerecht über die Welt, damit es allen zur Verfügung steht. Wir baden in dieser Leere, diesem Gemisch aus Luft und Gasen (Stickstoff, Sauerstoff), und wir entfalten uns inmitten dieser akustischen und elektromagnetischen Wellen, die Informationen übermitteln.
Im Gegensatz zu Widder und Stier, die den Tierkreis mit affirmativer Selbstbehauptung eröffnen, liegen Wassermann und Fische so weit wie nur möglich vom Primitiven, Materiellen entfernt. Mit dem Wassermann beginnt die Auflösung des festen und dichten Steinbock-Prinzips. Er stellt den Übergang dar zwischen dem Fels, der ihm vorausgeht, und dem durchweg flüssigen Fische-Prinzip, das ihm folgt. Er will sich restlos von seinen undurchsichtigen Instinkten befreien und sich dem Flüssigen und Klaren zuwenden.
Dabei verliert er manchmal den Bezug zur Wirklichkeit des Alltags, löst sich von sich selbst und betrachtet seine Triebe wie etwas Fremdes, Außerirdisches. Er fühlt sich zu höheren, göttlichen Welten hingezogen, schwebt in harmonischer und friedlicher Reinheit über den Dingen und verspürt nur den Frieden der Liebe, nicht aber ihre Qualen. Persönliche Beziehungen erfordern jedoch Verantwortung, und auch Verletzungen durch andere gehören dazu. All das ist in den Augen des Wassermanns unerträglich. Dann unterdrückt er seine Empfindlichkeit und gibt sich originell und exzentrisch, ohne die Einsamkeit zu fürchten, was ihn zu etwas Besonderem macht. Er schaut über den Tellerrand, setzt sich von anderen ab, löst sich von seinen Wurzeln und seiner Herkunft. Er tut gut daran, sich Zielen zu verschreiben, die größer sind als er (umfassende Reformen, Erneuerungen, Revolutionen), um sich nicht in Selbstbezüglichkeit einzusperren. Denn das würde aus ihm eine extravagante Figur machen, die sich der Welt verschließt. Der Wassermann ist unabhängig und berauscht davon, seinen Weg gefunden zu haben. Doch dadurch fühlt er sich in Gesellschaft manchmal fehl am Platz.

Gleichzeitig ist der Wassermann das Zeichen der großen Freundschaften, der Solidarität, der Brüderlichkeit, der Bürgerbeteiligung, der Integration, des Fortschritts und der Erfindungen, die uns von den Lasten des Alltags befreien sollen. Wissenschaft braucht Verantwortung – wenn er das beherzigt, kann er Geniales schaffen.

Symbol: das ägyptische Symbol für Wasser repräsentiert die Woge, die sich aus der Amphore des alten Wasserträgers ergießt. Der Wassermann ist ein Luftzeichen; wie beim Wasser spricht man auch in Bezug auf die Luft von »Strömung« und von »Wellen«.

Qualität und Jahreszeit: Als das feste Zeichen des Winters bringt der Wassermann zum Ausdruck, dass das gemeinschaftliche Interesse über dem individuellen steht.

Element: die Luft, elektrisch wie der Strom, magnetisch wie die Welle (beides Wörter, die daran erinnern, wie ähnlich sich Luft und Wasser in ihrer Formbarkeit und ihrem Fließverhalten sind) und kräftig wie der Sturm.

Landschaft: der Wald – eine pflanzliche Utopie und eine gewaltige Ansammlung von Bäumen, von denen jeder einzigartig ist.

Stärken: fortschrittlich, altruistisch, visionär, erfinderisch, pazifistisch.

Schwächen: exzentrisch, individualistisch, zartbesaitet, unbeständig, ungeduldig.

Berufe: Berufe, die mit technologischer Innovation zu tun haben (Informatik, Elektrotechnik, Atomwesen, Röntgentechnik, Magnetismus), mit Luftfahrt, mit Vereinen oder mit Reformen, die unsere Gesellschaft modernisieren.

Im Kleinen und im Großen: der Geistesblitz, der mit einem plötzlichen Heureka! unser Denken über den Haufen wirft; der Blitz eines Gewitters, der einen ganzen Landstrich verändert.

Tarotkarte: der Narr, der für Abspaltung steht, für Freiheit und das närrischfröhliche Zurücklassen überholter Gewohnheiten.

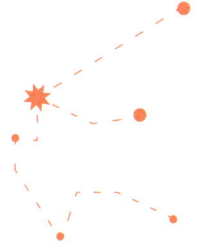

Ermittle, wo der Wassermann in deinem Horoskop steht, und zeichne sein Symbol in das entsprechende Haus oder notiere dort »Wassermann«.

Erkennst du dich im Zeichen des Wassermanns wieder? Oder jemanden aus deinem Umfeld? Notiere deine Gedanken in deinem Astro-Tagebuch auf S. 243.

FISCHE

Zwischen 19. Februar und 20. März steht die Sonne im Zeichen der Fische

Nicht ohne Grund spricht man von diesem Zeichen in der Pluralform: Die Fische wissen um die Kraft der Vielzahl. Der Ozean ist eine Ansammlung von Wassertropfen, die zu unterscheiden ein Ding der absoluten Unmöglichkeit ist. Gleiches gilt für die Kräfte, die Energien und die Schicksalsfäden, die uns verbinden. Die Fische reißen alle Barrikaden nieder und sprengen jeden Rahmen, in der festen Überzeugung, dass wir alle Teil eines großen Ganzen sind – auch wenn sie ihre Ansichten oft nicht im Einzelnen erklären können. Ihr Wissen erwächst nicht aus angewandter Vernunft oder Arithmetik, sondern es ist ein intuitives Wissen, ähnlich dem religiösen Glauben.

Das Wasser, in dem die Fische beheimatet sind, beherbergt eine Tier- und Pflanzenwelt von geradezu märchenhafter Vielfalt, aber es besitzt, nicht zuletzt durch seine gewaltige Ausdehnung, auch eine auflösende Kraft, was sich etwa an der Erosion von Küstenlandschaften zeigt. Die im Zeichen der Fische Geborenen sind uneingeschränkt offen für die Ströme des Universums; sie können nur schwer zwischen ihren eigenen Bedürfnissen und den Ansprüchen der anderen trennen. Weil es ihnen nicht möglich ist, Gut und Böse zu definieren, lassen sie sich mit den Strömungen treiben, was oft zu einem gewissen Fatalismus führt sowie dazu, dass sie Menschen mit unlauteren Absichten zum Opfer fallen. Die Komplexität der Welt verursacht ihnen Schwindel und ein Gefühl der Machtlosigkeit.

Ihre intuitiven Fähigkeiten sind oft beeindruckend, denn sie sind sehr empfänglich für die Energien ihrer Umgebung und nehmen die Strömungen in der Welt äußerst feinfühlig wahr. Die Fische sind kein Zeichen des Handelns, sondern des Loslassens. Angesichts der pausenlosen Betriebsamkeit und des alles durchdringenden Geredes setzen sie darauf, das Unaussprechliche und Unerklärbare einfach zu spüren, etwa mithilfe des Gebets, der Musik oder der Poesie.

Symbol: Zwei Fische, von denen einer nach oben strebt und der andere nach unten. Sie sind jedoch durch einen horizontalen Strich verbunden, der sie daran erinnert, dass sie unverbrüchlich zueinander gehören.

Qualität und Jahreszeit: Als veränderliches Zeichen des Winters stehen die Fische dafür, loszulassen, sich von Logik und sprachbeherrschtem Denken zu lösen und sich dem anzuvertrauen, was man glaubt, und weniger dem, was man weiß.

Element: das Wasser der unendlichen Meere mit seinen fließenden Grenzen und starken Strömungen, aber auch das Wasser der Taufe, das die Wiedergeburt schenkt.

Landschaft: ein Strand am Ufer des Ozeans, wo man im Sand spielt und in der Ferne die Wale beobachten kann.

Stärken: mitfühlend und selbstlos, empfindsam und empfänglich, intuitiv und wohlwollend.

Schwächen: unterwürfig und verletzlich, schlaff und kraftlos; neigt zu Resignation und Flucht.

Berufe: Berufe, die mit Fauna und Flora der Meere zu tun haben, mit Hellseherei und Heilen, mit Medizin und Pflege, oder mit den Künsten, insbesondere der Musik.

Im Kleinen und im Großen: das im Stillen gesprochene Gebet; Gospelgesänge, durch die man mit dem Himmel kommuniziert.

Tarotkarte: der Hierophant, der für Selbstlosigkeit steht, für mitfühlendes Zuhören und für Spiritualität.

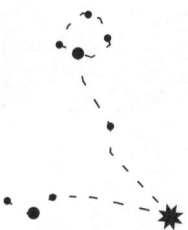

📍 *Ermittle, wo die Fische in deinem Horoskop stehen, und zeichne ihr Symbol in das entsprechende Haus oder notiere dort »Fische«.*

✏ *Erkennst du dich im Zeichen der Fische wieder? Oder jemanden aus deinem Umfeld? Notiere deine Gedanken in deinem Astro-Tagebuch auf S. 243.*

DIE SECHS ACHSEN: GEGENÜBERLIEGENDE UND KOMPLEMENTÄRE ZEICHEN

Weil die Sternzeichen kreisförmig angeordnet sind, liegt jedem Zeichen genau ein anderes diametral gegenüber. So entstehen sechs Paare, die jeweils eine Achse bilden. Zwei Zeichen, die eine Achse bilden, verfolgen dasselbe Ziel, jedoch mit unterschiedlichen Strategien. Sie stellen Gegensätze dar, ergänzen sich aber auch. Steht in beiden Zeichen einer Achse ein Planet, ist die Thematik dieser Achse möglicherweise von besonderer Bedeutung.

Widder/Waage: Die Achse des Zusammenlebens
Der Widder sichert seine Existenz, um allein zu leben, die Waage dagegen vereint die Interessen aller, wobei sie sich selbst manchmal zu sehr in den Hintergrund stellt. Warum bilden sie ein Paar? Der Widder kann sich entspannen – er braucht nicht zu fürchten, dass die Waage ihn beherrschen will. Die Waage ihrerseits könnte sich von der Spontaneität des Widders leiten lassen. Das Amt des Schlichters erfordert auch Charakterstärke. Diese Achse thematisiert die Schwierigkeit, inmitten anderer man selbst zu bleiben und Erfolge zu feiern, ohne die anderen unter sich zu begraben.

Stier/Skorpion: Die Achse des Besitzes
Der Stier sichert materiellen Besitz, während der Skorpion sich davon befreien will, um höhere Bewusstseinsstufen zu erreichen. Der Stier ist bodenständig und vorsichtig, den Skorpion dagegen leiten intuitive und magnetische Kräfte.
Warum bilden sie ein Paar? Der Stier weiß, dass zum Leben materieller Besitz erforderlich ist, der Skorpion dagegen, dass man manchmal etwas preisgeben muss, um zu überleben. Diese Achse thematisiert die Beziehung zum eigenen Körper, zur Sexualität sowie zu innerem und äußerem Reichtum.

Zwillinge/Schütze: Die Achse des Wissens
Die Zwillinge interessieren sich für alles, ohne Position zu beziehen, während der Schütze sich gleichfalls für alles interessiert, dabei aber einem vorgezeichneten spirituellen Weg folgt. Die Zwillinge sind vielseitig und neugierig, scheuen die Verantwortung und pochen auf ihre Freiheit. So auch der Schütze, der sich jedoch einer universellen Wahrheit verpflichten muss, um voranzuschreiten.
Warum bilden sie ein Paar? Die Zwillinge sind aufgeschlossen, der Schütze hält an seinen Prinzipien fest. Gemeinsam können sie höchste spirituelle Sphären erreichen.

Krebs/Steinbock: Die Achse des Beschützens
Der Krebs beschützt seinen inneren Reichtum, während der Steinbock nur das bewahrt, was ihm unabdingbar erscheint.
Warum bilden sie ein Paar? Der Krebs hält die emotionalen Schätze in Ehren, die ihm die Kraft verleihen, das zu beschützen, was er liebt. Dem Steinbock helfen seine Ausdauer und seine Kaltherzigkeit, sich der Außenwelt zu stellen und über die Widrigkeiten zu triumphieren, die die Fruchtbarkeit des Krebses bedrohen.

Löwe/Wassermann: Die Achse der Individualität
Der Löwe liebt sich von Natur aus selbst, während der Wassermann die Identität der Gruppe schätzt, der er angehört.
Warum bilden sie ein Paar? Der Wassermann versteht, dass der Ruhm der Gemeinschaft nicht zu seinen persönlichen Ungunsten gehen muss, während der Löwe erkennt, dass Hochmut nichts bringt, wenn er in Überheblichkeit und Narzissmus umschlägt.

Jungfrau/Fische: Die Achse der Pflicht
Die Jungfrau nimmt Einschränkungen so hin, wie sie sind, während die Fische grundsätzlich weder Einschränkungen noch Pflichten kennen.
Warum bilden sie ein Paar? Durch ihr Gegenüber lernt die Jungfrau, dass ihr Handeln in einem viel größeren, bedeutungsvolleren Zusammenhang steht, als sie dachte. Die Fische dagegen verstehen, dass die bedingungslose Liebe, die sie verspüren, durch das strukturierte und methodische Wesen der Jungfrau Gestalt annehmen kann.

WEITERE ASPEKTE DER ACHSEN

Gibt es in deinem Horoskop Achsen, in denen in beiden Zeichen Planeten stehen?

Ja, die Achse Widder/Waage. Denk über deine Beziehungen zu anderen Menschen nach. Schwankst du zwischen dem Bedürfnis, deine Individualität zu betonen, und dem Wunsch nach Versöhnung und Konfliktfreiheit?

Ja, die Achse Stier/Skorpion. Denk über deine Lebensenergie nach. Schwankst du zwischen der konkreten Sehnsucht nach bescheidenem Glück und komplexen, tiefgreifenden, bisweilen jedoch finsteren Gedanken?

Ja, die Achse Krebs/Steinbock. Denk über dein Sicherheitsbedürfnis nach. Schwankst du zwischen dem Bedürfnis, in den Welten deiner Fantasie, deiner Gefühle und beruhigender Geschichten Schutz zu suchen, und dem Drang zur Selbsterhaltung durch kaltherzige und unnahbare Stärke?

Ja, die Achse Löwe/Wassermann. Denk über deinen Selbstwert nach. Schwankst du zwischen dem Bedürfnis danach, dass deine Fähigkeiten allseits anerkannt werden, und dem Wunsch, deine Talente in den Dienst einer gesellschaftlichen Aufgabe zu stellen?

Ja, die Achse Jungfrau/Fische. Denk über dein Pflichtgefühl nach. Schwankst du zwischen dem Bedürfnis, deine Pflicht zu erfüllen, und dem Drang, höhere Aufgaben zu bewältigen und nicht nur eine einfache To-do-Liste abzuarbeiten?

Auch wenn bei dir auf keiner Achse in beiden Zeichen Planeten stehen, kannst du über die Achse nachdenken, die Aszendent und Deszendent verbindet, sowie über die Achse zwischen Himmelstiefe und Himmelsmitte.

* Die Achse Aszendent/Deszendent beschreibt, welche Eigenschaften und Schwächen du ursprünglich besitzt (Aszendent, 1. Haus), sowie die Charakterzüge, die dich an anderen Menschen anziehen (Deszendent, 7. Haus) – ob zu deinem Besten oder nicht.
* Die Achse Himmelstiefe/Himmelsmitte beschreibt die Eigenschaften des Ortes deiner Herkunft (Himmelstiefe, 4. Haus) sowie die Eigenschaften des beruflichen oder sozialen Umfelds, in dem du dich verwirklichst (Himmelsmitte, 10. Haus).

Welches Zeichen liegt gegenüber …
  * *… deinem Sonnenzeichen? Welche Eigenschaften siehst du in ihm?*
  * *… deinem Mondzeichen? Welche Eigenschaften siehst du in ihm?*
  * *… deinem Aszendenten? Welche Eigenschaften siehst du in ihm?*

Wenn es dir gelingt, diese Eigenschaften zu entwickeln, können sie zu Stützen in deinem Alltagsleben werden oder dir zumindest Perspektiven aufzeigen. Notiere deine Gedanken in deinem Astro-Tagebuch auf S. 243.

DIE VIER JAHRESZEITEN

Jedes Jahr durchläuft die Sonne alle zwölf Zeichen des Tierkreises. Daher sagt man in der Astrologie über die entsprechenden Zeiträume: »die Sonne steht im Widder«, »die Sonne steht im Stier« etc.
Denk einmal darüber nach, wie du selbst diesen Kreislauf Jahr für Jahr erlebst. Vielleicht gibt es in deinem Leben Dinge, die jedes Jahr wiederkehren: persönliche Gewohnheiten, freudige Geburtstage, schmerzliche Trauergedenktage, saisonal bedingte Schwermut oder Phasen, in denen das Wetter dich euphorisiert. Die 12 ist durch 6, 4, 3 und 2 teilbar – eine geradezu magische Zahl! Auch der Tierkreis kann in Unterabschnitte geteilt werden. So lassen sich die Kräfteverhältnisse im Geburtshoroskop klarer erkennen.

Frühling
Mit dem Frühjahr nimmt das astrologische Sonnenjahr seinen Anfang. Diese Jahreszeit steht für Beginn und Aufbruch; hier werden die Grundlagen deiner Existenz gelegt.
* Mit dem Widder bekräftigst du deine persönliche, einzigartige Identität – die Grundlage von allem! Du bist du selbst, und niemand anderes.
* Der Stier verankert dich im Hier und Jetzt. Er betont den Körper, das eigene Haus und materielle Sicherheit – all das brauchst du, um deinen Platz in der Welt zu finden.
* Die Zwillinge wecken in dir das Interesse für deine Umgebung und schenken dir die Neugier auf die Welt.

Sommer
Der Sommer ist die Zeit der Selbstverwirklichung auf Basis der im Frühjahr geschaffenen Grundlagen. Liebe, Talente und Fähigkeiten blühen auf.
* Vom Krebs lernst du, aus dem Vollen zu schöpfen und das Erworbene zu sichern.
* Der Löwe weckt in dir die Selbstliebe, die dir hilft, in der Welt zu glänzen.
* Mit der Jungfrau sammelst und vervollständigst du dein Wissen und deine Fähigkeiten.

Herbst
Die Wetterveränderungen, die der Herbst mit sich bringt, veranlassen uns dazu, nicht mehr so sehr die äußeren Freuden zu suchen, sondern uns ins Innere zurückzuziehen. Der Herbst zeigt uns, dass alles Schöne ein Ende hat, erinnert uns aber auch daran, dass spirituelles Erwachen jederzeit möglich ist – auch bei schlechtem Wetter!
* Von der Waage lernst du, anderen Menschen Raum zu lassen, um dich mit ihnen zusammenschließen zu können. Dazu gehört auch die Einsicht, dass du nicht der Nabel der Welt bist, sowie die Bereitschaft, Hilfe von außen anzunehmen.

* Der Skorpion animiert dich dazu, intensiv zu leben, und lehrt dich, dass in den dunklen Seiten deiner selbst ungeahnte Widerstandskraft schlummert.
* Mit dem Schützen brichst du zu neuen Horizonten auf und versöhnst spirituelle Sehnsucht und materielle Bedürfnisse.

Winter
Der Winter ist eine strenge Jahreszeit, die von Einschränkungen geprägt ist und in der du lernst, dass Überleben nur in der Gruppe möglich ist. Daher besteht nun die Aufgabe darin, den eigenen Platz in der Gemeinschaft zu finden.
* Mit dem Steinbock lernst du, dich sozial und politisch zu engagieren, um so die gesamte Welt voranzubringen.
* Der Wassermann vermittelt dir den Glauben an kühne, kollektive Utopien.
* Mit den Fischen lernst du loszulassen, und erkennst, dass du nur ein kleines Glied in einer großen, allumfassenden Kette bist.

WEITERE ASPEKTE DER JAHRESZEITEN

Möglicherweise entsprechen bestimmte Zeichen und ihre Eigenschaften dem, was dich zu bestimmten Jahreszeiten bewegt. Vielleicht stehen in deinem Horoskop in diesen Zeichen auch Planeten?
* Schulanfang und gute Vorsätze: Achte auf Jungfrau und Steinbock.
* Urlaub, Freizeit und sportliche Aktivitäten: Achte auf Löwe und Widder.
* Neue Bekanntschaften, die du machst, wenn du die Stelle wechselst oder einem Verein beitrittst: Achte auf Waage und Wassermann.
* Aufbruch zu Reisen: Achte auf Schütze und Zwillinge.
* Phasen des Rückzugs und der Pflege des inneren Erlebens: Achte auf Krebs und Skorpion.
* Momente der Entspannung und der Tagträumerei: Achte auf Stier und Fische.

Wenn eine bestimmte Jahreszeit dein Horoskop beherrscht, bist du in dieser Phase wahrscheinlich tatendurstiger als sonst oder fühlst dich herausgefordert, weil die Sonne diesen Abschnitt deines Horoskops jedes Jahr aufs Neue besonders erhellt.

> *Um herauszufinden, ob in deinem Horoskop eine bestimmte Jahreszeit besonders betont ist, zähl die Planeten in den jeweiligen Zeichen:*
> * *in den Frühjahrszeichen (Widder, Stier, Zwillinge)*
> * *in den Sommerzeichen (Krebs, Löwe, Jungfrau)*
> * *in den Herbstzeichen (Waage, Skorpion, Schütze)*
> * *in den Winterzeichen (Steinbock, Wassermann, Fische)*
>
> *Notiere das Ergebnis und deine Gedanken in deinem Astro-Tagebuch auf S. 243.*

DIE VIER ELEMENTE

Wir alle kennen die vier Elemente: Feuer, Erde, Luft, Wasser. Auch im Tierkreis spielen sie eine wichtige Rolle. Jeweils drei Zeichen ist ein Element zugeordnet; dieses prägt jedes Zeichen in seinem Charakter und beeinflusst seine Energie.

Die vier Elemente und ihre Bedeutungen im Tierkreis

	FEUER	ERDE	LUFT	WASSER
+	Tatkraft, Willenskraft, Forschheit, Fähigkeit zur Betonung der Individualität	Stabilität, Pragmatismus, Treue, Fähigkeit zum Aufbau	Flexibilität, Anpassungsfähigkeit, Geselligkeit, Fähigkeit zu begrifflichem Denken	Intuition, Empfindsamkeit, Kreativität, Fähigkeit zum Empfinden von Gefühlen
−	Impulsivität, Jähzorn	Materialismus, übertriebene Vorsicht	Dilettantismus, aufbrausende Gereiztheit	Passivität, Übermaß an Affekten

Überprüfe, wie stark jedes Element in deinem Horoskop vertreten ist. Ermittle dazu, wie viele Planeten jeweils in einem Feuer-, Erd- Luft- oder Wasserzeichen stehen. Nimm hierzu die Tabelle in deinem Astro-Tagebuch zu Hilfe (S. 246). Beispiel: Wenn die Sonne im Widder steht – einem Feuerzeichen –, machst du ein Kreuz bei »Feuer«. Ist ein Element kaum oder gar nicht vertreten, kann das auf einen persönlichen Mangel hinweisen; eine Häufung dagegen kann eine Warnung vor übertriebenem Verhalten darstellen.
Beispiel: Luft und Erde sind in deinem Horoskop unterrepräsentiert, aber Feuer und Wasser sind im Übermaß vorhanden. Dann mangelt es dir möglicherweise an der Fähigkeit zu begrifflichem Denken. Dafür kannst du dich selbst gut spüren und dich behaupten, und du räumst deinen Gefühlen und deiner Begeisterung breiten Raum ein.

WEITERE ASPEKTE DER VIER ELEMENTE

Fehlt ein Element in deinem Horoskop, muss das nicht unbedingt ein Nachteil sein. Wir alle kennen Menschen, die durch und durch pragmatisch veranlagt sind und ein glückliches Leben führen, ohne sich an ihrem Mangel an Fantasie zu stören, oder sehr empfindliche Leute, die sich keinen Deut um ihr wirtschaftliches Überleben scheren und damit bestens klarkommen. Dennoch hier einige Hinweise zu Mangel und Übermaß an Elementen:

Feuer ♈ ♌ ♐

- **Mangel an Feuer:** Versuche, deine Selbstsicherheit zu stärken. Notiere deine positiven Eigenschaften und sag sie dir jeden Tag aufs Neue vor.
- **Übermaß an Feuer:** Du hast überschüssige Energie, die du nutzen kannst. Tob dich beim Sport aus! Boxen könnte für dich ideal sein, weil dabei auch Aggressionen abgebaut werden.

Wasser ♋ ♏ ♓

- **Mangel an Wasser:** Erweitere dein emotionales Spektrum und nähere dich ganz behutsam neuen Gefühlen. Schwelge in Playlists mit Musik, die dich berührt, oder kauf dir eine Jahreskarte fürs Kino.
- **Übermaß an Wasser:** Wenn du dich von deinen Gefühlen überflutet fühlst, kann dir diese Atemübung helfen, wieder zu dir zu kommen: Einatmen und dabei bis sieben zählen, ausatmen und dabei bis sieben zählen. Mach die Übung sieben Mal nacheinander. Wenn du Bauchatmung beherrschst, umso besser!

Erde ♉ ♍ ♑

- **Mangel an Erde:** Versuch, dich besser zu organisieren und die Dinge der Reihe nach zu erledigen. Besorg dir zum Beispiel ein hübsches Notizbuch, mit dessen Hilfe du deine Tage besser planen und strukturieren kannst.
- **Übermaß an Erde:** Nimm dir vor, einmal im Monat deine Komfortzone zu verlassen! Iss etwas, das du noch nicht kennst, probiere eine neue Sportart aus, geh abends an Orten aus, die du sonst nie aufsuchen würdest …

Luft ♊ ♎ ♒

- **Mangel an Luft:** Versuch, neue Bekanntschaften zu schließen, Menschen zu begegnen, die anders sind als du und durch die du eine andere Sicht auf die Welt bekommst. Melde dich bei einer Kontaktbörse an und schreib mit Leuten aus entfernten Weltgegenden. So lernst du andere Meinungen kennen als deine eigenen.
- **Übermaß an Luft:** Konzentrier dich auf dich selbst und achte darauf, dich nicht zu verzetteln. Gönn dir Phasen der Einsamkeit und der Stille, in denen du mit dir selbst allein bist.

> *Stehen bei dir die meisten Planeten in Feuerzeichen? Oder in Erdzeichen? Oder in Luftzeichen? Oder in Wasserzeichen? Verwende die Tabelle in deinem Astro-Tagebuch auf S. 246, um eine Übersicht zu erstellen.*

DIE DREI QUALITÄTEN

Die zwölf Zeichen lassen sich auch anhand ihrer sogenannten Qualitäten gruppieren. Die Qualität gibt die Stelle an, die ein Zeichen in seiner Jahreszeit einnimmt. Es gibt kardinale, feste und veränderliche Zeichen, die die Jahreszeit jeweils eröffnen, konsolidieren oder infrage stellen. Die Qualität eines Zeichens sagt also etwas über das Temperament des Zeichens aus.

Kardinale Zeichen ♈ ♋ ♎ ♑
Die kardinalen Zeichen eröffnen die Jahreszeiten. Widder, Krebs, Waage und Steinbock bilden den Auftakt zu Frühjahr, Sommer, Herbst und Winter.
+ Diese Zeichen haben jeweils eine klare Vision, die nach Tatkraft und Autorität verlangt.
− Vorsicht vor diktatorischen Tendenzen und unvollendeten Handlungen!

Feste Zeichen ♉ ♌ ♏ ♒
Die festen Zeichen stabilisieren und verstetigen die Vision der kardinalen Zeichen. Stier, Löwe, Skorpion und Wassermann sind von dauerhaftem Wesen und bekräftigen die Werte ihrer jeweiligen Jahreszeit.
+ Diese Zeichen sind authentisch und standhaft.
− Vorsicht vor Starrsinn und Unbelehrbarkeit!

Veränderliche Zeichen ♊ ♍ ♐ ♓
Die veränderlichen Zeichen hinterfragen das Geschehen ihrer eigenen Jahreszeit und kündigen die folgende an. Zwillinge, Jungfrau, Schütze und Fische verweisen jeweils auf einen Weg, der von dem ihrer Vorgänger abweicht.
+ Diese Zeichen sind wandelbar und können sich anpassen.
− Vorsicht vor Sprunghaftigkeit und ständigem Infragestellen!

Überprüfe, wie stark jede Qualität in deinem Horoskop vertreten ist. Ermittle dazu, ob die Planeten jeweils in einem kardinalen, festen oder veränderlichen Zeichen stehen. Nimm hierzu die Tabelle in deinem Astro-Tagebuch zu Hilfe (S. 246).
Beispiel: Wenn die Sonne im Widder steht – einem kardinalen Zeichen –, mach ein Kreuz bei »kardinal«.
Ist eine Qualität schwach oder gar nicht vertreten, kann das auf einen persönlichen Mangel hinweisen, eine Häufung dagegen kann eine Warnung vor übertriebenem Verhalten darstellen.

Kardinale Zeichen
* **Starke kardinale Zeichen** signalisieren Tatkraft und Initiative sowie die Entschlossenheit, die eigenen Ideen und das eigene Leben zu verteidigen. Extrem starke kardinale Zeichen können auf Vorbehalte gegen Neuerungen hinweisen. Bedenke, dass du nicht immer und überall der Anführer sein musst; auch gemeinsam kann man die Initiative ergreifen und Projekte verwirklichen.
* **Schwache kardinale Zeichen** weisen darauf hin, dass du nicht unbedingt ein Vorreiter bist und Schwierigkeiten damit hast, die Initiative zu ergreifen. Dann kannst du dir vornehmen, demnächst mit einer Entscheidung voranzugehen, sei es im Beruf, in der Beziehung oder im Freundeskreis, und dich dabei fragen, warum deine Initiative weniger wert sein soll als die der anderen. Auch du kannst die Rolle des Anführers übernehmen.

Feste Zeichen
* **Starke feste Zeichen** stehen für Loyalität und stark ausgeprägte Wünsche. Extrem starke feste Zeichen können auf eine konservative, kompromisslose und bornierte Haltung verweisen. Versuch, offen zu bleiben für das, was die anderen dir zu bieten haben. Auch du hast nicht auf alles eine Antwort – was übrigens nur von Vorteil ist, denn so viel Verantwortung könnte niemand schultern!
* **Schwache feste Zeichen** weisen möglicherweise auf eine gewisse Sprunghaftigkeit im Handeln, Wünschen und Denken hin. Dann könntest du die Nähe von Menschen suchen, die beständiger sind als du, oder du nimmst dir vor, an einer Entscheidung oder einer Gewohnheit unter allen Umständen festzuhalten, und beobachtest dabei, warum dir die Vorstellung Angst macht, dass etwas in dir Wurzeln schlägt und sich als dauerhaft erweist.

Veränderliche Zeichen
* **Starke veränderliche Zeichen** stehen für Flexibilität. Extrem starke veränderliche Zeichen können die Erklärung für mangelnde Stabilität sein, weil dann Ziele, Gefühle und Lebensgrundsätze in Widerspruch zueinander stehen. Unterscheide genau zwischen deiner Anpassungsfähigkeit (ein großer Pluspunkt) und deiner Neigung zur Flucht nach vorne (die dich so schöner Dinge wie der Beständigkeit beraubt).
* **Schwache veränderliche Zeichen** weisen möglicherweise darauf hin, dass du Schwierigkeiten hast, dich zu hinterfragen und dich zu entwickeln. Dann kannst du die Nähe von Menschen mit etwas weicherem Naturell suchen oder kleine Veränderungen in deinem Leben einführen und dabei beobachten, was dich an Neuerungen beunruhigt und warum du versuchst, ihnen auszuweichen.

> *Stehen bei dir die meisten Planeten in kardinalen Zeichen? In festen Zeichen? In veränderlichen Zeichen? Verwende die Tabelle in deinem Astro-Tagebuch (S. 246), um eine Übersicht zu erstellen. Das Fehlen eines Elements kann auf einen persönlichen Mangel verweisen.*

- IV -

Die astrologischen Planeten

IHRE ROLLEN IM LEBEN

Die Sterne tragen dazu bei, dass du aufblühst und dein Ego sich entwickelt. Wie wir sehen werden, wird dieser Aspekt deiner Persönlichkeit vor allem von der Sonne verkörpert. Sie spendet deinem Horoskop Licht und Wärme, und in ihrem Umfeld können auch die anderen Planeten ihre Wirkung entfalten. So wie das Tagesgestirn für den Willen zum Erfolg steht, versuchen auch die übrigen astrologischen Planeten, ihrer Rolle gerecht zu werden – für dich und dein Streben nach einem gelungenen Leben!

Meist konzentriert man sich in einem Horoskop auf die zwölf Tierkreiszeichen, doch die wahren Helden sind die Planeten. Die Zeichen sind gleichsam die Kulissen des astrologischen Theaters, die Planeten dagegen die Schauspieler, die auf der Bühne die Figuren unseres inneren Dramas verkörpern. Ihnen kommt die Aufgabe zu, die Missionen zu erfüllen, die die Giebel der einzelnen Häuser zieren.

Denk an Geschichten, in denen die Hauptfigur einen Engel und einen Teufel auf den Schultern sitzen hat, sich in ihrer Fantasie Gestalten ausdenkt oder von Doppelgängern umgeben ist, die alle versuchen, die Situation unter ihre Kontrolle zu bringen. In zahlreichen Geschichten (etwa in Comics oder in dem Animationsfilm *Alles steht Kopf*) vervielfältigt sich eine Figur, um ihren unterschiedlichen inneren Stimmen Raum zu geben. Auch du hast sicher schon einmal Gedanken laut ausgesprochen, die dir durch den Sinn gegangen sind, als du eine heikle Entscheidung treffen musstest …

Die Planeten in deinem Horoskop symbolisieren diese unterschiedlichen Stimmen. Im folgenden Kapitel wirst du sie kennenlernen. So wie es zwölf Tierkreiszeichen gibt, gibt es auch zwölf astrologische Planeten. Jeder besitzt seine eigene Persönlichkeit und durchläuft den Tierkreis in seinem eigenen Tempo. Es gibt schnelle Planeten, die vor allem für die persönliche, innere Dynamik stehen (der Mond etwa braucht 28 Tage, um den Tierkreis einmal zu durchlaufen), und langsame Planeten, die vor allem für unser kollektives Schicksal stehen (Pluto, der langsamste von allen, braucht rund 250 Jahre für die Strecke).

Das Wirken eines Planeten wird von dem Zeichen beeinflusst, in dem er steht. Unser Handeln ist immer abhängig von dem Ort, an dem wir uns befinden, und in vertrauter Umgebung fallen unsere Reaktionen anders aus als in einem Umfeld, das uns befremdet.

Die Sterne wandern, und jedes Haus stellt für einen Stern eine Etappe dar. Manche dieser Abschnitte sind angenehm und förderlich, andere haben eine schwächende und destabilisierende Wirkung.

Die beiden Lichter: Sonne und Mond

Unter den astrologischen Planeten senden nur Sonne und Mond ihre Strahlen auf die Erde, weshalb sie auch als »Lichter« bezeichnet werden. Die Sonne (astronomisch gesehen ein Stern) erhellt unser äußeres Leben, der Mond (im astronomischen Sinn ein Satellit) unser inneres Leben.

Wir neigen dazu, das astrologische Profil eines Menschen auf sein Sonnenzeichen zu verkürzen. Wenn jemand von sich sagt: »Ich bin Widder«, so heißt das, dass die Sonne zum Zeitpunkt seiner Geburt im Zeichen des Widders stand. Darauf lässt sich aber die Persönlichkeit des Betreffenden nicht reduzieren. Die Sonne steht für ein angestrebtes Ideal und die Art des anvisierten Erfolges, aber die innere Haltung, der Umgang mit anderen und das eigene Gefühlsleben können deutlich von dem abweichen, was das Sonnenzeichen ausmacht, wenn etwa der Aszendent, Merkur oder Venus an anderer Stelle stehen. Sonne und Mond sind in einem Horoskop besonders aussagekräftig. Achte daher mindestens ebenso sehr auf dein Mondzeichen wie auf dein Sonnenzeichen. Mond und Sonne bilden ein außergewöhnliches Gespann; manchmal werden sie mit einem Königspaar verglichen, um das herum sich der Rest des Horoskops gruppiert. Der Mond repräsentiert die Kräfte des Yin: Empfänglichkeit, Passivität (die in unserer Gesellschaft einen schlechten Ruf hat, obwohl wir gut daran täten, die Dinge hin und wieder einfach verständnisvoll hinzunehmen), Emotionalität, Verbundenheit zwischen den Generationen. Die Sonne steht für die Kräfte des Yang: Tatkraft, Vitalität, Willenskraft, freie Entscheidung. Die Harmonie zwischen beiden – oder ihre Rivalität – kann in deinem Leben eine bedeutende Rolle spielen.

Weiblichkeit und Männlichkeit in der Astrologie

Wenn du mit Yin und Yang vertraut bist, weißt du, dass traditionellerweise der Mond für das weibliche Prinzip steht und die Sonne für das männliche, und dass jeder Mensch beide Prinzipien in sich trägt.

Von männlich und weiblich zu sprechen, hat seine Berechtigung, denn unsere Gesellschaft betont weiterhin den Unterschied zwischen den Geschlechtern. Zahlreiche Männer und Frauen tun sich schwer damit, sich mit den Eigenschaften zu identifizieren, die ihrem Geschlecht zugeschrieben werden. Ihnen kann die astrologische Sichtweise helfen, Widersprüche und Mehrdeutigkeiten zu akzeptieren. Wenn du möchtest, kannst du auch von Yin als dem empfangenden und von Yang als dem hervorbringenden Prinzip sprechen. Entscheide selbst ...

Keines der beiden Prinzipien ist besser oder schlechter, beide besitzen denselben Wert. Das Yang ist dem Yin nicht überlegen, das Yin nicht dem Yang. Und du hast die Aufgabe, die beiden Kräfte in dein persönliches Gleichgewicht zu bringen, im Verbund mit den beiden Lichtern in deinem Horoskop.

Die vier Planeten der Kommunikation: Merkur, Venus, Mars und Ceres

Diese vier Planeten sind die Planeten der Kommunikation. Sie stehen für das Streben der Sonne nach Erfolg und die Sehnsucht des Mondes nach innerem Frieden.

* Merkur: Kommunikation durch Sprache, mithilfe von Wörtern und Gesten.
* Venus: Kommunikation durch Gefühle, mithilfe von Verbundenheit und Empfindsamkeit.
* Mars: Kommunikation durch Handeln, mithilfe von Kampfgeist und Aggressivität.
* Ceres: Kommunikation durch Logik, mithilfe von Vernunft und Sachverstand.

Die zwei Planeten der Gemeinschaft: Jupiter und Saturn

Jupiter und Saturn stehen für die Rollen, die du in der Gemeinschaft einnimmst, für die Art und Weise, wie du dort deinen Platz findest, aber auch für das, worauf du verzichten musst, um inmitten der Gruppe zur Reife zu gelangen.

* Mit Jupiter integrierst du dich in die Gemeinschaft, indem du wächst. Er hilft dir, dich zu entwickeln und auf dein Glück zu vertrauen.
* Mit Saturn integrierst du dich in die Gemeinschaft, indem du dich zurücknimmst. Er hilft dir, dein Inneres zu festigen und darauf zu vertrauen, dass deine Bemühungen Erfolg haben werden.

Die drei Planeten des Wandels: Uranus, Neptun und Pluto

Diese drei Planeten werden auch als transsaturnische Planeten bezeichnet. Sie befinden sich jenseits des Saturn und ziehen ihre Bahnen so langsam, dass sie alle länger als ein Menschenleben brauchen, um den Tierkreis zu durchlaufen. Uranus benötigt dafür beispielsweise knapp 84 Jahre (also rund sieben Jahre pro Zeichen), Neptun 165 Jahre (also knapp 14 Jahre pro Zeichen) und Pluto 250 Jahre (also gut 20 Jahre pro Zeichen).

Die drei werden auch »Generationsplaneten« genannt, weil sich ihre Position über Jahre hinweg kaum verändert und sie so bisweilen für eine ganze Generation von Menschen im selben Zeichen stehen. In welchem Zeichen sie jeweils stehen, ist vor allem für eine Astrologie von Bedeutung, die das Weltgeschehen in den Blick nimmt, ganze Epochen analysiert und geopolitische Ereignisse und die Entwicklung der globalen Wirtschaft verfolgt. Im Rahmen eines Geburtshoroskops wird man eher darauf achten, in welchen Häusern sie sich befinden und in welchen Beziehungen sie zu den schnelleren Planeten stehen (siehe S. 119 und S. 205).

DIE WÜRDEN DER PLANETEN

Für jeden Planeten gibt es sechs mögliche Arten der Beziehung zu dem Zeichen, in dem er steht, die sogenannten Würden. Ein Planet wird in einem Zeichen entweder gestärkt – er kann also seine Eigenschaften besonders gut entfalten – oder geschwächt. Beides ist weder gut noch schlecht, sondern zunächst einfach nur eine Information, die hilft, die Position des Planeten treffender zu interpretieren. Wenn du die verschiedenen Würden der Planeten kennst, wirst du ihre Missionen besser verstehen und auch zu einem tieferen und detaillierteren Verständnis des Tierkreises gelangen.

Domizil ⌂
Das Domizil ist für einen Planeten eine Art Komfortzone – sein Reich, in dem er ganz in seiner Rolle aufgehen kann, ohne sich verstellen zu müssen. Hier hat er seinen Platz, hier ist sein angestammter Aufenthaltsort.
Beispiel: Mars steht im Widder in seinem Domizil, einem Feuerzeichen.

Freude ⌣
Steht ein Planet in einem Zeichen, das demselben Element zugeordnet ist wie sein Domizil, dann steht er in seiner Freude (ein untergeordneter positiver Aspekt).
Beispiel: Mars steht im Löwen und im Schützen in seiner Freude, den beiden anderen Feuerzeichen des Tierkreises neben dem Widder.

Erhöhung ↑
Steht ein Planet in einem Zeichen in seiner Erhöhung, so vervielfachen sich seine Eigenschaften und seine Mission wird aufgewertet. Er blüht auf, verfällt fast in einen Rausch. Das Zeichen ist für ihn keine sichere Burg, sondern eher wie das Haus eines Freundes, der für ihn sorgt und ihn mit Geschenken überhäuft.
Beispiel: Mars steht im Steinbock in seiner Erhöhung.

Exil ⇕
Ein Planet befindet sich im Exil, wenn er in dem Zeichen steht, das seinem Domizil genau gegenüberliegt. Dieses Zeichen verfolgt zwar dasselbe Ziel wie das Zeichen seines Domizils, jedoch mit einer grundsätzlich anderen Strategie. Der Planet befindet sich zwar in einer unbequemen Lage, weil er sich machtlos fühlt, kann dabei jedoch eine wertvolle Lektion lernen und neue Eigenschaften an sich entdecken, die ihm helfen können, sich aus der Affäre zu ziehen – vorausgesetzt, er hinterfragt sich selbst.
Beispiel: Mars steht in der Waage im Exil.

Fall ↓
Steht ein Planet im Fall, scheitert er auf ganzer Linie. In dem entsprechenden Zeichen hat man sozusagen nicht auf ihn gewartet. Er ist in seinem Wirken gehemmt und verliert an Kraft. Der Fall ist zweifelsohne der unangenehmste Zustand für einen Planeten, weil er dann seinen natürlichen inneren Antrieb verliert. Um dieses Hindernis zu überwinden, muss er seine Mission grundsätzlich überdenken. Weil er sie nicht wie geplant durchführen kann, muss er sich neu erfinden.
Beispiel: Mars steht im Krebs im Fall.

Peregrinität
Steht ein Planet weder in seinem Domizil noch in seiner Freude, seiner Erhöhung, im Exil oder im Fall, bezeichnet man ihn als peregrin. Wie auf einem Spaziergang nimmt er die Energien des Zeichens auf, in dem er sich befindet, ohne dass ihm das besonders angenehm oder unangenehm ist. Aber auch dieser Zustand liefert Informationen über die Art und Weise, wie der Planet seine Mission erfüllt.
Beispiel: Mars ist in den Zwillingen peregrin.

Welche Fähigkeiten und Eigenschaften nehmen die Planeten in den Zeichen auf, in denen sie peregrin sind?
- ➝ Im Widder gewinnt ein Planet Elan, Dynamik, Impulsivität und Kampfgeist.
- ➝ Im Stier gewinnt ein Planet materialistisches Denken, das Gespür für Handfestes, Langsamkeit und die Freude an irdischen Dingen.
- ➝ In den Zwillingen gewinnt ein Planet die Fähigkeit zur Kommunikation, Sprachbewusstsein, Wandelbarkeit und Konsensfähigkeit.
- ➝ Im Krebs gewinnt ein Planet Innerlichkeit, das Bewusstsein für inneren Reichtum und das Bedürfnis nach Sicherheit.
- ➝ Im Löwen gewinnt ein Planet inneres Strahlen, Stolz, Autorität und Souveränität.
- ➝ In der Jungfrau gewinnt ein Planet methodisches Denken, Sachkunde, eine dienende Haltung und kritisches Denken.
- ➝ In der Waage gewinnt ein Planet die Fähigkeit zur Schlichtung, Eleganz, ästhetisches Empfinden und vermittelnde Fähigkeiten.
- ➝ Im Skorpion gewinnt ein Planet die Fähigkeit des Anfechtens, Wut, Wandelbarkeit und Intensität.
- ➝ Im Schützen gewinnt ein Planet Reiselust, philosophisches Denken, Gewissheiten und hochfliegende Gedanken.
- ➝ Im Steinbock gewinnt ein Planet Beharrlichkeit, Ehrgeiz, anspruchsvolles Denken und Erhöhung.
- ➝ Im Wassermann gewinnt ein Planet Originalität oder Außenseitertum, Brüderlichkeit und Modernität.
- ➝ In den Fischen gewinnt ein Planet Glaube, Mitgefühl, das Bewusstsein dafür, dass alles fließt, sowie Poesie.

Die folgende Tabelle gibt eine Übersicht über die Würden der Planeten.

	DOMIZIL	ERHÖHUNG	EXIL	FALL
Sonne	Löwe	Widder	Wassermann	Waage
Mond	Krebs	Stier	Steinbock	Skorpion
Merkur	Zwillinge	Jungfrau	Schütze	Fische
Venus	Waage (bzw. Stier)	Fische	Widder	Jungfrau
Mars	Widder	Steinbock	Waage	Krebs
Ceres	Jungfrau	Wassermann	Fische	Löwe
Jupiter	Schütze	Krebs	Zwillinge	Steinbock
Saturn	Steinbock	Waage	Krebs	Widder
Uranus	Wassermann	Skorpion	Löwe	Stier
Neptun	Fische	Löwe	Jungfrau	Wassermann
Pluto	Skorpion	Schütze	Stier	Zwillinge

»Hilfe, bei mir stehen viele Planeten im Exil und im Fall!«

Keine Panik! Das muss kein schlechtes Zeichen sein. Alles hängt vom Gesamtbild des Horoskops ab. Ist etwa die Fische-Energie stark, die eher fatalistisch und wenig aufdringlich ist, kann eine Venus, die im Widder im Exil steht, ein wenig Feuer und Wagemut bringen. Auch wenn man das nicht unbedingt von Venus erwartet, die ja für Verbundenheit mit den anderen sorgt. Man hätte sie lieber versöhnlich und warmherzig, weil das den Umgang mit anderen leichter macht, doch wie gesagt: Alles ist eine Frage des Gleichgewichts.

Ein anderes Beispiel: Steht Jupiter im Steinbock im Fall, so wird er kühl und diszipliniert. Der Planet der Maßlosigkeit und des Enthusiasmus findet sich an einem Ort wieder, den er selbst nie für seine Mission gewählt hätte. Doch wenn der Rest deines Horoskops dich dazu einlädt, mit Zuversicht und Begeisterung bei der Sache zu sein, bist du Jupiter vielleicht dankbar dafür, dass er dich wieder auf den Boden der Tatsachen zurückbringt.

Die Arbeit mit deinem Horoskop ermöglicht dir jederzeit, dich mit bestimmten Aspekten, mit denen du dich nicht wohlfühlst, anzufreunden und sogar daraus Nutzen zu ziehen. Nur Mut! Die Lösung befindet sich buchstäblich vor deiner Nase ...

SONNE

Die Sonne, dieser gewaltige Stern, dieser gigantische Feuerball, der im ganzen Sonnensystem Licht, Energie und Wärme verbreitet, repräsentiert im Horoskop dein inneres Feuer. Der ununterbrochene Verbrennungsprozess entspricht deinem Drang zum Erfolg, der Fülle deines Seins und deiner Individualität, deinem fortwährenden Streben nach dem Idealzustand, deinem innersten, reinsten Wesen und deinem Ehrgeiz, über diese ruhmumkränzte Existenz hinaus zu kommen. Die Sonne ist das höchste der Gestirne, die Herrscherin über alle Planeten im Umkreis, und sorgt für deren Zusammenhalt (da sie im Zentrum unseres Sonnensystems steht, scheint sie das zumindest zu glauben).

Bezug zur Götterwelt: Herrin des Lichts! Zusammen mit dem Mond bildet sie das Paar der sogenannten Lichter, das mit seinen Strahlen unsere Erde erhellt. Auch über deinem Horoskop leuchtet dieser majestätische Stern. Und wie im Weltall sind die anderen Planeten auch hier Untertanen, die dem Willen der Sonne nachkommen.

Entsprechungen: Ego, Vitalität, Streben nach dem Absoluten, Reifen der Persönlichkeit.

Aufgabe: dich zum Strahlen zu bringen.

Symbol ☉ **:** ein Kreis mit einem Punkt in der Mitte, der für die Hitze und die Lebenskraft steht, die von der Sonne ausgehen und ihre Aura nach außen verbreiten.

Domizil ⌂**:** Die Sonne steht im Löwen in ihrem Domizil. In diesem Zeichen der Willenskraft, der Liebe und der Schöpferkraft strahlt sie in hellem Glanz und wird ihrer Rolle als edler Herrscher gerecht. Wenn sie ihr Charisma, ihren Mut, ihre Freigebigkeit und ihre Autorität zu sehr betont, kann sie auch ihre stolze, angeberische und egozentrische Seite zeigen.

Erhöhung ↑ : Steht die Sonne im Widder, so verstärkt sich ihre Willenskraft durch die Impulsivität und die Spontaneität des Zeichens um ein Vielfaches. Als unerschrockener Vorreiter stürzt sich der Widder in persönliche Abenteuer und gibt gern den Anführer. Er hält nicht viel von Nachdenken und Introspektion. Er packt an, ohne zu überlegen, überzeugt davon, dass ihn entschlossenes Handeln eher zum Erfolg bringt.

Exil ↕ : Steht die Sonne im Wassermann, so erwacht in ihr der Widerstand dagegen, dass ihr Licht gleichmäßig für alle leuchten soll. Sie will nur für sich selbst strahlen, nicht für die Gemeinschaft. Dennoch muss sie verstehen, dass es um ein Gleichgewicht geht: Die Gruppe ist von Bedeutung, weil sie aus wertvollen Individuen besteht. Daher sollte man sein Ego fördern, um ein gemeinschaftliches Ideal zu verwirklichen, nicht aus reinem Egoismus.

Fall ↓ : In der Waage steht die Sonne im Fall. Eigentlich will sie nur für sich leuchten, im Zeichen der Waage geht es jedoch um das Andere. Der Andere fungiert als Spiegel, der dem Betrachter vor Augen führt, was ihn, im Vergleich mit seinem Gegenüber, auszeichnet. In der Waage entschließt sich die Sonne, ihr Licht zu mäßigen und zu akzeptieren, dass es auch andere strahlende Sterne gibt. Ein starkes Kontrastprogramm für diese Herrscherin über die Gestirne, die gewohnt ist, alles andere zu überstrahlen!

Peregrinität: siehe S. 79.

»Ich finde mich in meinem Sonnenzeichen nicht wieder.«

Die Sonne ist ein Ideal, das man anstrebt, ein Zustand vollkommener Reife. So wird etwa jemand mit dominanten Luftzeichen, bei dem die Sonne im Stier steht, zwar ein Verhalten zeigen, das eher den Zwillingen, der Waage oder dem Wassermann entspricht, in seinem tiefsten Inneren jedoch nach Stabilität, Vorsicht und Gewissheit streben, wie sie der Stier repräsentiert. Manche Entscheidungen und Reaktionen sind dann von diesem inneren Verlangen verursacht, und der Betreffende handelt wie ein typischer Stier, doch im Allgemeinen wird er sich in den Charakteristika seines Sonnenzeichens nicht wiederfinden.

 Zeichne auf deiner Astro-Map das Symbol der Sonne in das Tierkreiszeichen und das Haus, in denen sie steht.

MOND

☽

Der Mond, ein Trabant unserer Erde und astrologischer Planet des Wassers, steht für innere Stabilität. Er verkörpert die emotionalen Bedürfnisse und die ursprüngliche Empfindsamkeit des inneren Kindes, das bis ans Ende seiner Tage Trost sucht.

Bezug zur Götterwelt: Die antike Mythologie kennt drei Göttinnen, die den Mond verkörpern: Selene, die Göttin der Fruchtbarkeit, Hekate, die Göttin der Hexerei, und Diana. Alle drei stehen für die Kraft und das Geheimnisvolle jener Eigenschaften, die für gewöhnlich als weiblich angesehen werden.

Entsprechungen: ursprüngliche Emotionen, Einbildungskraft, Fruchtbarkeit, Verhältnis zum Schützend-Mütterlichen, künstlerische Vorlieben, die nicht von gesellschaftlichen Normen geglättet wurden, Verletzlichkeit.

Aufgabe: dich zu beschützen.

Symbol ☽: eine Mondsichel, die den Himmelskörper nicht in seiner Gesamtheit zeigt.

Domizil ⌂: Das bevorzugte Reich des Mondes ist der Krebs. Hier ist er ganz bei sich, in diesem Zeichen des Zuhauses, der Familie, der frühen Kindheit, der Zärtlichkeit, der üppigen Vorstellungskraft und der Empfänglichkeit. Wie die stillende Mutter, die ihrem Kind ein Wiegenlied singt, pflegt er sanfte Rituale und fürchtet die Gewalt, die ihm außerhalb seines Zufluchtsortes droht. Er ist fragil, leicht beeinflussbar und nostalgisch, braucht Anhaltspunkte und Gewohnheiten, einen geheimen Garten und den Kreis seiner Liebsten um sich, in dem er unbesorgt sein Innerstes preisgeben kann.

Erhöhung ↑: Im Stier blüht der Mond auf. Ruhig und heiter befruchtet er die Erde dieses sinnlichen Zeichens. Wenn sein Bedürfnis nach Sicherheit und

Stabilität erfüllt ist, kennen seine Lust auf irdische Freuden und seine Gastfreundschaft keine Grenzen mehr. Sein Bestreben ist es, die anderen zu versorgen, mit Schönheit, mit Leckereien und mit sinnlichen Erweckungserlebnissen. Materieller Besitz ist ihm wichtig, aber er betätigt sich auch gern auf dem Gebiet der Künste, etwa der Bildhauerei, des Gesangs oder der Gartenkultur. Steht der Mond im Stier, fehlt es ihm oft an Flexibilität und er nimmt eine abwehrende Haltung ein, aber er bewahrt sich sein Vertrauen und seinen Pragmatismus.

Exil ⇃: Der Mond steht im Steinbock im Exil, einem Zeichen, das sich von seinen Gefühlen befreit, weil sie es in seinen Ambitionen behindern. Dann hält sich auch der Mond zurück. Von außen gesehen mag diese extreme Eindämmung des Gefühlslebens und der Affekte wie Herzenskälte wirken, aber als Erdzeichen ist der Steinbock auch vorausschauend und produktiv. In Geschäftsbeziehungen kann sich ein Mond im Steinbock als förderlich erweisen, denn dann leitet ihn in seiner Wahrnehmung und seinen Entscheidungen sein Bedürfnis nach Struktur und Verlässlichkeit. Der Mond ist besonders schutzbedürftig – was wäre da sinnvoller, als langfristig zu investieren, um sich wahrhaft beruhigt fühlen zu können?

Fall ↓: Der Mond versteht nicht, was er auf dem Friedhof des Skorpions verloren hat. Er ist der Planet der Seele und des fruchtbaren Leibes, nicht des Todes und der Auslöschung! Wie besorgte Eltern, die abwartend dem Zynismus und der Düsternis der Teenagerjahre ihres Kindes entgegensehen und noch das Kinderlachen in den Ohren haben, das vor Leben und Freude nur so sprühte, nimmt der Planet die finsteren Energien des Skorpions auf. Seine Intuition läuft auf Hochtouren, denn er erkennt die Geheimnisse dieses Zeichens und zieht die unheimlichsten und intensivsten Gefühle auf sich: Besitzgier, Groll, die Neigung, Machtverhältnisse zu etablieren ... Dadurch kann das emotionale Erleben extrem werden und zwischen der Hingabe an diese Achterbahnfahrt und dem Wunsch nach Selbstbeherrschung schwanken.

Peregrinität: siehe S. 79.

📍 *Zeichne auf deiner Astro-Map das Symbol des Mondes in das Tierkreiszeichen und das Haus, in denen er steht.*

✏️ *Wo stehen Sonne und Mond in deinem Horoskop? In Zeichen desselben Elements oder derselben Qualität? Sonne und Mond sind die beiden Lichter, das königliche Paar, das dein Horoskop erhellt. Wie würdest du deine Sonne in wenigen Worten beschreiben? Wie deinen Mond? Und wie die beiden als Paar? Notiere deine Gedanken in deinem Astro-Tagebuch auf S. 248.*

MERKUR

Merkur ist dem Element Erde zugeordnet und sorgt für eine Verbindung zwischen dem Geist und den Reizen der Außenwelt, die vermittels der Sprache und des Gebrauchs der Worte auf ihn einwirken. Außerdem hilft er, die Unterschiede zwischen verschiedenen Wirklichkeiten sowie Mehrdeutigkeiten und Widersprüche zwischen ihnen zu erkennen. Und er verkörpert den Humor! Er urteilt nicht über Vorlieben und Abneigungen, sondern überbringt einfach nur Informationen.

Bezug zur Götterwelt: Merkur ist der Götterbote und der Beschützer der Reisenden. Er trägt geflügelte Schuhe, mit denen er so schnell ist, wie seine Aufgabe es erfordert.

Entsprechungen: Fähigkeit zu Kommunikation und Austausch (auch von Dingen), Fähigkeit, in Bewegung zu bleiben und eher auf den Intellekt zu setzen als auf die Empfindsamkeit; Reisen und Ortsveränderungen, schriftliche Werke jeder Art.

Aufgabe: dir dabei zu helfen, im Austausch mit der Umwelt zu bleiben.

Symbol ☿: ein Kreuz, das für Raum und Zeit steht, gekrönt von einem kleinen, nach oben geöffneten Helm, der Einflüsse von außen empfangen kann.

Domizil ⌂: Merkur steht in den Zwillingen in seinem Domizil, einem Zeichen, so wendig, leicht und beweglich wie er selbst. Zwar ist er flatterhaft und kann sich nur schwer konzentrieren (er sucht ständig das Neue und die Unterhaltung, um sich nicht zu langweilen), doch er passt sich schnell an und sucht den intellektuellen Austausch. Das macht ihn zu einer diplomatischen Persönlichkeit, wobei er zu leichten Abwandlungen der Wahrheit oder sogar zur Lüge neigt. Er ist gesellig und lebhaft, dabei jedoch eine Spur opportunistisch.

Erhöhung ↑: Die Eigenschaften des Merkur treten besonders in der Jungfrau hervor. Er ist gewissenhaft, gründlich, perfektionistisch, denkt analytisch, geht empirisch vor und ist streng praktisch orientiert. Er besitzt enorme geistige Fähigkeiten, ein starkes Gedächtnis, organisatorisches und logistisches Geschick, ist ein Meister in allen Arten von Berechnungen sowie ein Improvisationstalent. Dabei fällt es ihm manchmal schwer, die Dinge zusammenzuführen und die Übersicht zu behalten. Seine Herangehensweise stützt sich ausschließlich auf den Verstand. Im Umgang mit anderen kann er streng und kühl wirken, was jedoch bei Forschungsarbeiten oder handwerklichen Tätigkeiten, die höchste Genauigkeit erfordern, von Vorteil sein kann.

Exil ↕: Merkur steht im Schützen im Exil. Dabei erwachen in ihm extrovertierte Begeisterung und Jovialität. Sein Denken macht sich frohgemut auf die Suche nach philosophischen Gesetzen, nach moralischen und ethischen Grundsätzen und dem Sinn des Daseins – eine gute Voraussetzung, um zu unterrichten, vor allem im Hochschulsektor. Weil der Schütze ein veränderliches Zeichen ist, steht er auch für die Fähigkeit, sich selbst und das bereits Erreichte zu hinterfragen. Weil er jedoch ein Feuerzeichen ist, fehlt es ihm manchmal an Taktgefühl und er sucht die Debatte und die Konfrontation, bei der er überreden und überzeugen kann, und entwickelt dabei bisweilen missionarischen Eifer. Eine gewisse Unordnung ist seinem Denken förderlich, wird von anderen jedoch als Mangel an Organisationstalent wahrgenommen. Merkur lernt hier, dass auch er zu einem Gleichgewicht finden muss. Der Schütze schießt manchmal übers Ziel hinaus, und es wäre bedauerlich, wenn seine anfängliche Toleranz zu Fanatismus wird, nur weil er anderen seine Ansichten aufzwingen will.

Fall ↓: Merkur stellt das Geistige über das Sinnliche, in den Fischen jedoch versinkt die Logik im allumfassenden Strom, Dämme und Grenzen lösen sich auf und wir werden eins mit dem Universum. Das Denken ist erfüllt von einer weitreichenden Intuition, die von außen kommt, von Mitgefühl und Güte. Eine solche intuitive Geisteskraft erfasst energetische Zusammenhänge und betont die Spiritualität, doch fehlt es ihr gänzlich an Struktur und Methode. Oft sind die Gemüter von Künstlern, Dichtern und Musikern so beschaffen.

Peregrinität: siehe S. 79.

📍 *Zeichne auf deiner Astro-Map das Symbol des Merkur in das Tierkreiszeichen und das Haus, in denen er steht.*

✏️ *Entspricht das Zeichen, in dem Merkur steht, deiner Art der Kommunikation? Hat er bei dir eine besondere Würde? Notiere deine Gedanken in deinem Astro-Tagebuch auf S. 248.*

VENUS

Venus ist dem Element Luft zugeordnet. Sie steht für den inneren Spiegel, dieses Accessoire, mit dem du deine Schönheit, deine Anmut und deine ästhetische Prägung überprüfen kannst. Außerdem steht sie für deine Werte, die sich aus deinen Neigungen und deiner Empfindsamkeit ergeben: deine persönlichen Werte, aber auch jene, die du bei anderen suchst, weil du dir davon einen Nutzen für dich selbst erhoffst. Während Merkur Informationen von außen aufnimmt, lässt Venus dein Herz sprechen, verweist auf das, was dir gefällt und dir guttut, und sorgt so für Harmonie und Sanftheit.

Bezug zur Götterwelt: Venus sind Anmut und Verführungskunst zu eigen; nicht rohe, aufdringliche Libido, sondern die dezenten Bewegungen, mit denen sie ihren magischen Gürtel ablegt, um ihr Publikum zu betören.

Entsprechungen: Empfindlichkeit und Sinnlichkeit, Sinn für Schönheit und Ästhetik, Ausdruck von Zuneigung, die Wahrnehmung des Weiblichen bei denen, die man als Schwestern ansieht.

Aufgabe: Venus hilft dir, tiefe Freundschaften zu schließen und so zu innerer Harmonie zu finden.

Symbol ♀ : ein Spiegel, bestehend aus dem Kreis des Geistigen, der auf dem Kreuz des Materiellen ruht.

Domizil ♎: In der Waage fühlt sich Venus zu Hause. Hier ist ihr Garten Eden, wo Luxus, Ruhe und Lust herrschen. Die Waage ist ein geselliges Luftzeichen und sieht in der Sprache ein Mittel, um Zivilisation und Frieden zu schaffen. Venus gibt sich höflich und liebenswert und sucht ständig den Konsens. Ihr graut vor Lärm und Raserei, sie schreckt vor aufbrausenden Gemütern zurück und ist durch und durch Ästhetin. Zwar mag sie lasch und oberflächlich erscheinen, doch

hält sie an ihrem Ideal von Gerechtigkeit und Gleichheit fest, in dem sie die Vorbedingung des Friedens sieht.

Erhöhung ↑ **:** Erhöht wird Venus im Reich der Fische, das weder Beschränkungen noch die Regeln der Vernunft kennt. Genussvoll lässt sie sich im großen Bad der bedingungslosen und entgrenzten Liebe treiben und entfaltet dabei ihre ganze Zärtlichkeit, ihr Mitgefühl und ihr sanftes Wesen. Dank der Poesie und der Intuition dieses Zeichens ist ihre Empfindsamkeit besonders stark ausgeprägt. Hier kann sie nach Herzenslust romantisch sein, aus Liebe alles verzeihen und alles opfern, wodurch sie zur allumfassenden Retterin wird.

Exil ↕ **:** Im Widder wird Venus geradezu kühn! Angetrieben von diesem individualistischen Feuerzeichen, benennt sie ihre Wünsche und setzt sie durch, weshalb sie manchmal als Egoistin gilt. Unverfroren flirtet sie und ergreift die Initiative. Der Widder ist begierig auf Erneuerung und Lebhaftigkeit, und Venus langweilt sich rasch in ihren Beziehungen, vor allem, wenn sie nicht ausreichend Wertschätzung erfährt. Dann geht sie ohne zu zögern weiter, sobald die anfängliche Erregung verflogen ist. Sie muss lernen, ein wenig Wasser in ihrem Wein zuzulassen, um Freundschaften und Liebesaffären nicht zu zerstören.

Fall ↓ **:** Im Reich der Jungfrau, das im Zeichen des Dienens, des methodischen Denkens und der Vernunft steht und wo eher geistige Verbindungen als jene des Herzens gepflegt werden, fragt sich Venus, was sie dort verloren hat. Nur mit Mühe kann sie diesem Zeichen, das Mathematik und Technik den empfindsamen Künsten vorzieht, die Schärfe nehmen. Steht Venus in der Jungfrau, so hat sie Schwierigkeiten, ihre Neigungen zum Ausdruck zu bringen: Sie verliert ihre Spontaneität und fragt sich, ob sie gefühlsbetonte Beziehungen aufbauen kann. Sie verabscheut Leichtfertigkeit, hinterfragt ihre Beziehungen kritisch und nimmt ein klassisches und ernsthaftes Wesen an. Vor allem strebt sie nach Sicherheit und Standhaftigkeit, die ihren Mangel an Vertrauen aufwiegen.

Peregrinität: siehe S. 79.

📍 *Zeichne auf deiner Astro-Map das Symbol der Venus in das Tierkreiszeichen und das Haus, in denen sie steht.*

✎ *Entspricht das Zeichen, in dem Venus steht, dem, was du in deinem Umfeld und in deinen Beziehungen schätzt? Hat sie bei dir eine besondere Würde? Notiere deine Gedanken in deinem Astro-Tagebuch auf S. 249.*

MARS

Mars ist dem Element Feuer zugehörig und repräsentiert den inneren Soldaten. Er handelt beherzt und fordert stets dein Recht auf eine individuelle Existenz ein. Er steht bereit, um zu kämpfen, damit du bekommst, was du willst.

Bezug zur Götterwelt: Gott des Krieges! Erfahren im *struggle for life*. Das Leben ist in vielerlei Hinsicht ein Kampf. Du hast den Wettlauf der Samenzellen gewonnen, und seitdem erlebst du jeden Morgen, dass der Wettlauf weitergeht. Kampfeslust bedeutet jedoch nicht automatisch Aggressivität. Mars strebt nicht immer nur danach, seine Gegner niederzustrecken. Er steht auch für den Willen, in einem Bewerbungsgespräch Erfolg zu haben oder beim Marathon das Ziel zu erreichen, obwohl man schon ganz außer Atem ist und vorzeitig aufgeben will.

Entsprechungen: Kampfeslust und Freude am Wettbewerb, Überlebensinstinkt, Libido, aber auch Wut.

Aufgabe: Er kämpft für dich, damit du die Schlacht gewinnst, die das Leben nun mal ist.

Symbol ♂ : ein Pfeil, der Richtung Himmel weist und den Kreis des Geistigen hinter sich lässt.

Domizil ⌂: Mars steht im Widder im Domizil. Er kennt den Zugang zum Reich dieses Feuerzeichens, in dem es um den Kampf geht, den wir alle täglich führen müssen, um zu überleben. Trockener Boden, auf dem es noch viel zu tun gibt, ist geradezu ideal für einen Soldaten, der die Dinge angehen und kämpfen will.

Erhöhung ↑ : Mars steht im Steinbock in Erhöhung, weil dieser ihm ermöglicht, seine Reife zur Geltung kommen zu lassen und seinen Sinn für Strategie zu

schärfen. Mögliche Schwachstellen sind ausgemerzt, und seine manchmal extreme Impulsivität wandelt sich in Hartnäckigkeit. Seine Kampfeslust gewinnt an Reflexion, an Unerbittlichkeit und an Weitsicht. Er behält seine Kräfte, sollte aber lernen, sich zu beherrschen und seine Inbrunst zu zügeln. Dann bleibt er zwar in den Grundzügen kriegerisch, entwickelt jedoch auch beschützende Züge. Mars ist oft eine Kerze, die an beiden Enden brennt; hier lernt er, Verantwortung zu übernehmen und Verpflichtungen einzugehen.

Exil ⇕: Mars steht in der Waage im Exil, dem Zeichen, das dem Widder diametral gegenüberliegt. Das Reich der Waage ist ein Garten Eden, in dem das Ego zurückstehen muss, weil sich mehrere Individuen diesen Garten teilen, deren Interessen den unseren bisweilen widersprechen. Damit Frieden und Harmonie gewahrt bleiben, drängt die Waage uns dazu, nicht länger das für Mars typische Gebrüll von uns zu geben: »Ich will! Ich verlange! Und zwar auf der Stelle, sonst vergesse ich mich!« Mars muss lernen, das Schwert in die Scheide zu stecken und den anderen zuzuhören. Damit tut er sich anfangs schwer. Er hat Mühe, seine Aggressivität zum Ausdruck zu bringen, aber wenn er die hohe Kunst des Versöhnens lernt, wird er seine Waffe in den Dienst der Gleichheit stellen und mit ihr für das Gerechtigkeitsideal der Waage kämpfen.

Fall ↓: Im Krebs steht Mars im Fall. In einem Kinderzimmer hat ein bis an die Zähne bewaffneter Soldat nichts verloren. Mars stolpert über ein Kuscheltier und fliegt auf die Nase. Dort, wo nur Wiegenlieder gesummt werden, würde er am liebsten ein Kampfgeheul anstimmen, doch in einer solchen Umgebung kann er seine Raserei und seine Kampfeslust nicht ausleben. Soll er in die Schlacht ziehen, so drängt es ihn dazu, sich traurig in sein Versteck zurückzuziehen und sich vor den Gefahren der Welt zu schützen. Wenn er jedoch sein Schwert gegen Buntstifte eintauscht, kann er seinen verbliebenen Lebensdrang in schöpferische Kraft verwandeln. Bei vielen Künstlern steht Mars im Krebs. Sie kämpfen auf ihre Weise: mit Liedern voll wuchtiger Emotionen oder mit Bildern, die ganz in Empfindsamkeit getaucht sind.

Peregrinität: siehe S. 79.

Zeichne auf deiner Astro-Map das Symbol des Mars in das Tierkreiszeichen und das Haus, in denen er steht.

Entspricht das Zeichen, in dem Mars steht, der Art, wie du das Leben anpackst? Hat er bei dir eine besondere Würde? Notiere deine Gedanken in deinem Astro-Tagebuch auf S. 249.

CERES

Ceres steht für unser logisches Vermögen. Während Merkur Informationen von außen entgegennimmt und sie übermittelt, unterzieht Ceres sie einer Prüfung und ordnet sie, sodass sie anschließend genutzt werden können. Sie ahnt deine künftigen Bedürfnisse voraus, ruft dir aber auch in Erinnerung, welche Regeln du beachten musst, wenn du dich zivilisiert verhalten willst, auch wenn diese Regeln manchmal frustrierend, streng oder einengend sind.

Bezug zur Götterwelt: Die Göttin Ceres wacht über die Felder und die Ernte, den Vorgang, der uns die Nahrung sichert und auf einem durchdachten Umgang mit dem Boden und landwirtschaftlichen Techniken beruht. Wer die Früchte seiner Arbeit ernten will, muss sich in Geduld üben und Schritt für Schritt vorgehen.

Entsprechungen: Logik, analytisches Denken, technisches Verständnis, erworbene Fähigkeiten; Fähigkeiten als Pädagoge, Ausbilder und Erzieher.

Aufgabe: Ceres hilft dir, der Welt gesammelt und mit Vernunft entgegenzutreten.

Symbol ⚳ **:** eine Sichel, deren Griff das Kreuz des Materiellen darstellt.

Domizil ♍**:** Ceres steht in der Jungfrau im Domizil. Die Gründlichkeit und der Perfektionismus dieses Zeichens passen bestens zu ihr, denn sie will sich Fähigkeiten und technisches Wissen aneignen. An den Arbeitstischen der Jungfrau fühlt sie sich wohl: ein ruhiger und arbeitsamer Ort, an dem sie jeden Handgriff so lange einüben kann, bis sie ihn beherrscht, und abseits der Geschäftigkeit der Welt ihre eigenen Methoden entwickeln kann.

Erhöhung ♒**:** Im Wassermann kann Ceres ihre Fähigkeiten zum Nutzen einer Vielzahl von Menschen einsetzen – und das genießt sie! Der Wassermann ist

ein Utopist, der hofft, die Menschheit von ihren niederen, tierischen, fleischlichen Instinkten zu befreien und dadurch einen Zustand universeller Liebe zu erreichen. Am liebsten beschäftigt er sich mit bedeutenden Erfindungen und neuen Technologien, die es ermöglichen, unabhängig von Ort und Zeit mit anderen Verbindung aufzunehmen, zu kommunizieren oder sich ohne Einschränkungen fortzubewegen, etwa dank Videotelefonie oder Überschallflugzeugen. Das technische Wissen, das Ceres gesammelt hat, stellt sie in den Dienst des menschlichen Genies sowie kühner Vorhaben, die ein gemeinschaftliches Interesse verfolgen. Auch nutzt sie gezielt ihre hohe Konzentrationsfähigkeit und gibt sich weder der Selbstkritik hin noch zweifelt sie an der Legitimität ihres Handelns.

Exil ⚹ **:** Im Zeichen der Fische steht Ceres im Exil, und das bringt sie aus der Fassung! Der Ozean der Fische lässt sich mit cartesianischem Geist nur schwer erfassen, denn er hat keine klaren Grenzen, weder an den Ufern, an denen das Wasser steigt und fällt, noch in seinen unermesslichen, größtenteils noch unerforschten Tiefen. Bei den Fischen ist alles im Fluss, und es gibt nur eine Gewissheit: die Intuition. Hier lernt Ceres, die sonst erst dann zu Schlussfolgerungen kommt, wenn sie alles analytisch durchdacht und Beweise gefunden hat, die entgegengesetzte Richtung einzuschlagen. Sie geht vom Knäuel ihrer Intuition aus, folgt dem Faden und verlässt die ausgetretenen Wege. Das ist nicht alltäglich, aber das erfolgreiche Zusammenspiel von Vernunft und Intuition ist ein wahrer Schatz.

Fall ↓ **:** Im Zeichen des Löwen, in dem die Herzenswallungen alles andere übertreffen, fühlt sich Ceres entsetzlich nutzlos! Was für ein seltsames Reich, in dem ein Neugeborenes, dem doch jedes Talent und jedes Wissen fehlt, vorbehaltlos bewundert wird, und wo man sich Werte wie Selbstliebe, Liebe und persönliche Ehre, die doch manchmal schwer zu rechtfertigen sind, auf die Fahnen geschrieben hat. In diesem Zeichen, in dem man ganz auf Begabung setzt, bricht Ceres eine Lanze für erworbene Fertigkeiten und kann nur mit Mühe arbeitsam und technikgläubig bleiben.

Peregrinität: siehe S. 79.

📍 *Zeichne auf deiner Astro-Map das Symbol der Ceres in das Tierkreiszeichen und das Haus, in denen sie steht.*

✏️ *Entspricht das Zeichen, in dem Ceres steht, deinem persönlichen logischen Denken? Hat sie bei dir eine besondere Würde? Notiere deine Gedanken in deinem Astro-Tagebuch auf S. 249.*

JUPITER

♃

Jupiter ist dem Element Luft zugeordnet und steht für den Drang nach Ausdehnung und Erfolg. So wie Mars will auch er erobern, ist dabei jedoch weniger auf sich selbst fokussiert. Er strebt danach, sich als soziales Wesen zu entwickeln und sich in eine gemeinschaftliche, dauerhafte Struktur zu integrieren. In dieser gelten Regeln, die der Gruppe ermöglichen, sich zu organisieren, vom Einzelnen jedoch keine Opfer fordern. Die Energie Jupiters erkennt die aufblühenden Freuden des Lebens an und würdigt sie.

Bezug zur Götterwelt: Jupiter ist der Herrscher aller Götter! Ihm kommt die Macht zu, sein Reich zu organisieren, wobei er, je nach Situation, seine freigebige oder seine jähzornige Seite zeigt.

Entsprechungen: persönliche Ausstrahlung, die Fähigkeit, das Spirituelle und das Materielle hinter sich zu lassen, Wachstum, Behaglichkeit, Übermaß.

Aufgabe: Jupiter hilft dir, dich mit Freude und zum Nutzen aller in eine Gruppe zu integrieren.

Symbol ♃ : ein abgewandeltes Zeta (Z), Anfangsbuchstabe von Zeus, des griechischen Namens Jupiters.

Domizil ♐: Im Schützen schwelgt Jupiter in Extrovertiertheit, Freigebigkeit, Wohlstand und Beliebtheit, auch wenn sein Streben weiterhin spiritueller Natur ist und auf eine Erweiterung des Bewusstseins abzielt. Er ist Autodidakt, leitet andere gerne an und gibt sein Wissen weiter, wobei er deutlich macht, welche Sicht der Dinge seiner Meinung nach die richtige ist. Daher ist er oft Professor oder übernimmt Führungsaufgaben. Jupiter kann sich schnell begeistern, und wenn er in seinem Domizil steht, verfällt er leicht in Maßlosigkeit und hat Schwierigkeiten, sich zu zügeln und stillzuhalten.

Erhöhung ↑ : Im Zeichen des empfindsamen Krebses gibt Jupiter sich großzügig und sorgt sich um das Wohlergehen derer, die ihm nahestehen und die er schützen will. Der Krebs neigt dazu, sein Inneres mit dem »vollzustopfen«, was er liebt (etwa Menschen, in deren Gegenwart er sich wohlfühlt, seinen Lieblingsgeschichten oder seinen liebsten Leckereien), und das trifft sich gut, denn auch Jupiter will sein Bedürfnis nach Genuss und Geselligkeit ausleben. Er nimmt die empfangenden Qualitäten der Wasserzeichen an und blüht auf, dank seiner Emotionen und einer gleichsam mystischen Überhöhung seiner Affekte. Durch sein Handeln bekommen eine Firma oder eine Gesellschaft den Charakter einer erweiterten Familie.

Exil ↕ : In den Zwillingen verliert Jupiter seine Spontaneität, er wird rationaler und intellektueller. Durch diese Verbindung (Luftplanet und Luftzeichen) steigt im Denken und im gesellschaftlichen Verhalten Jupiters das Bedürfnis nach Kommunikation, nach Schriftlichkeit, Begegnungen, Reisen … und nach Feilschen! Eine gute Voraussetzung für die Ausbildung des Intellekts, für das Studium der Philosophie, des Rechts oder der Medizin. Seine Leichtigkeit und sein quirliges Wesen treiben ihn zu fortlaufenden Veränderungen. Dabei wird seine Unbeständigkeit von seiner Vielseitigkeit und seinem Erfindungsreichtum ausgeglichen. Wenn er seine Unreife in den Griff bekommt, gelangt er zur Frische der ewigen Jugend: der Wachheit des Geistes!

Fall ↓ : Im Steinbock, diesem kalten, disziplinierten, bedächtigen und ausdauernden Zeichen, nimmt Jupiter sich zurück. Er tritt nicht mit der gewohnten Wärme auf, sondern wird zielstrebig und verfolgt praktische und materielle Ziele. Sein Handeln gewinnt an Ernsthaftigkeit und wird besonders in den Räumen der Chefetagen wertvoll sowie dort, wo Entscheidungen getroffen werden. Wenn er sich das strategische Geschick und die Aufrichtigkeit des Steinbocks aneignet und weniger dessen Zucht und Strenge, kann er seine Neigung zur Maßlosigkeit überwinden.

Peregrinität: siehe S. 79.

📍 *Zeichne auf deiner Astro-Map das Symbol Jupiters in das Tierkreiszeichen und das Haus, in denen er steht.*

✏ *Entspricht das Zeichen, in dem Jupiter steht, der Art und Weise, wie du dich in eine Gruppe integrieren willst? Hat er bei dir eine besondere Würde? Notiere deine Gedanken in deinem Astro-Tagebuch auf S. 249.*

SATURN

♄

Saturn verkörpert den ernsten Anteil unserer Persönlichkeit. Seine Position im Horoskop zeigt an, auf welchen Gebieten wir einen Mangel verspüren oder glauben, uns nicht genug zu engagieren oder den Erwartungen nicht gerecht zu werden. Er stellt uns auf die Probe, damit wir reifen können und die echte emotionale Autonomie des Kindes erreichen, das nicht getröstet werden muss und selbstständig seinen Weg geht. Saturn hat einen schlechten Ruf; Beschränkung und Einsamkeit sind heutzutage in den meisten Gesellschaften nicht sehr angesehen. Und doch streben viele von uns nach Weisheit oder einer asketischen Lebensweise. Wer keine Bedürfnisse hat, dem fehlt nie etwas …

Bezug zur Götterwelt: Saturn ist der Gott der Zeit, die durch ihr Verstreichen regelrecht einem Damoklesschwert gleicht, aber auch zu Weisheit und Reife führt.

Entsprechungen: Realitätssinn, Verhältnis zu Autoritäten, persönliche Grenzen und Fatalismus; die Bereiche des Lebens, in denen man das Gefühl hat, nie genug zu sein.

Aufgabe: Saturn hilft dir, dich selbst zu ordnen.

Symbol ♄ : die Sense des Gottes Saturn, die für das Verstreichen der Zeit steht (so wie der Tod oft auch als Sensenmann dargestellt wird).

Domizil ⌂**:** Im Steinbock fühlt Saturn sich ganz zu Hause. Eine moralische Ordnung, Disziplin, ethische Prinzipien – diese Werte sind ihm wohlvertraut. Beide haben auch Züge von Pessimismus, Starre und Unnachgiebigkeit. Saturn ist fokussiert, zielstrebig, verantwortungsbewusst und minimalistisch, tut sich aber schwer, anderen zu vertrauen, und versucht oft – und meist vergebens –, alles zu kontrollieren.

Erhöhung ↑ : Die Waage ist nicht, wie man vermuten könnte, zu oberflächlich, um Saturn bei sich aufzunehmen. Auch sie kann verzichten. In der Waage glätten wir einen Teil unseres Egos und unserer Instinkte, damit jene Versöhnung möglich wird, die zivilisierten Frieden sichert. Saturn lernt hier Empathie und Feingefühl, behält dabei jedoch seine Kaltblütigkeit und seine Geduld, was für den Fortbestand von Beziehungen Gold wert ist. Er klärt unsere Verhältnisse zu anderen Menschen (Liebesbeziehungen, Freundschaften und berufliche Beziehungen), sucht im Gegenüber Reife und strebt nach gefestigten Bündnissen – beste Voraussetzungen für einen strengen, unbestechlichen Richter mit ausgeprägtem Sinn für Gerechtigkeit und Gleichheit.

Exil ⚹ : Im Krebs betritt Saturn ein Reich voller Emotionen – also genau das, was er für gewöhnlich zu umgehen sucht. Am liebsten würde er dieses empfindsame Wasserzeichen, das seine geliebte Distanziertheit und Unpersönlichkeit neutralisiert, leugnen oder unterdrücken! Saturn kennt die Last der Verantwortung und empfindet den Familienclan als Bündel von Zwängen, mit denen er zurechtkommen muss. Dabei erreicht seine konservative Haltung ihre stärkste Ausprägung, weil er mit all seinem Ernst und seiner Schwere die Traditionen, die er nachfolgenden Generationen weitergeben möchte, festigt und bewahrt. Mit den passenden Strategien (Meditation, Enthaltsamkeit etc.) kann er diese Prüfung jedoch bestehen.

Fall ↓ : Im Widder rätselt Saturn, wozu er dort nützlich sein könnte. Der Widder steht für Tatkraft und Tempo, Ur-Instinkte und Ungeduld, während Saturn gerne Grenzen setzt und auf die Bremse tritt. Also wird er mürrisch und geht in die Defensive, was zu gewaltigen inneren Spannungen führen kann, die er allerdings unterdrückt. Er kann jedoch lernen, bei diesem Feuerzeichen die Zügel anzuziehen und sich dessen Kraft zunutze zu machen, um seine Ziele zu erreichen. Der Widder kennt keine Angst – eine treffliche Ergänzung für den Planeten des Ehrgeizes, der keine Mühen und Anstrengungen scheut.

Peregrinität: siehe S. 79.

📍 *Zeichne auf deiner Astro-Map das Symbol des Saturn in das Tierkreiszeichen und das Haus, in denen er steht.*

✏️ *Entspricht das Zeichen, in dem Saturn steht, den Schwierigkeiten oder der Mühelosigkeit, die du erlebst, wenn du dir eine dauerhafte, solide Ordnung geben willst? Hat er bei dir eine besondere Würde? Notiere deine Gedanken in deinem Astro-Tagebuch auf S. 249.*

URANUS

Uranus steht für Unabhängigkeit und Autonomie. Bildet er mit anderen Planeten positive Aspekte, so fördert er damit die Unabhängigkeit des Geistes, avantgardistisches Denken und Ideenreichtum. Negative Aspekte können plötzliche und brutale Veränderungen in deinem Leben nach sich ziehen (in der Lebensführung, im Beruf oder in der Beziehung, die jeweils erst zerstört und anschließend so gut es geht wieder aufgebaut werden), oder in den Zügen deiner Persönlichkeit, die eher als unbedeutend denn als originell wahrgenommen werden.

Bezug zur Götterwelt: Uranus repräsentiert den Sternenhimmel, zu dem wir aufblicken und der uns davon träumen lässt, alles hinter uns zu lassen und weit entfernt neu zu beginnen.

Entsprechungen: Überraschung, Freiheit, Revolte, Reform, Erneuerung, Anarchie, Modernität, Fortschritt.

Aufgabe: Uranus hilft dir, frei und unabhängig zu werden.

Symbol ⛢ : ein stilisiertes H, Anfangsbuchstabe des Namens des Astronomen Wilhelm Herschel, der Uranus entdeckt hat. Manche Astrologen schreiben dem Symbol auch eine gewisse Ähnlichkeit mit einer Antenne zu.

Domizil ⌂: das Zeichen des Wassermanns, das die Utopie einer von Humanität geprägten Gemeinschaft pflegt, die es hochzuhalten und zu realisieren gilt. Wir legen unsere egozentrischen Triebe ab und schreiten einer universellen Brüderlichkeit entgegen, die auf Gerechtigkeit und Fortschritt basiert.

Erhöhung ↑: Von der Anfechtung zur Überwindung ist es nur ein Schritt – und genau dieser Schritt liegt zwischen Skorpion und Wassermann. Angeregt von

der Intensität dieses magnetischen Zeichens, wird Uranus geradezu explosiv und befreit sich von allen Fesseln, kann dabei jedoch auch grausam und zerstörerisch werden.

Exil ⇕: Im Löwen entfesselt Uranus die Kraft des individuellen Willens. Das kann zu einer egoistischeren Haltung führen, aber auch die Fähigkeit verleihen, das Korsett überholter sozialer Bindungen abzustreifen.

Fall ↓: Der Stier ist das Zeichen der Langsamkeit, ja fast des Stillstandes. Er will sich verankern, um ein ruhiges Dasein zu führen und die Süße des Lebens zu genießen. Dem kann sich Uranus nur mit Mühe anpassen, was zu schwerwiegenden Verwerfungen auf Gebieten führen kann, die mit dem Stier verbunden sind, wie etwa Ackerbau, Finanzen oder Ökologie.

Peregrinität: siehe S. 79.

Zeichne auf deiner Astro-Map das Symbol des Uranus in das Tierkreiszeichen und das Haus, in denen er steht.

Entspricht das Zeichen, in dem Uranus steht, dem Freiheitsstreben deiner Generation? Erkennst du dich darin wieder? Notiere deine Gedanken in deinem Astro-Tagebuch auf S. 249.

NEPTUN

Neptun steht für das kollektive Unbewusste. Die positiven Aspekte, die er mit anderen Planeten bildet, stärken Intuition, Poesie und mystische Inspiration. Negative Aspekte können zu manchmal schmerzhaften Enttäuschungen oder zu übertriebener Idealisierung führen, sowie zu Unklarheit in manchen Lebensbereichen.

Bezug zur Götterwelt: Neptun ist der Gott des Ozeans, des Gedächtnisses des Lebens, in dem Arten aus vorsintflutlichen Zeiten überdauert haben.

Entsprechungen: alles, was die Grenze zwischen Körper und Geist, dem Spirituellen und dem Materiellen, Wirklichkeit und Traum verwischt (geistige Verwirrtheit, ganzheitliche Ansätze, Schlaf und Träume, Drogen und Medikamente).

Aufgabe: Neptun hilft dir, dich mit einer universellen Antenne zu verbinden.

Symbol Ψ : der Dreizack des Gottes der Meere.

Domizil ⌂: Die Fische, das Zeichen des Absoluten und des Mitgefühls, teilen mit Neptun einen gewissen Fatalismus. Gegen die universellen Strömungen, die uns mitreißen, kommt man nun einmal nicht an!

Erhöhung ↑: Im Löwen, dem Zeichen der Liebe und des Herzens, wird Neptun romantisch, schöpferisch und sehr wohltätig.

Exil ↕: In der Jungfrau, dem Zeichen des Dienens, kann Neptun sich hingeben und sich opfern, Ratschläge erteilen und anderen dienen.

Fall ↓: Im Wassermann erklimmen die Ideale des Neptun höchste Höhen ... bis sie sich im Unrealistischen und Vagen verlieren. Außerdem plädiert das Zeichen dafür, die Ketten zu sprengen, während der Ozean uns auffordert, uns treiben zu lassen.

Peregrinität: siehe S. 79.

 Verzeichne auf deiner Astro-Map das Symbol des Neptun.

 Entspricht das Zeichen, in dem Neptun steht, dem Streben deiner Generation nach Spiritualität? Notiere deine Gedanken in deinem Astro-Tagebuch auf S. 249.

PLUTO

Pluto steht für unsere dunkle Seite. Unsere Ahnen waren, bevor sie zum *Homo sapiens* wurden, durch und durch Tiere und hatten sogar einen Schwanz (wie man ihn auch von Gargoyles und anderen Kreaturen der Hölle kennt). Nur weil diese Tiere sich verändert und verwandelt haben, ist die Menschheit dorthin gekommen, wo sie heute steht. Pluto beschwört Veränderungen und unwiderrufliche Zerstörungen herauf.

Bezug zur Götterwelt: Pluto herrscht über die Unterwelt, das Reich der Toten und Verdammten.

Entsprechungen: Widerstandskraft, Obsessionen, das sexuelle Unbewusste, psychischer Druck.

Aufgabe: Pluto hilft dir, Widerstandskraft zu entwickeln.

Symbol ♇ : Der Kreis des Geistigen ist vom Kreuz des Materiellen getrennt – eine Metapher des Todes und des Beginns eines neuen Zyklus.

Domizil ⌂: Im Skorpion wühlt Pluto die am stärksten tabuisierten Themen auf (Tod, Sexualität, Machtstrukturen) und schöpft daraus erneuernde Energie.

Erhöhung ↑: Die Erfahrungen des Schützen, der versucht, Körper und Geist in Einklang zu bringen, lassen Pluto aufblühen.

Exil ⇅ : Im Stier wird Pluto vom Stillstand und vom Bedürfnis nach Wohlbefinden und Sicherheit blockiert, die seinen Drang zu Verwandlung und Zerstörung unterdrücken.

Fall ↓ : Die Lebhaftigkeit und die grenzenlose Beweglichkeit der Zwillinge passen nur schlecht zu dem finsteren Planeten, der nach Macht strebt.

Peregrinität: siehe S. 79.

📍 *Verzeichne auf deiner Astro-Map das Symbol Plutos.*

✏️ *Entspricht das Zeichen, in dem Pluto steht, den Revolten deiner Generation? Notiere deine Gedanken in deinem Astro-Tagebuch auf S. 249.*

EIN FIKTIVER PLANET: PROSERPINA

Bislang haben wir elf Planeten besprochen, der Tierkreis besteht jedoch aus zwölf Zeichen. Gibt es am Himmel etwa nicht ausreichend Planeten?
Lange Zeit wurden für die Festlegung der Herrschaftsverhältnisse nur sieben Planeten herangezogen. Traditionellerweise galt die Ansicht, dass die Jungfrau von Merkur beherrscht wird (und nicht von Ceres), der Wassermann von Saturn (und nicht von Uranus), und die Fische von Jupiter (und nicht von Neptun). Damit beherrschen Merkur, Saturn und Jupiter also jeweils zwei Zeichen.

DIE ZEICHEN UND IHRE HERRSCHER	
Sonne	Löwe
Mond	Krebs
Merkur	Zwillinge und Jungfrau
Venus	Stier und Waage
Mars	Widder und Skorpion
Jupiter	Schütze und Fische
Saturn	Steinbock und Wassermann

Auch die später entdeckten Planeten wurden zugeordnet: Pluto dem Skorpion, Uranus dem Wassermann, Neptun den Fischen und Ceres der Jungfrau, auch wenn zahlreiche Astrologen die Jungfrau sowie die Zwillinge weiterhin dem Merkur zuordnen. Doch was ist mit Waage und Stier? Ist Venus der einzige Planet mit zwei Heimstätten? Hier gehen die Meinungen auseinander. Manche Astrologen sind der Ansicht, der wahre Herrscher der Waage sei Eris, ein im Jahr 2005 entdeckter transsaturnischer Planet, andere dagegen (darunter die Autorin dieses Buches) können sich nur schwer vorstellen, dass die Göttin der Zwietracht offizielle Bewohnerin eines Zeichens sein soll, in dem Versöhnung und Empathie regieren. Und wo sollte Venus, die Göttin der kultivierten Schönheit, ihr Zuhause haben, wenn nicht im siebten Zeichen? Aber welcher Planet beherrscht dann den Stier?

EINE ANALOGIE ZUM ZEICHEN DES STIERS

Sehen wir uns noch einmal die Symbolik des Stiers an: Er ist ein Erdzeichen, empfängt, bezieht mit ein und ernährt. Der Stier ist die Erde, die zulässt, dass die Pflanzen in ihr keimen, um später Früchte zu tragen. Er ist die Erde im Sinne der Göttin und Urmutter Gaia. Eizelle, Gefäß, Kelch und Futteral sind Symbole des Stiers, der für Aufnahmebereitschaft und Empfänglichkeit steht. Welchen Bewusstseinszustand müsste nun ein Planet ausdrücken, der diesem Zeichen entspricht?

Die antike Mythologie erklärt die Entstehung von Winter und Frühling durch die Sage der Proserpina. Die Tochter von Jupiter, des obersten Gottes, und Ceres, der Göttin des Ackerbaus, verlebt ihre Zeit zusammen mit ihrer Mutter auf Sizilien in einem endlosen *dolce vita*. Doch eines Tages verschwindet sie. Nachdem Ceres (buchstäblich) Himmel und Erde in Bewegung gesetzt hat, erfährt sie, dass ihr Bruder Pluto, der Herrscher der Unterwelt, Proserpina in seinem Reich gefangen hält. Sie verlangt die sofortige Herausgabe ihrer Tochter, was Jupiter ihr jedoch verweigert, da Proserpina von den Kernen des Granatapfels, der Frucht der Unterwelt, gekostet habe. Und die Gesetze der Götterwelt sind eindeutig: Wer von der Frucht der Unterwelt gegessen hat, muss dort bleiben. Weil Ceres daraufhin in tiefe Verzweiflung stürzt, die die Erde mit einer kalten Jahreszeit überzieht, während der nichts mehr wächst, willigt Jupiter ein, dass Proserpina im Jahreslauf jeweils sechs Monate bei ihrem Ehemann in der Unterwelt verbringt und sechs Monate bei ihrer Mutter auf der Erde. Jedes Jahr im Herbst versinkt Ceres in Trübsal und verlässt die Felder, die sich mit Raureif überziehen, und jedes Jahr im Frühling sieht sie mit Freuden ihre Tochter zurückkehren, wodurch Proserpina zur Göttin des Frühlings wird. Traditionellerweise wird berichtet, dass Pluto die junge Frau mit Gewalt entführt hat, wie es in den antiken Mythen meistens der Fall ist. Das erklärt sich durch den historischen Kontext: Diese Sagen wurden von Männern formuliert, in einer Zeit, in der Frauen eine unvergleichlich schwächere Stellung hatten als heute. Daher gibt es nur sehr wenige Geschichten, in denen sterbliche Frauen, Nymphen oder Göttinnen ein Wörtchen mitzureden haben.

Aber wusste Proserpina wirklich nicht, was sie tat, als sie vom Granatapfel naschte, und das in Sichtweite von Charon, dem Fährmann über den Styx, der ihr Vergehen umgehend meldete? Wo doch die Unsterblichen ohne Nahrung auskamen und sie die göttlichen Gesetze kannte? Hat Pluto sie wirklich genötigt, oder waren die beiden nicht vielmehr ein Liebespaar? Haben wir es hier nicht mit einer Entführung zu tun, sondern mit der einvernehmlichen Flucht zweier Liebender?

DER PLANET DER ZUSTIMMUNG?

Diese Fragen werfen ein anderes Licht auf die Sage. So wie die Eizelle bereit ist, befruchtet zu werden, und die Erde, beackert zu werden, stimmt auch Proserpina der Liebschaft zu und bleibt Herrin über ihr eigenes Begehren. Sie ist der Planet der Zustimmung. Weil sie einverstanden ist, kann man sie nicht mit Gewalt berauben. Für sie geht es darum, einen Ausgleich herzustellen zwischen dem Bestreben ihres Liebhabers und dem ihrer Mutter, zwischen einem Leben als Frau, die ihrem Begehren folgt, und einem Leben als gehorsame Tochter.

Es gibt auch einen Asteroiden namens Proserpina; seine Erforschung ergab jedoch keine Hinweise auf eine etwaige astrologische Bedeutung. Bis der wirkliche Planet Proserpina entdeckt ist, müssen wir uns mit Gedanken über einen fiktiven Planeten dieses Namens begnügen. Der Begriff der Zustimmung hat viel mit Grenzen zu tun. Unter bestimmten Bedingungen akzeptieren wir, dass man uns etwas wegnimmt. Werden dabei jedoch Grenzen missachtet, ziehen wir unsere Zustimmung zurück, denn diese geben wir niemals bedingungslos. Das ist einer der Grundpfeiler einer funktionierenden Beziehung.

Dennoch tut sich die Menschheit regelmäßig schwer damit, diesem Prinzip zu folgen. Wir plündern die Ressourcen der Erde, wir züchten Tiere in industriellem Ausmaß, wir kolonisieren andere Länder, wir speisen die Frauen mit den Brosamen dessen ab, was die Männer verschmähen … Wenn wir im Hinterkopf behalten, dass der Planet, der den Stier regiert, noch nicht entdeckt ist, bekommt unser kollektives Schicksal einen besonderen Sinn. Vielleicht werden, sobald dieser Planet einmal ausgemacht ist, die Rufe nach einer Wirtschaft, die die Natur respektiert, und nach einer inklusiveren Gesellschaft endlich gehört?

Doch hierbei handelt es sich um nur eine von zahlreichen astrologischen Theorien. Wenn die Herrschaftsverhältnisse zwischen Planeten und Zeichen dich interessieren, stell deine eigenen Nachforschungen an. In der Zwischenzeit nehmen wir an, dass Venus sowohl Waage als auch Stier beherrscht. Sie regiert so lange, bis Proserpina in ihrem prächtigen Reich das Zepter übernimmt.

EIN SPAZIERGANG ÜBER DEN HIMMEL ...

Manche astrologische Schulen beziehen in ihre Überlegungen auch die sogenannten Kleinplaneten mit ein, die weniger »wichtig« sind als die zwölf Hauptplaneten, sowie bestimmte Orte in der Himmelssphäre, die wie Planeten behandelt werden, obwohl ihnen kein realer Himmelskörper entspricht. Hier gibt es noch Vieles zu entdecken!

Lilith, der Schwarze Mond oder der Dunkle Zwilling des Mondes
Dieser fiktive »Mond« ist eine Stelle im Universum, nämlich der zweite Brennpunkt der elliptischen Mondbahn um die Erde. Auf dem Horoskop wird er durch sein Symbol markiert, eine Mondsichel, die auf einem Kreuz ruht. Lilith steht für unsere dunklen Seiten, für Schmerz, Scham, Verzweiflung, Schwäche und zwanghafte Ängste. Manche Astrologen sehen darin das finstere Erbe unserer früheren Existenzen. Wenn du dich intuitiv in diese Richtung gezogen fühlst, hast du in einem früheren Leben vielleicht Diebstahl oder Verrat begangen, dich der Wollust oder dem Rausch hingegeben. Der menschlichen Laster sind so viele! Lilith kann uns helfen, uns weiterzuentwickeln, denn sie zeigt uns Wahrheiten, die ungeschönt und schmerzhaft sind, aber auch von fundamentaler Bedeutung. Achte auf das Zeichen und das Haus, in dem sie steht. Jedes Zeichen hat seine Mängel, und Lilith lässt sie uns erkennen. Das Haus zeigt an, auf welchem Gebiet du dein Karma reinigen solltest.

Juno
Dieser Asteroid steht mit der Waage und dem Skorpion in Verbindung. Er steht für die Absicht, der Paarbeziehung durch die Ehe eine Form zu geben (Waage), aber auch für den Wunsch, körperliches und seelisches Begehren zu erfüllen (Skorpion). Wie in der Mythologie ist Juno der Inbegriff der verheirateten Frau. Zwar genießt sie die Privilegien einer Königin der Götter, doch ihrer Ehe mit Jupiter fehlt die Erfüllung. Jupiter interessiert sich nicht für ihr Seelenleben und betrügt sie nach Lust und Laune. Sie sehnt sich nach Zweisamkeit, doch er schert sich weder um Treue noch um das Wohlergehen seiner Gattin, die für ihn nur eine unter vielen ist, während Junos ernsthaftes Bestreben sehr wohl Respekt verdient hätte. Der Asteroid gleichen Namens vereint Mond und Venus und steht für unerfüllte Erwartungen an eine Paarbeziehung. Wenn das für dich ein wichtiges Thema ist, bedenke, dass Juno dir zeigen kann, wie du mit Frust und Problemen auf diesem Gebiet umgehen kannst, sowie überhaupt mit Ängsten in Beziehungen. Der Begriff der Paarbeziehung kann auch auf Beziehungen ganz allgemein ausgedehnt werden (Waage, 7. Haus), je nachdem, wie viel Gewicht du

dem Verhältnis zu Freunden, Kunden, Patienten etc. beimisst. Das Zeichen und das Haus, in denen Juno steht, können dir hier Hinweise geben.

Vesta

Die Mythologie beschreibt Vesta als jungfräuliche Göttin, die allein in ihrem Tempel lebt, wo sie das heilige Feuer hütet, das symbolisch für das Herdfeuer steht. Die Göttin Vesta ist von erdverbundenem Wesen (eine einsame Göttin, die Erregung und Leidenschaft scheut und sorgsam ihre Pflicht erfüllt, damit die Flamme nicht erlischt), der Asteroid gleichen Namens steht für innere Reinheit und Integrität. Sie ist mit dem Mond und mit Ceres verbunden. Weil sie keusch lebt, ist sie weder Misshandlung noch Gewalt ausgesetzt. Ihr Tempel ist sakrosankt, so wie unser Geist und unser Streben nach persönlicher Erfüllung. Das Zeichen und das Haus, in denen sie steht, eröffnen dir weitere Perspektiven.

Pallas

Dieser Asteroid steht in Verbindung mit Minerva (Pallas Athene), der Göttin der Strategie und der Weisheit. Pallas fördert die Entwicklung der intellektuellen Kraft, mit der wir uns in die Gemeinschaft integrieren und von allen Autoritäten befreien. Als listenreiche Taktikerin erringt sie Siege ohne Gewalt oder martialische Aggressivität. Der erste Kampf gilt unseren persönlichen Grenzen! Das Zeichen und das Haus, in denen sie steht, eröffnen weitere Perspektiven.

Chiron

Die Heimat dieses Kentauren ist das Reich der Pflanzen und der Heilkräuter; er ist berühmt für sein Wissen auf dem Gebiet der Heilkunde, der Astronomie und der Wahrsagerei (die Kentauren gleichen dem Schützen – auch sie richten den Blick zu den Sternen). Chiron gibt sein Wissen bereitwillig weiter (vor allem an den trojanischen Helden Achill) und trägt so zur Zivilisierung bei. Weil er unerträgliche Schmerzen leidet, nachdem ihn ein Pfeil getroffen hat, der mit dem giftigen Blut der Hydra getränkt war, fleht er die olympischen Götter an, ihm seine Unsterblichkeit zu nehmen. Jupiter erhört ihn und erschafft ihm zu Ehren das Sternbild des Kentauren. Chiron steht für unsere tiefen Verletzungen, die weder heilen noch vernarben können, uns jedoch zur Transzendenz verhelfen, für den Urschmerz, der uns wachrüttelt und zu höheren Bewusstseinsstufen führt. Wie ein Schütze, der sich selbst und die Schwerkraft in den Griff bekommt, hilft Chiron uns, unsere Leiden zu erkunden und unsere Schutzmechanismen auf die Probe zu stellen, um sie zu überwinden. Er zeigt uns, wie wir genesen können, indem wir das Unumgängliche akzeptieren, ohne Ausflüchte und Laschheit, sondern mit Mut und Reife. Das Zeichen, in dem Chiron steht, sagt dir etwas über die offene Wunde, die du in dir trägst. Hier lautet die Aufgabe zu akzeptieren, dass sie niemals ganz verheilen wird. Das Haus, in dem Chiron steht, gibt dir Hinweise darauf, mit welchen Methoden du deine Suche gestalten kannst.

Die Mondknoten

Als Mondknoten bezeichnet man die Schnittpunkte der Mondbahn mit der Ekliptik der Erde. Sie sind besonders in der Schicksalsastrologie von Bedeutung. Sie repräsentieren den Dialog zwischen der Sonne (Ziele, Willenskraft) und dem Mond (Gefühlsleben, Gedächtnis). Der südliche Mondknoten, auch Drachenschwanz genannt, steht für deine Vergangenheit und deine früheren Leben, für das Erlernte, das dir jetzt im gegenwärtigen Leben hilft. Auf den südlichen Mondknoten stützen wir uns, bevor wir uns von ihm lösen und uns in Richtung des nördlichen bewegen. Dieser, auch Drachenkopf genannt, steht für das grundlegende Ziel deiner aktuellen Inkarnation, das Experimentierfreudigkeit und Risikobereitschaft verlangt, auch wenn du damit dein Karma für die nächste Inkarnation belastest. Keiner der Mondknoten hat negativen Charakter. Sie liegen sich per definitionem gegenüber und bilden astrologisch gesehen ein komplementäres Paar (steht der nördliche im Wassermann, so steht der südliche im Löwen, steht der nördliche in den Fischen, so steht der südliche in der Jungfrau etc.). Leg einmal dein Horoskop mit all seinen Aspekten zur Seite und frag dich, welches umfassende Ziel deine Existenz verfolgt. Vielleicht findest du eine Antwort auf diese Frage, wenn du die Achse der beiden Mondknoten näher analysierst. Wenn dich diese Dimension deines Karmas interessiert, such auch nach deinen Beziehungen zum Schwarzen Mond.

Welcher Planet beherrscht dein Horoskop?

Der beherrschende Planet eines Horoskops lenkt deine Aufmerksamkeit auf die Durchgänge der Planeten (siehe S. 228), die während deines gesamten Lebens Bewegung in dein Horoskop bringen. Wie erkennt man den herrschenden Planeten?

* Wenn sich in deinem Horoskop in einem Zeichen vier oder mehr Planeten drängen, musst du ermitteln, welcher Planet dieses Zeichen beherrscht (siehe die Tabelle der Zeichen und ihrer Herrscher auf S. 112). Dieser beherrscht mit hoher Wahrscheinlichkeit auch das gesamte Horoskop.
* Wenn ein Planet mit der Himmelsmitte, dem Aszendenten, dem Deszendenten oder der Himmelstiefe in Konjunktion steht (siehe S. 208), also nicht mehr als fünf Grad davon entfernt ist, ist er mit Sicherheit der beherrschende Planet des Horoskops.

Manchmal kann man den herrschenden Planeten auf den ersten Blick nur schwer erkennen. Auf einigen Horoskopen scheint es sogar, als gäbe es keinen. Wenn diese Frage dich umtreibt, du in dieser Hinsicht aber nicht weiterkommst, kannst du dich jederzeit an eine Astrologin wenden und sie bitten, den Einfluss des herrschenden Planeten in deinem Horoskop zu analysieren.

– V –

Die Häuser

DIE THEMEN DEINES LEBENS

Die Zeichen des Tierkreises und die astrologischen Planeten sind dir nun vertraut; die wichtigsten Informationen zum Verständnis deines Horoskops liefern dir jedoch die Positionen der Planeten. Wie du nun lernen wirst, hat etwa die Sonne im Widder im 1. Haus nicht denselben Reiz wie die Sonne im Widder im 7. Haus.

Ein Horoskop ist in zwölf Segmente unterteilt, die sogenannten Häuser. Ihre Zählung verläuft gegen den Uhrzeigersinn und beginnt links unten (1. Haus) und endet links oben (12. Haus). Man kann die Häuser als Werkstätten des Lebens bezeichnen, in denen jeweils ein bestimmtes Thema verhandelt wird. Wenn du dein Horoskop mit dem deines Nachbarn vergleichst, wirst du in diesen Werkstätten ziemlich sicher weder dieselben Zeichen noch dieselben Planeten finden. Die Häuser eines Horoskops gleichen Theaterbühnen. Zunächst sind sie leer, ohne Vorhang oder Scheinwerferlicht und ohne jedes Geschehen. Erst wenn sie von einer bestimmten Kraft beseelt werden, zeigen sich die Kulissen, die Farben des Vorhangs und die Strahlkraft der Scheinwerfer. Auch die dort geltenden Umgangsformen werden von dem oder den Planeten bestimmt, die sie bewohnen.

Das 1. Haus steht in allen Horoskopen unter dem Motto »Ich bin«. Es gibt Auskunft über die Persönlichkeit und das natürliche Verhalten des Horoskopeigners. Je nachdem, welches Zeichen das Haus bewohnt, trägt dieses »Ich bin« den Charakter einer der zwölf Möglichkeiten. Während bei dir das 1. Haus beispielsweise von der Kraft des Stieres erfüllt ist, bezieht es bei deinem Nachbarn seine Stärke vielleicht von den Zwillingen. Im 1. Haus eines Horoskops erfolgt der erste Schritt zur Individualisierung.

Die Häuser 1 bis 6 beschreiben deine Entwicklung zu einem einzigartigen Individuum.	**Die Häuser 7 bis 12 zeichnen den Weg nach, den du als Individuum in einer Gemeinschaft beschreitest, in einer Gesellschaft, die größer ist als du selbst.**
1. Haus: Ich bin Dein natürliches Verhalten.	**7. Haus: Wir sind** Deine Partnerschaften und Verbindungen; Zusammenarbeit mit anderen.
2. Haus: Ich besitze Das Hab und Gut, das du erwirbst.	**8. Haus: Wir geben weiter** Das Hab und Gut, das du erhältst.

3. Haus: Ich kommuniziere Die Art und Weise, wie du Informationen sendest und empfängst.	**9. Haus: Wir erforschen** Deine Spiritualität und deine Reisen.
4. Haus: Ich empfinde Dein Heim und deine innere Stabilität.	**10. Haus: Wir gestalten** Dein Handeln im öffentlichen, sozialen und beruflichen Kontext.
5. Haus: Ich liebe Dein Genusserleben und deine Schöpfungen.	**11. Haus: Wir teilen** Die Unterstützung, die du leistest; deine Netzwerke.
6. Haus: Ich diene Deine Pflichten, deine Gesundheit und die Organisation deines Alltags.	**12. Haus: Wir geben uns hin** Die Gebiete, auf denen du loslassen musst.

DIE VON PLANETEN BEWOHNTEN HÄUSER

Nimm dir dein Horoskop zur Hand und ermittle, in welchen Häusern Planeten stehen. Diese werfen damit gleichsam ein Schlaglicht auf die jeweiligen Themen. Lösen die Mottos dieser Häuser etwas in dir aus? Möglicherweise überrascht dich das ein oder andere Thema, du wirst jedoch noch Gelegenheit haben, den wirklichen Gehalt des jeweiligen Hauses kennenzulernen. Oft trügt der Schein: Wenn sich etwa in deinem 2. Haus mehrere Planeten drängen, bedeutet das nicht, dass du materialistisch veranlagt bist. Ein Geburtshoroskop ist weitaus reichhaltiger und komplexer …

Häuser ohne astrologische Planeten

Ein unbewohntes Haus wirkt nur auf den ersten Blick leer. Das Fehlen von Planeten bedeutet nicht, dass sich dort nichts ereignet, nur spürst du die Energie von Zeichen, in denen Planeten stehen, einfach stärker. Also keine Panik, falls du unbedingt heiraten willst und dein 7. Haus leer ist. Die Astrologie kennt immer mehrere Antworten, und dein Horoskop ist immer differenzierter, als du glaubst. Wenn in einem Haus kein Planet steht, achte auf das oder die Zeichen, die es bewohnen. Um herauszufinden, welcher Planet ein Haus aktiviert oder auf welchen Durchgang du besonders achten solltest, musst du ermitteln, wo der Planet steht, der das Zeichen des Hauses beherrscht (siehe S. 112). Wird das Haus von der Waage beherrscht? Dann ermittle, wo Venus steht. Wird es vom Widder beherrscht? Dann ermittle, wo Mars steht, etc. So zeigt dir das Universum gleichsam über Eck, dass du, um die Themen eines unbewohnten Hauses zu bearbeiten, dich erst mit der Dynamik des Planeten beschäftigen musst, der das entsprechende Zeichen beherrscht.

Das 1. Haus

ICH BIN

Das 1. Haus behandelt dein natürliches Verhalten.

Das 1. Haus beginnt an der Linie des Aszendenten. Das Tierkreiszeichen, in dem es seinen Anfang hat, gibt Auskunft darüber, wie du dich im Alltag verhältst, wie du agierst und reagierst.

Hier kommt deine Individualität zum Ausdruck, dein Ego, deine Aktivität im Alltag, deine Tatkraft, deine Erscheinung, dein Charakter, dein Temperament sowie die Stimmungen, die du nach außen zeigst und die von anderen auch wahrgenommen werden. Hier manifestiert sich das Bewusstsein, dass du einzigartig bist, ein eigenständiges Subjekt, das aus eigenem Antrieb und für die eigenen Ziele handelt.

Deine Geburtssonne repräsentiert ein zu erstrebendes Ideal, Werte, die du als höherrangig ansiehst und von deren Verinnerlichung du profitieren würdest. Dein Aszendent veranschaulicht die Kleidung, die du anlegst, wenn du in die Welt trittst, und durch die du dich definierst und dir gegenüber anderen eine Gestalt gibst. Wenn deine Sonne im 1. Haus steht, und noch viel mehr, wenn sie im Zeichen deines Aszendenten steht, ist dein Verhalten im Einklang mit deinen Idealen, was eine gewaltige Erleichterung darstellt.

In manchen Horoskopen zeigt der Aszendent die Fähigkeit an, eine Maske zu tragen, einen Lack, der Glanz verleiht, im Lauf des Lebens jedoch abblättert und die wahren Werte zum Vorschein treten lässt, für die die Geburtssonne steht. Im 1. Haus geht es ausschließlich um dich, während das 7. Haus, das auf der Achse Aszendent–Deszendent genau gegenüber liegt, dein Verhältnis zu den anderen beschreibt.

Erinnerung: Häuser mit mehreren Zeichen

Es ist möglich, dass das 1. Haus zwei oder sogar drei Zeichen beinhaltet. Keine Panik. Das kann mehrere Bedeutungen haben:
* *Auf diesem Gebiet walten mehrere Energien, die du verstehen, bändigen und dir aneignen musst.*
* *Auf diesem Gebiet kannst du einen Konflikt beilegen, der aus einem früheren Leben stammt.*
* *Befindet sich in diesem Haus ein Planet, solltest du dem Zeichen, in dem er steht, besondere Aufmerksamkeit schenken.*

DAS ZEICHEN IM 1. HAUS

Das Zeichen im 1. Haus (Aszendent) prägt die Grundzüge deines Charakters.

Widder ♈
Verspürst du eine impulsive, kraftvolle Energie, die dir hilft, rasch die Initiative zu ergreifen und ad hoc Entscheidungen zu treffen? Hast du das Format eines Anführers, eines Befehlshabers?

Stier ♉
Bist du pragmatisch veranlagt, selbstsicher, aber dabei ein wenig starrköpfig, und sind dir Komfort und Sicherheit wichtig?

Zwillinge ♊
Bist du von Natur aus neugierig und leichtherzig? Bist du wissbegierig, was alles Literarische und Intellektuelle angeht? Willst du immer das Neueste erfahren?

Krebs ♋
Bist du zartbesaitet, verträumt und scheu? Besitzt du ein sanftes Wesen und schützt dich gezielt vor der Außenwelt?

Löwe ♌
Legst du das Gebaren eines Monarchen an den Tag, der sich aus sich selbst heraus behauptet und durch die Künste, durch Schöpferkraft und auf der Bühne glänzen will?

Jungfrau ♍
Setzt du lieber auf Analyse und Vernunft, als dich den Qualen von Leidenschaften und Gefühlen auszuliefern? Ordnest du deine Gedanken lieber und behältst sie für dich, als dich der Spontaneität hinzugeben?

Waage ♎
Kannst du Versöhnung stiften, bist du liebenswürdig und brauchst die anderen, um selbst zu Entscheidungen zu kommen? Stellst du dein Bedürfnis nach Harmonie und Frieden über dein Bedürfnis nach Bestätigung?

Skorpion ♏
Bist du fokussiert, kampfeslustig und hartnäckig? Stellst du deine Beobachtungsgabe und deine kraftvolle Intuition in den Dienst deines strategischen Vorgehens?

Schütze ♐
Schlägt sich deine Lust auf Abenteuer, dein Streben nach Genuss sowie deine Freude am Austausch mit anderen im Alltag nieder?

Steinbock ♑
Bist du beharrlich, dabei aber auch gelassen und diszipliniert, als wolltest du deine Gefühle unterdrücken?

Wassermann ♒
Geht von dir etwas Unkonventionelles, Unangepasstes aus? Bist du ein Verfechter der Freiheit, schätzt du das Originelle und weichst gern von Konventionen ab?

Fische ♓
Bist du extrem empfindlich, voller Mitgefühl, aber vielleicht auch leicht fatalistisch?

 Wie würdest du dein Auftreten im Alltag beschreiben? Nehmen auch die anderen dich so wahr? Findest du dich in deinem Aszendenten wieder? Wenn nicht, warum? Notiere in deinem Astro-Tagebuch auf S. 250 die Eigenschaften, aber auch die Schwächen des oder der Zeichen in deinem 1. Haus, die du an dir wiedererkennst (und über die du dich vielleicht ärgerst).

DIE PLANETEN IM 1. HAUS

Die Planeten im 1. Haus helfen dir, dich zu behaupten und du selbst zu werden.

Sonne

Hier, im Haus der Individualität, erstrahlt die Willenskraft der Sonne in vollem Glanz und steht im Einklang mit deinem natürlichen Auftreten. Dadurch werden die Charakterzüge gestärkt, die deinem Sonnenzeichen entsprechen (vor allem, wenn es dasselbe ist wie der Aszendent), sowie die Übereinstimmung mit dir selbst. Diese ichzentrierte Haltung erleichtert die Zusammenarbeit mit anderen nicht unbedingt, stärkt jedoch das Selbstvertrauen und fördert die Entfaltung der Persönlichkeit. Steht die Sonne in einem anderen Zeichen als der Aszendent, kann das zu Spannungen zwischen deinem instinktiven Verhalten und der Art führen, wie du dich eigentlich geben möchtest.

➥ Die Sonne neigt dazu, den Rest der Welt nicht zu beachten. Um dem entgegenzuwirken, richte deine Aufmerksamkeit auch auf deine Mitmenschen.

Mond ☾

Seine intuitive Kraft fördert den Ausdruck der Persönlichkeit. Dein Charakter leistet einen wichtigen Beitrag zu deiner Empfindsamkeit, zu unverstellten Gefühlen und einer ausgeprägten Vorstellungskraft. Steht der Mond im selben Zeichen wie der Aszendent, sind dein Charakter und dein emotionales Erleben im Einklang; Verhalten und Empfinden sind eins. Steht der Mond dagegen in einem anderen Zeichen als der Aszendent, kann das zu unerwarteten Reaktionen führen.

➥ Halt an den Werten fest, die dir wirklich wichtig sind, um nicht den wechselhaften Stimmungen des Mondes ausgesetzt zu sein.

Merkur ☿

Er fördert deinen Willen zur Kommunikation und deine Neugier, aber auch deine Nervosität. Deine geistige Kraft unterstützt dich dabei, dich zu behaupten. Dein intellektueller Drang und dein vernunftgeleitetes Denken helfen dir im Alltag. Steht er in einem anderen Zeichen als der Aszendent, kann das zu Widersprüchen zwischen deinem Temperament und deiner Art der Kommunikation führen.

➥ Versuch, dich aus dem unablässigen Strom deiner Gedanken auszuklinken und deine Nerven zu beruhigen.

Venus

Das Ausleben deiner Gefühle und die Suche nach Beziehungen sind fester Bestandteil deines Alltags. Steht Venus im selben Zeichen wie der Aszendent, dann entspricht dein Handeln deiner Beziehungsfähigkeit. Steht sie in einem anderen Zeichen als der Aszendent, führt das möglicherweise zu Widersprüchen zwischen deinem Verhalten und deiner Fähigkeit, mit anderen Menschen eine harmonische Beziehung aufzubauen.

→ Nimm dir regelmäßig Zeit, um dir darüber klar zu werden, was du in Beziehungen gewinnen kannst und welche Zugeständnisse du machen musst.

Mars ♂

Mit seiner Kraft unterstützt er dich dabei, dich zu verwirklichen und selbstständig zu werden. Vielleicht bist du dabei selbst dein größter Konkurrent, denn Mars liebt die Auseinandersetzung mit ebenbürtigen Gegnern. Wenn er seine Tatkraft im Haus der Selbstbehauptung entfaltet, suchst du vielleicht Herausforderungen, nur um dir selbst etwas zu beweisen. Steht Mars in einem anderen Zeichen als der Aszendent, verspürst du möglicherweise Spannungen zwischen deiner Gemütslage und der Art und Weise, wie du handelst oder Entscheidungen triffst.

→ Nutze deine Hellsichtigkeit, um dem für Mars typischen Egoismus und seinem impulsiven und unreflektierten Handeln entgegenzuwirken.

Ceres ⚳

Ceres' logisches Denken und ihre Freude an technischem Wissen stellen sich ganz in den Dienst deiner Person – vielleicht besitzt du beachtliches Organisationstalent. Steht Ceres im selben Zeichen wie dein Aszendent, setzt du in deinem Handeln ganz auf deine Fähigkeiten – wie es für Ceres typisch ist. Steht sie in einem anderen Zeichen, liegen dein Handeln und dein Denken möglicherweise in Widerstreit.

→ Bedenke, dass dein Wert nicht von deinem Organisationstalent abhängt.

Jupiter ♃

Deine persönliche Entfaltung erwächst aus der Behauptung deiner Individualität, in dynamischer, freigebiger und offenherziger Weise. Steht Jupiter im selben Zeichen wie der Aszendent, stimmen dein Verhalten und das Bild, das du nach außen abgibst, überein. Steht er in einem anderen Zeichen, dann steht deine Außenwirkung möglicherweise im Widerspruch zu deinem Verhalten.

→ Ruf dir in Erinnerung, dass du dich auch auf ausgeglichene Weise in eine Gruppe integrieren kannst, maßvoll und ohne Übertreibung.

Saturn ♄

Ein wichtiger Aspekt der Selbstbehauptung besteht darin, sich selbst zu ordnen und zu beherrschen. Mit Saturn lernen wir zu verzichten, um zu reifen. Wenn deine Selbstzweifel so stark sind, dass du dir damit selbst im Weg stehst, lernst du vielleicht gerade dadurch, mehr Reife und Umsicht unter Beweis zu stellen als andere. Der ehrgeizige und pragmatische Saturn verfeinert dein Bestreben und plant langfristig. Steht er im selben Zeichen wie dein Aszendent, verschafft er dir Stabilität. Steht er in einem anderen Zeichen, regen sich in dir möglicherweise Frust und Unzufriedenheit mit deinen Stimmungen im Alltagsleben.

→ Betrachte das Leben nicht als ständige Bewährungsprobe, sondern mach dir bewusst, dass du an den Herausforderungen, die Saturn dir stellt, wächst.

Uranus ⛢

Steht er im selben Zeichen wie der Aszendent, ist sein Streben nach Unabhängigkeit ein Teil deiner Persönlichkeit. Deine Haltung ist geprägt von der Suche nach Originalität, innovativen Ideen und uneingeschränkter Freiheit.

➡ Wenn du dich frei fühlen musst, damit es dir gut geht, sollte das nicht zu Lasten deiner seelischen Gesundheit gehen.

Neptun ♆

Deine Persönlichkeit ist ganz von deiner Inspiration geprägt. Auf deine Empfindungen, dein mystisches Gefühl und deine traumartigen Visionen kannst du dich verlassen.

➡ Du kannst deine Traumverlorenheit ausleben, ohne dich in Illusionen zu verlieren. Sie macht deine materielle Existenz etwas sanfter, ohne sie jedoch zu negieren.

Pluto ♇

Zwar verfügst du über eine ausgeprägte Fähigkeit, dich neu zu erfinden und zu regenerieren, Pluto ist jedoch geheimnisvoll und ambivalent. Hüte dich daher vor selbstzerstörerischen Tendenzen.

➡ Deine Widerstandskraft ist groß genug, dass du vermeiden kannst, von einer Krise in die nächste zu rutschen. Befrei dich von der Last deiner Schuld und nutze die Kraft Plutos, um nach dem Glück zu streben und deine Ideale zu erreichen.

> **Wenn im 1. Haus mehrere Planeten stehen**
>
> *Wenn mehrere Planeten im 1. Haus stehen, lenken sie dadurch deine Aufmerksamkeit auf dieses Haus. Diese Häufung ist nicht ohne Bedeutung. Sie zeigt an, dass es für dich darum geht, dich selbst zu verstehen, dein Ego und dein Potenzial zu erkennen, aber auch die Grenzen deiner Persönlichkeit und deines Verhaltens. Deine Suche nach Sinn, bei der du um dich selbst kreist, ist durchaus legitim – denn das restliche Horoskop hängt von deinen Fortschritten auf diesem Gebiet ab. Dadurch wirst du aber nicht automatisch egoistisch oder narzisstisch – es ist alles eine Frage des Gleichgewichts.*
>
> *Wenn dein 1. Haus keine Planeten enthält, schlag auf S. 121 nach.*

Wenn in deinem 1. Haus Planeten stehen: Was sagen sie in Bezug auf das Thema des Hauses aus? Notiere deine Gedanken in deinem Astro-Tagebuch auf S. 251.

Willst du die Themen des 1. Hauses vertiefen?
Mit diesem Ritual kannst du dich in Selbstbehauptung üben.

Führe dieses Ritual bei zunehmendem Mond durch, also zwischen Neumond und Vollmond. Dies ist die Zeit zwischen emotionaler Erneuerung (Neumond) und voller emotionaler Entfaltung (Vollmond). Du kannst dieses Ritual zu Hause durchführen. Orientier dich mit einem Kompass oder einer App, die die Himmelsrichtungen anzeigt, und setz dich so hin, dass du nach Norden blickst.

Am besten verwendest du einen kleinen Tisch, der nur für Rituale dient, aber du kannst auch einen Hocker nehmen, den du nach jeder Verwendung säuberlich abräumst. Nimm drei Kerzen zur Hand: eine rote (Spannkraft), eine weiße (Reinigung), und eine gelbe (Freude). Platziere sie in einem Halbkreis auf den Tisch (in der Reihenfolge rot-weiß-gelb) und stell eine kleine Schüssel in die Mitte.

Zünde etwas Magnolienweihrauch an. Dieser Weihrauch stärkt das Selbstvertrauen.

Vermische in der Schüssel mit deiner dominanten Hand (links, wenn du Linkshänder bist, rechts, wenn du Rechtshänder bist) vier Prisen Ingwer (steht für Stärke und Erfolg) und eine Prise Maiglöckchen (dem Merkur zugeordnet, steht für Wissen und Denken). Leg dann die Hand flach auf die Schüssel.

Konzentrier dich und sag folgenden Spruch (oder einen anderen mit vergleichbarem Inhalt): »Ich habe Vertrauen. Meine Stärke liegt in meiner Willenskraft. Ich begehre und ich bin fähig: Ich will und ich kann.«

Gib die Mischung in ein Säckchen aus weißem Stoff und beende das Ritual, indem du so lange meditierst, wie es dir guttut. Erspür dabei deine innere Kraft. Lösche dann die Kerzen.

Leg das Säckchen unter dein Kopfkissen und wiederhole das Mantra 21 Nächte lang jedes Mal vor dem Einschlafen (bis zum nächsten Neumond, mit dem der nächste Mondzyklus beginnt). Es wird eine Weile dauern, bis sich eine Wirkung einstellt – die Veränderung soll ja auch nachhaltig sein –, aber deine innere Stärke wird von Tag zu Tag wachsen.

 Wenn Rituale nicht dein Fall sind, kannst du dir auch (noch einmal) Billy Elliot von Stephen Daldry ansehen. Der Film erzählt von einem Jungen, der sich mit seiner Liebe zum Tanz gegen den Widerstand seiner Familie durchsetzt. Billy weiß sich zu behaupten – lernen wir von ihm!

Das 2. Haus

ICH BESITZE

Das 2. Haus behandelt dein persönliches Hab und Gut.

Im 1. Haus ging es um das Sein, im 2. Haus geht es nun um das Haben: um Geld, um das Vermögen, das man selbst erworben hat, sei es durch bestimmte Eigenschaften oder durch Arbeit. Dieses Haus beschäftigt sich mit den materiellen Aspekten des Lebens, mit allem, was dir ermöglicht, deine Existenz zu sichern:

* Das Geld, das du verdienst, sei es durch Arbeit oder indem du deine Talente nutzt. Daher spricht das 2. Haus indirekt auch über die finanzielle Bedeutung deiner beruflichen Aktivitäten, sei es für den Lebensunterhalt oder den Vermögensaufbau.
* Dein Verhältnis zu Geld und zum Materiellen allgemein, dein Lebensstil, die Art deiner Einkünfte. Bist du ein Spieler und gibst Geld impulsiv aus? Oder bist du sparsam und achtest auf jeden Cent? Oder bist du irgendwo dazwischen?
* Dein Verhältnis zu deinem Körper, dem ersten materiellen Gut, das dir auf dieser Erde zuteilwird.
* Dein Finanz- und Immobilienvermögen: deine Bankkonten, dein Vermögen, dein Haus, dein Grundbesitz, deine Sesshaftigkeit …
* Dein Bedürfnis nach Sicherheit und Stabilität.
* Deine angeborenen Talente, die nach Entfaltung streben.

Das 2. Haus ist gleichsam der Humus, auf dem du in physischer Hinsicht erblühst. Du brauchst es, um dein Überleben zu sichern, aber es fördert auch deine spirituelle Entfaltung – kaum jemand erlangt mit leerem Magen und ohne die Sicherheit eines geschützten Schlafplatzes Erleuchtung.

DAS ZEICHEN IM 2. HAUS

Das Zeichen im 2. Haus zeigt dir Wege zu materiellem Wohlstand auf.

Widder ♈
Bist du im Umgang mit deinem Besitz und deinem Vermögen leichtsinnig oder nachlässig? Oder bist du beim Erwerb von Besitz impulsiv?
→ Für dich sind Berufe geeignet, die Kampfgeist erfordern (wie im Sport), die mit Befehlsgewalt einhergehen oder Entscheidungsfreudigkeit erfordern (Unternehmer, Mannschaftskapitän).

Stier ♉
Behandelst du dein Hab und Gut mit Vorsicht und strebst danach, es zu bewahren?
→ Für dich sind Berufe geeignet, bei denen du mit den Händen arbeitest und/oder die bodenständig sind (Handel, Gastgewerbe, Gärtnerei, bildende Künste, Immobilienwesen, Bankwesen).

Zwillinge ♊
Gehst du sorglos und unbekümmert mit deinem materiellen Besitz um? Liegen dir vielseitige Tätigkeiten und hast du gern mehrere Jobs gleichzeitig?
→ Tätigkeiten, die sich mit dem Austausch von Gütern oder Ideen beschäftigen oder Lebhaftigkeit und körperliche Beweglichkeit erfordern (Gymnastik, Akrobatik oder Sport in luftigen Höhen, wie Zirkus- oder Hochseilartistik).

Krebs ♋
Hast du eine ausgeprägte Vorstellungskraft? Arbeitest du gern im Familienumfeld? Arbeitest du gern mit Menschen, für die du eine gewisse Zuneigung verspürst?
→ Für dich sind Berufe geeignet, bei denen schöpferische Fantasie gefragt ist oder die in Verbindung mit dem frühen Kindesalter stehen.

Löwe ♌
Schwelgst du gern im Überfluss und gibst Geld aus, ohne nachzudenken, um deine eigenen Leidenschaften oder die deiner Liebsten zu finanzieren?

→ Für dich sind Berufe geeignet, die dir gesellschaftliche Anerkennung für deine Talente verschaffen (künstlerische Tätigkeiten, Sport, Unternehmertum, Handel mit Luxusgütern …).

Jungfrau ♍
Verwaltest du deinen Besitz vorausschauend und führst Buch über deine Ausgaben?
→ Für dich sind Berufe geeignet, in denen du anderen durch Analysen, Berechnungen, Sortieren oder Klassifizieren helfen kannst.

Waage ♎
Sind materielle Güter deiner Ansicht nach elementar für eine allgemeine Ausgeglichenheit im Leben?
→ Für dich sind Berufe geeignet, die um die Schönheit kreisen (Kosmetikerin, Model) oder die mit Beziehungen und Hochzeit zu tun haben (Hochzeitsplanerin, Eheberater).

Skorpion ♏
Glaubst du, dass sich im Bereich des Materiellen ein bisschen Wagemut und Risikobereitschaft durchaus lohnen können?
→ Für dich sind Berufe geeignet, in denen du deine Leidenschaften ausleben kannst, aber auch solche, zu denen Introspektion gehört (Psychologe, Psychoanalytikerin), die sich mit dem Tod beschäftigen (Gerichtsmedizinerin, Bestatter) oder mit Sexualität (Sexologe, Erotikbranche) – all das sind Themenkreise, die zu diesem ungewöhnlichen Zeichen gehören.

Schütze ♐
Gibst du dein Geld großzügig und spendabel aus? Achtest du nicht aufs Geld, sondern genießt einfach das Leben?
→ Für dich sind Berufe geeignet, die mit Reisen zu tun haben (Reisebüro, Reiseleiter), mit Spiritualität (Yogalehrerin) oder mit genussvollem Essen und Trinken (Weinbau, Gastronomie).

Steinbock ♑
Beruhigt es dich, wenn dein Vermögen umsichtig und mit Weitblick verwaltet wird?
→ Für dich sind Berufe in der Politik geeignet oder in den sogenannten exakten Wissenschaften.

Wassermann ♒
Empfindest du materiellen Besitz vor allem als Belastung und stellst ihn lieber in den Dienst bestimmter Projekte oder Investitionen, die nicht auf dein eigenes Wohlergehen abzielen, sondern auf das Allgemeinwohl?
→ Für dich sind Berufe geeignet, die Innovationen vorantreiben, wie die Arbeit in Vereinen oder in einem solidarischen und visionären Umfeld.

Fische ♓

Verlässt du dich, um dein Überleben zu sichern, lieber auf deine Intuition als auf Vernunft und Statistik?
→ Für dich sind Berufe auf dem Gebiet der Therapie und der Pflege geeignet, oder solche, die mit Spiritualität, Musik oder Poesie zu tun haben.

> *Wie würdest du dein Verhältnis zu materiellen Gütern beschreiben, zu deinem Körper, zu Geld, zu Besitz? Entspricht das Zeichen in deinem 2. Haus der Thematik des Hauses? Wenn nicht, wo liegen die Differenzen? Notiere deine Gedanken in deinem Astro-Tagebuch auf S. 250.*

DIE PLANETEN IM 2. HAUS

Die Planeten im 2. Haus unterstützen dich beim Aufbau einer materiellen Existenz. Weil der Umgang mit Besitz und Talent auch immer im Zusammenhang mit dem Rest des Horoskops gesehen werden muss, findest du im Folgenden keine Ratschläge. Tipps zu geben, ohne diesen Zusammenhang zu berücksichtigen, wäre etwas vermessen. Überleg selbst, ob die Planeten im 2. Haus deiner Ausgeglichenheit und deinem materiellen Wohlstand nutzen oder schaden.

Sonne ☉

Beim Erwerb von Vermögen, materiellem Besitz und Grundbesitz entfaltet die Sonne ihre ganze Kraft. Deine Persönlichkeit entwickelt sich, indem du Wohlstand erwirbst und Sicherheit schaffst. Deine Willenskraft und dein Ehrgeiz kommen im Beruf zum Ausdruck sowie darin, dass du deinen Lebensunterhalt selbstständig verdienst und vielleicht auch ein Haus kaufst oder baust.

Mond ☽

Seine intuitive Kraft, seine Anpassungsfähigkeit und seine Kreativität schlagen sich in Tätigkeiten nieder, die mit Vermögen, Handel und Öffentlichkeit in Verbindung stehen. Er ist passiver als die Sonne und zeigt möglicherweise Veränderungen auf dem Gebiet des Materiellen an. Ein Mangel an Sicherheit beeinflusst unmittelbar dein Gefühlsleben.

Merkur ☿

Der Erwerb von materiellem Besitz steht für Merkur mit seiner intellektuellen Kraft an oberster Stelle. Dieses Thema nimmt seinen nervösen und unruhigen Geist stark in Anspruch. In Geldangelegenheiten kann es erforderlich sein, dass du besonders auf deine Intelligenz, dein logisches Denken und deinen Einfallsreichtum setzt.

Venus ♀
Venus stillt ihre Sehnsucht nach Harmonie durch materiellen Komfort, vielleicht auch durch den Kauf von Kunstwerken oder durch eine ästhetische Inneneinrichtung. Sie schafft Lebensumstände, die ihr ermöglichen, emotionale Beziehungen zu anderen unbeschwert auszuleben. Vielleicht reizt es sie auch, ihren Lebensunterhalt zu bestreiten, indem sie anderen zu Gefallen ist und das Verführen zu ihrem Beruf macht.

Mars ♂
Er setzt sich mit ganzer Kraft für deinen materiellen Besitz ein. Er kämpft für dein Vermögen, ist aber kein gewiefter Finanzexperte. Mars ist ein Krieger: Je nachdem, in welchem Zeichen er steht, verteidigt er dein Kapital mehr oder weniger geschickt.

Ceres ⚳
Sie setzt ihr logisches Talent bereitwillig ein, um dein Vermögen sparsam und umsichtig zu verwalten. Aber weil sie in großem Maßstab vorausdenkt, kann Unruhe entstehen, wenn deine gegenwärtige Situation (abzulesen an anderen Elementen des Horoskops) ihr nicht so viel Sicherheit und Stabilität bietet, wie sie sich wünscht.

Jupiter ♃
Hängen deine persönliche Entfaltung und deine Integration in die Gemeinschaft davon ab, wie viele materielle Güter du erwirbst? Jupiter steht für Prunk sowie dafür, das Glück anzuziehen; achte jedoch darauf, dass du nicht mehr ausgibst, als du hast, oder zu freigebig mit deinem Geld umgehst.

Saturn ♄
Um so viel anzusparen, dass große Anschaffungen möglich werden – insbesondere, was Immobilien betrifft –, braucht es Weitsicht und Realitätssinn. Saturn fordert jedoch Engagement; materielle Güter wirst du daher vor allem durch Anstrengung und verantwortungsvolles Handeln erwerben.

Uranus ♅
Vielleicht hast du einen plötzlichen genialen Einfall und entdeckst dadurch eine originelle Art und Weise, dein Geld zu verdienen. Uranus steht jedoch auch für rasche und abrupte Entwicklungen. Vielleicht verdienst du auf einmal Unmengen – und verlierst alles ebenso schnell wieder.

Neptun ♆

Neptun steht für Illusion und Unklarheit. Vielleicht ist deine Beziehung zu Geld nur schwach ausgeprägt, weil es dir nutzlos erscheint, oder du stürzt dich in finanzielle Abenteuer, deren wahres Wesen du erst nach einer gewissen Zeit erkennst und die sich dann als betrügerisch erweisen. Also Vorsicht!

Pluto ♇

Sein Ehrgeiz, seine Hartnäckigkeit und seine Widerstandskraft wirken sich auf den Erwerb materieller Güter aus. Dank deiner finanziellen Anstrengungen hast du vielleicht die Möglichkeit, dich neu zu erfinden oder Machtpositionen zu bekleiden.

Wenn im 2. Haus mehrere Planeten stehen

Wenn mehrere Planeten im 2. Haus stehen, lenken sie dadurch deine Aufmerksamkeit auf dieses Haus. Diese Häufung ist nicht ohne Bedeutung. Sie zeigt an, dass es für dich darum geht, du selbst zu werden, dir deinen Raum zu verschaffen und dir selbst Bedeutung zu verleihen. Deine beruflichen Aktivitäten, aber auch das Ausleben deiner Begabungen spielen sich im Konkreten und im Materiellen ab, durch die Erschaffung von Werken und Produkten, die sich in klingende Münze umwandeln lassen. Glaub aber nicht, dass kommerzielle Aktivitäten etwas rein Materialistisches sind, ohne Sinn und spirituellen Gehalt. Es ist durchaus möglich, dass die Planeten im 2. Haus dich dazu ermuntern, auch deine inneren Reichtümer ans Licht zu bringen.

Wenn dein 2. Haus keine Planeten enthält, schlage auf S. 121 nach.

 Wenn in deinem 2. Haus Planeten stehen: Was sagen sie in Bezug auf das Thema des Hauses aus? Notiere deine Gedanken in deinem Astro-Tagebuch auf S. 251.

Willst du die Themen des 2. Hauses vertiefen? Mit diesem Ritual kannst du für mehr Fülle in deinem Leben sorgen.

Mehr freie Zeit, mehr Geld auf dem Konto, mehr materieller Wohlstand – all das, was du dir für mehr Zufriedenheit wünschst, kannst du versuchen, an dich zu ziehen. Setz dich, wie für jedes Ritual, so hin, dass du nach Norden blickst. Verbrenn etwas Jasminweihrauch (Jasmin ist die Blume des Wohlstandes) und zünde eine rote Kerze an. Formuliere konkrete Bitten an das Universum, sprich sie laut aus (wie hoch genau die Gehaltserhöhung ausfallen soll, welche Arbeiten du in deinem Haus vornehmen lassen willst ...) und notiere sie auf einem Blatt Papier. Dank dem Universum und leg das Blatt auf den Weihrauch, damit es sich mit dem Duft vollsaugt.
Leg das Blatt dann an eine Stelle, die du eigens dafür vorgesehen hast. Hol es bei Neumond wieder hervor und trag es bei dir, etwa in der Innentasche deines Mantels.

 Wenn Rituale nicht dein Fall sind, kannst du dir auch (noch einmal) Slumdog Millionaire von Danny Boyle ansehen. Der Film erzählt von dem Straßenjungen Jamal, der an einem Fernsehquiz teilnimmt und dabei auf den Hauptgewinn hofft. Er ist völlig mittellos, nur die Liebe zu Latika, seiner Freundin aus Kindheitstagen, verleiht ihm Kraft, ebenso wie die Hoffnung, reich und glücklich zu werden, wenn er Latika eines Tages endlich wiedergefunden haben wird.

Das 3. Haus

ICH KOMMUNIZIERE

Das 3. Haus behandelt die Art und Weise, wie du Informationen sendest und empfängst.

Im 3. Haus geht es um Kommunikation, um den mündlichen und schriftlichen Austausch mit unserem Umfeld. Hier werden verschiedene Aspekte thematisiert:

* Deine Beziehungen zu Menschen, die deiner Ansicht nach derselben gesellschaftlichen Schicht angehören (Geschwister, Cousins und Cousinen, Nachbarn, Freunde und Freundinnen, Kollegen und Kunden, mit denen du einen entspannten Umgang pflegst, oder Menschen, mit denen du flirtest, ohne emotional stark beteiligt zu sein) – alle direkten gesellschaftlichen Kontakte mit Personen aus deinem näheren Umfeld.
* Deine Art, dich an Diskussionen zu beteiligen, Informationen zu bewerten, die du von deinesgleichen erhältst (veränderungswillig, zurückhaltend, wohlwollend, passiv, impulsiv …), und Kontakte zu knüpfen. Das 3. Haus sagt also indirekt auch etwas darüber aus, wie gut du in der Lage bist, Beziehungen zu gestalten.
* Die Rolle, die Intellekt, Neugier, Denken und Sprache in deinem Alltag spielen. Zu diesem Themenkreis gehört die Art, wie du dich schriftlich ausdrückst (insbesondere deine Korrespondenz und ggf. Lehrmaterialien, die du erstellst),

deine Lust, Bekanntschaften zu schließen und Neues zu lernen, deine Beziehung zum Unterrichten in Grundschulen und weiterführenden Schulen, deine Anpassungsfähigkeit und deine Fähigkeit, ein intellektuell oder sozial geprägtes Denken zu entwickeln.

* Die Beweglichkeit des Geistes wird auch durch Ortsveränderungen angeregt. Daher geht es im 3. Haus auch um deine Fähigkeit, in Bewegung zu bleiben, indem du Transportmittel und -wege für kürzere Strecken nutzt (Fahrrad, Auto, Bus, Zug …), was dir ermöglicht, mit vielen Menschen in Kontakt und im Austausch zu sein und dir deine Mobilität und deine Autonomie zu bewahren. Dieser Aspekt kann in deinem Leben eine wichtige Rolle spielen, etwa wenn du beruflich viel reist oder Personen oder Waren von A nach B bringst. Und schließlich geht es in diesem Haus um die Fähigkeit, Wörter und Dinge in Umlauf zu bringen respektive Güter zu verleihen oder zu verkaufen.

DAS ZEICHEN IM 3. HAUS

Das Zeichen im 3. Haus beschreibt, wie du mit deinem engeren Umfeld auf Augenhöhe kommunizierst.

Widder ♈
Äußerst du dich impulsiv und energisch, aber auch ein bisschen von oben herab? Lässt du deine Unzufriedenheit und deine Wut leicht erkennen? Neigst du dazu, gerade Gehörtes schnell wieder zu vergessen?

Stier ♉
Drückst du dich klar und geordnet aus? Fühlst du dich überrannt, wenn um dich herum auf einmal alles schneller geht? Brauchst du Zeit, um Informationen zu verarbeiten?

Zwillinge ♊
Hast du keine Probleme zu reden, bist dabei aber angespannt? Springst du oft von einem Thema zum nächsten und kannst dich nicht konzentrieren? Plauderst du gern mit Freunden und führst gern viele Gespräche?

Krebs ♋
Behältst du dein reichhaltiges Innenleben lieber für dich? Verwendest du im Gespräch gern eine kindliche Sprache und einfache Ausdrücke? Hast du aufgrund deiner Zurückhaltung wenige Freundschaften, und sind diese dafür aber gehaltvoll, warmherzig und tief?

Löwe ♌
Erwartest du von deinem Umfeld Zustimmung und Bewunderung? Versuchst du, dich in Gesprächen zu profilieren, indem du dich positiv darstellst?

Jungfrau ♍
Bist du zurückhaltend oder sogar furchtsam? Wird deine Ausdrucksweise manchmal als phrasenhaft bezeichnet? Analysierst du die Lage lieber als zu handeln?

Waage ♎
Schließt du dank deiner einnehmenden Art und deines ansprechenden Auftretens leicht neue Bekanntschaften? Bist du mit deinen Gesprächspartnern nachsichtig, damit die Form gewahrt bleibt?

Skorpion ♏
Führst du lieber leidenschaftliche Auseinandersetzungen, als dich des zivilisierten Umgangs wegen zurückzuhalten? Provozierst du rasch, greifst dein Gegenüber an und machst bissige Bemerkungen, mit denen du die anderen reizt?

Schütze ♐
Sprudelst du nur so vor Optimismus und Begeisterung? Bist du ein mitreißender Redner? Hast du bei Gesprächen immer das große Ganze und philosophische Erklärungsmodelle im Blick?

Steinbock ♑
Bist du eher wortkarg und zurückhaltend, weil du deine Gedanken lieber für dich behältst, als einfach nur zu reden, ohne etwas zu sagen? Bleiben dir Gespräche lange in Erinnerung (und das, was dir daran missfallen hat)?

Wassermann ♒
Glaubst du, dass Gespräche mit anderen die ideale Methode sind, um die Welt neu zu gestalten? Bist du ein ausdrucksstarker Redner, der seine Zuhörer als Freunde begreift? Verwendest du eine Vielzahl von Kommunikationsmitteln (Apps, soziale Netzwerke …)?

Fische ♓
Drückst du dich lieber durch Kunst oder Poesie als mit Worten aus? Glaubst du, dass man die Wahrheit eher erspüren als erklären kann?

> ✎ Wie würdest du deine Art und Weise der »horizontalen« Kommunikation (mit Geschwistern, Kollegen und Kunden) beschreiben? Entspricht das Zeichen in deinem 3. Haus der Thematik des Hauses? Wenn nicht, wo liegen die Differenzen? Notiere deine Gedanken in deinem Astro-Tagebuch auf S. 250.

DIE PLANETEN IM 3. HAUS

Die Planeten im 3. Haus erfüllen ihre Aufgabe auf dem Gebiet der horizontalen Kommunikation.

Sonne ☉
Die Sonne stärkt die geistigen Kräfte und die intellektuelle Neugier, wodurch sich deine Fähigkeiten zur Kommunikation vervielfachen. Außerdem strebt sie nach Bewegung und fortwährendem Lernen.

Mond ☽
Seine Empfindsamkeit durchdringt deine kommunikativen Fähigkeiten und bestimmt deine Beziehungen zu deinem Umfeld. Deine Lernfähigkeit ist eng mit deinen Gefühlen, deiner Vorstellungskraft und deiner Kreativität verbunden. Dein Umfeld ist möglicherweise von Frauen geprägt, oder zumindest entspricht es deinen weiblichen Anteilen.

Merkur ☿
In diesem Haus, das dem Austausch gewidmet ist, genießt Merkur seine Freiheit. Möglicherweise bist du nicht besonders sesshaft (vor allem, was den Beruf angeht), das ist jedoch nicht schlimm, denn Merkur hat hier eine ideale Position inne, um vermittelnd zu wirken, auch durch Ortswechsel und Reisen. Deine Beziehungen zu deinesgleichen sind von Kameradschaft, Humor und Spaß geprägt.

Venus ♀
Verführung, Charme, Zuneigung und Schönheit kennzeichnen deine Worte, geschrieben wie gesprochen. Du vermagst mit Worten zu gefallen und trittst gerne mit Menschen in Korrespondenz. Diplomatisches Geschick und die Fähigkeit zur Versöhnung kommen hier besonders gut zur Geltung.

Mars ♂
Er setzt seine Stärke auf geistigem Gebiet ein und schätzt Wortgefechte. Vorsicht vor Streitigkeiten – sie entstehen leicht, wenn man seine Worte vor dem Sprechen nicht abwägt.

Ceres ⚳
Du kommunizierst verständlich, schlüssig und vernünftig. Ceres steht hier für Lernfähigkeit auf technischem Gebiet, aber auch für die Fähigkeit, gemeinsam mit Menschen, die man als ebenbürtig ansieht, nachzudenken und dazuzulernen.

Jupiter ♃
In den Gesprächen, die du führst, herrschen Optimismus, Begeisterung und Großzügigkeit. Möglicherweise siehst du dich in der Rolle, andere anzuführen und die Wortführerschaft zu übernehmen, oder du fühlst dich im Handel besonders wohl.

Saturn ♄

Womöglich fühlst du dich in Alltagsgesprächen gehemmt und verspürst in Beziehungen eine gewisse Starrheit sowie Misstrauen und Frust angesichts deiner Unbeholfenheit. Mit Saturn kannst du lernen, dass es in dieser Hinsicht kein Patentrezept gibt. Bessere deine Sprechfähigkeit auf (indem du eine Logopädin konsultierst, einen Stimmbildner oder eine Psychologin, falls du vermutest, dass die Blockaden aus der Kindheit herrühren) oder stärke deine körperliche Beweglichkeit (durch Yoga, Dehnübungen, Gymnastik ...), um durch und für dich selbst an Leichtigkeit zu gewinnen.

Uranus ⛢

Dein 3. Haus wird von Lebhaftigkeit, geistiger Unabhängigkeit und einer Prise Extravaganz bestimmt. Dass du etwas am Rand stehst, könnte dir im Austausch mit anderen eher förderlich als hinderlich sein.

Neptun ♆

In den Beziehungen zu deinen Nächsten hilft dir deine Intuition weitaus mehr als deine Vernunft. Wenn du aufgrund deiner Feinfühligkeit bei anderen das erspürst, was nicht ausgesprochen wird oder nicht sichtbar ist (die Energie einer Person oder ihre Aura), wirst du vielleicht hin und wieder enttäuscht, weil du etwas anderes vermutet hattest. Dass jemand in einem bestimmten Augenblick eine bestimmte Energie verströmt, heißt nicht, dass er auch in der Folge an seinen Absichten festhalten wird.

Pluto ♀

Pluto lernt gern dazu. Daher denkst du auch darüber nach, für welche Themen du dich begeisterst. Sein mystisches Wesen und seine Lust an Geheimnissen prägen deine Beziehungen: Jeder in deinem Umfeld birgt ein Rätsel, das du entschlüsseln willst.

Wenn im 3. Haus mehrere Planeten stehen

Wenn mehrere Planeten im 3. Haus stehen, lenken sie dadurch deine Aufmerksamkeit auf dieses Haus. Diese Häufung ist nicht ohne Bedeutung. Sie zeigt an, dass es für dich um Kommunikation geht und den Austausch mit deinem Umfeld, darum, als Vermittler aufzutreten, dafür zu sorgen, dass Ideen und Waren zwischen Menschen zirkulieren, indem du sie transportierst oder dich selbst von einem Ort zum anderen begibst. Das zentrale Thema ist der Austausch, der Worte, Menschen und Dinge im Umlauf hält, was zu Interaktion, Innovation und neuen Kontakten führt.

Wenn dein 3. Haus keine Planeten enthält, schlag auf S. 121 nach.

Wenn in deinem 3. Haus Planeten stehen: Was sagen sie in Bezug auf das Thema des Hauses aus? Notiere deine Gedanken in deinem Astro-Tagebuch auf S. 251.

☾

**Willst du die Themen des 3. Hauses vertiefen?
Mit diesem Ritual kannst du mehr Klarheit
in dein Sprechen bringen.**

Ordne am Morgen deine Gedanken und bereite dich innerlich auf das Ritual vor. Notiere dann ein bis drei Dinge, die du im Lauf des Tages sagen willst: zu einem Freund, einer Kollegin … Du kannst auch dazuschreiben, was du damit jeweils bewirken willst: beruhigen, erheitern, das eigene Denken oder den eigenen Willen bekräftigen … Fass am Abend die Gespräche in wenigen Sätzen zusammen. Sind sie so abgelaufen, wie du dir das vorgestellt hattest?
Je öfter du diese Übung machst, desto besser wirst du die Besonderheiten deiner Art zu sprechen verstehen, sowie die Wirkung, die du damit auf andere hast.

 Wenn Rituale nicht dein Fall sind, kannst du dir auch (noch einmal) Der Postmann von Michael Radford ansehen. In diesem Film spielt Massimo Troisi einen jungen Briefträger, der kaum lesen und schreiben kann. Er arbeitet auf der Insel, auf der Pablo Neruda im Exil lebt, und schließt schon bald Freundschaft mit dem Schriftsteller. Von diesem lernt er, welche Kraft Worte entfalten können.

Das 4. Haus

ICH EMPFINDE

Das 4. Haus behandelt dein Zuhause und deine innere Stabilität.

Die Himmelstiefe hat ihren Namen nicht ohne Grund: Sie entspricht dem Punkt, der deinem Geburtsort gegenüberliegt, also der Stelle, die am weitesten von dir entfernt liegt. Um ihn zu erreichen, musst du so viel Erdmasse durchqueren wie auf keiner anderen Strecke – wenn du dich durch den Globus graben könntest! In astrologischer Hinsicht entspricht das 4. Haus deiner Herkunft, dem Erbe, das auf dich kommt, deinen Eltern, dem Gedenken an deine Vorfahren, aber auch dem Ort, an dem du deine Kindheit verbracht und deine Erziehung genossen, Werte und Traditionen kennengelernt hast, wo du ein Fundament erhalten und eine kulturelle Prägung erfahren hast. Die Grundlagen, die in deiner Kindheit gelegt wurden, helfen dir im Erwachsenenalter, ein eigenes Heim zu errichten. Dein Geburtshaus und dein Erbe formen dein Zuhause, deine Fähigkeit, dich »zu Hause zu fühlen«, in der Nische deines Nests, das dich gegen äußere Gefahren schützt. Hier liegen die Wurzeln deiner inneren Sicherheit. Sie wirken sich auch auf die Stabilität respektive Labilität deiner Familie aus, auf Ortswechsel und die Einrichtung deines Domizils.

Die Himmelstiefe sagt vor allem etwas darüber aus, wie sicher du dich im Inneren fühlst. Dein privates Leben besteht aus Empfindungen. Was um dich herum errichtet wurde, als du ein Kind warst, hilft dir im Erwachsenenalter, festzulegen, was du selbst errichten willst. Diese für die persönliche Entwicklung grundlegende Erfahrung hat entweder dein Vertrauen in dich selbst und in die Zukunft gefestigt, oder sie hat Ängste geschaffen und ist daher auch in späteren Jahren noch ein Quell der Unruhe.

Was sind Eckhäuser?

Das 1. und das 7. Haus (die eine horizontale Achse bilden, die den Horizont zum Zeitpunkt deiner Geburt repräsentiert) sowie das 4. und das 10. Haus (die eine vertikale Achse bilden), sind sogenannte Eckhäuser.

- Das 1. und das 7. Haus markieren den Aszendenten bzw. den Deszendenten (ich – die anderen).
- Das 4. und das 10. Haus markieren die Himmelstiefe bzw. die Himmelsmitte (woher ich komme – wohin ich gehe).

Diese vier Häuser heißen Eckhäuser, weil sie in den vier »Ecken« des Horoskops stehen (das ist auch geometrisch korrekt, denn in einen Kreis kann man durchaus ein Quadrat zeichnen) und damit vier Bezugspunkte bilden.

Mond und Sonne: Mutter und Vater?

Nach Ansicht der traditionellen Astrologie steht in einem Horoskop der Mond für die Mutter und die Sonne für den Vater. Diese Sichtweise wird der Vielfalt der modernen Familienstrukturen jedoch nicht gerecht: Ein beschützender Vater kann durchaus etwas Mütterliches an sich haben, und eine durchsetzungsfähige Mutter kann beruflich erfolgreich sein. Und auch Patchworkfamilien eröffnen neue Dimensionen der Interpretation dieser beiden Planeten. Auch Schwiegereltern können die Rolle der biologischen Eltern ausfüllen, sowohl in praktischer als auch in emotionaler Hinsicht! Familiäre Bande brauchen keine Blutsverwandtschaft. So sind auch Mond und Sonne als Archetypen zu verstehen.

DAS ZEICHEN IM 4. HAUS

Das Zeichen im 4. Haus (Himmelstiefe) beschreibt deine Wurzeln und deine familiäre Herkunft.

Widder ♈
Übernimmst du bei dir zu Hause gern die Initiative? Bringst du dabei deine Individualität zum Ausdruck? Veränderst du dein Zuhause je nach den Entscheidungen, die du im Leben triffst?

Stier ♉
Bilden Traditionen und Werte die Grundlage für dein Heim? Ist das Haus, in dem du mit deiner Familie wohnst, der einzige Ort, an dem du dich wirklich sicher fühlst? Sind für dich der Kauf eines Hauses und die Gründung einer Familie die tragenden Säulen deiner Existenz?

Zwillinge ♊
Ziehst du geistige Wahlverwandtschaften den Banden der Familie vor? Fühlst du dich dort zu Hause, wo du unter Gleichgesinnten bist, unabhängig vom Ort? Genießt du im Kreis deiner Familie die spielerischen Momente und den intellektuellen Austausch mehr als die emotionalen Augenblicke? Ziehst du oft um?

Krebs ♋
War das Zuhause, in dem du aufgewachsen bist, ein Nest, in dem du vor der Welt geschützt warst? Ist die Zugehörigkeit zu deiner Familie für dich fundamental? Wenn du nicht das Glück hattest, in einem sicheren Zuhause aufzuwachsen – belastet dich das noch immer und fehlt dir dadurch die Orientierung?

Löwe ♌
Bist du in deiner Familie das Oberhaupt? Bist du die kämpferische Löwin, die ihr Rudel verteidigt? Verspürst du ein starkes Bedürfnis nach Anerkennung für das, was du bist und was du in deinem Zuhause leistest?

Jungfrau ♍
Neigst du dazu, in deinem Zuhause anspruchsvoll und pingelig aufzutreten, als könnte nur deine Fähigkeit, Krisen vorauszusehen, seinen Bestand und seine Stabilität sichern? Betrachtest du es eher als zweckdienliches System denn als einen Ort, an dem du loslassen und dir Dinge von der Seele reden kannst?

Waage ♎
Ist dein Zuhause für dich vor allem ein Ort der Ausgewogenheit und der Harmonie? Hätte dein ideales Heim etwas Künstlerisches, Mondänes an sich und stünde allen offen, die einen gepflegten Salonempfang zu schätzen wissen?

Skorpion ♏

Ist dein Zuhause ein Kokon, in dem du deine starken Emotionen ausleben kannst (oder wo die anderen Mitglieder des Haushalts die Leidenschaften, die sie im Inneren hegen, nach außen kehren)? Oder machst du ein gut gehütetes Geheimnis daraus?

Schütze ♐

Verstehst du unter einem Heim weniger ein Haus aus Stein, sondern betrachtest als Familie vielmehr alle, die mit Freude und Freigebigkeit deine Erfahrungen teilen? Stehen deine Türen Neuankömmlingen jederzeit offen? Liegt dein Zuhause im Ausland, oder reist es mit dir?

Steinbock ♑

Findest du, dass du eine strenge und kühle Erziehung genossen hast, die aber auch klar strukturiert war und dich Entschlusskraft gelehrt hat? Möchtest du auf lange Sicht ein stabiles Zuhause errichten?

Wassermann ♒

Wünschst du dir, dass dein Zuhause ein Ort der Solidarität und der Toleranz ist, die Wiege eines Lebensprojekts, zu dem jeder sein Scherflein beiträgt?

Fische ♓

Ist dein Zuhause für dich ein Kokon der Liebe und der ungefilterten Emotionen? Kannst du dich im Erwachsenenalter nur schwer von den Einflüssen des Zuhauses deiner Kindheit lösen?

Wie würdest du in wenigen Worten deine Kindheit und deine Erziehung beschreiben? In was für einem Haus hast du als Kind gelebt? Lebst du heute wieder in so einem Haus oder so einer Wohnung? Welche Art von Erziehung hast du genossen? Würdest du auf diese Weise deine eigenen Kinder erziehen wollen, deine Neffen und Nichten, die Kinder deiner Freunde? Entspricht das Zeichen in deinem 4. Haus der Thematik der Himmelstiefe in deinem Horoskop? Wenn nicht, wo liegen die Differenzen? Notiere deine Gedanken in deinem Astro-Tagebuch auf S. 250.

DIE PLANETEN IM 4. HAUS

Die Planeten im 4. Haus unterstützen dich dabei, ein Gefühl innerer Sicherheit zu entwickeln.

Sonne ☉
Im engeren Familienkreis und im trauten Heim erstrahlt sie in ihrer ganzen Kraft – hier will sie sich entfalten. Ihre Willenskraft und ihre Stärke wollen sich in diesem Haus beweisen und beim Aufbau eines sicheren Zuhauses mithelfen, das eine Basis darstellt, von der aus sie auch in andere Lebensbereiche ausstrahlen kann.

Mond ☽
Er macht sich im Wunsch nach einem schlichten, ruhigen und empfindsamen Familienleben bemerkbar. Womöglich hängt dein Gefühlsleben von deinem Zuhause ab und es geht dir nur gut, wenn auch in deinem Kokon alles in Ordnung ist.

Merkur ☿
Mit seiner Jugendlichkeit bringt Merkur Schwung in dein Zuhause – durch zahlreiche Ortsveränderungen, Umzüge und Projekte. Der Kreis der Familie ist für ihn eine Arena für Diskussionen, Gespräche und manchmal sogar auch Polemik.

Venus ♀
Venus schätzt das Zwischenmenschliche im trauten Heim. Inwieweit du ein harmonisches Leben führst, positive Beziehungen aufbaust und im Erwachsenenalter für dein Wohlergehen sorgen kannst, hängt stark von den Umständen deiner Kindheit ab.

Mars ♂
Er muss seine Kraft zügeln, in diesem passiven Milieu, in dem es um familiäre Wurzeln und die frühe Kindheit geht, ein Alter, in dem man sein Leben noch nicht selbst in die Hand nimmt. Er kann für den Wunsch stehen, die Kindheit in Richtung Reife (10. Haus) zu verlassen, für die Rohheit und die Streitigkeiten, die die Kindheit geprägt haben, oder für die ungebändigte Wucht der Emotionen.

Ceres ⚳
Ihre Verstandeskraft kann sich im häuslichen Leben entfalten, bei baulichen Verbesserungen des Hauses oder in der Organisation des Familienalltags.

Jupiter ♃
Im Kreis der Familie blühst du auf. Du pflegst deine kleine Welt und empfängst mit größter Gastfreundlichkeit deine Verwandten aller Generationen, um gemeinsam etwas zu erleben. Deine Freigebigkeit kennt keine Grenzen, aber weil dir Komfort wichtig ist, bist du womöglich ein wenig materialistisch.

Saturn ♄
Saturn treibt dich dazu an, zu entsagen, um zu wachsen. In diesem Haus wird dein Bedürfnis nach Sicherheit hinterfragt, als müsstest du darauf verzichten,

um wahrhaft zu reifen. Für das Kind, das du einmal warst und das du trotz der Last der Jahre noch immer bist, ist das ein harter Brocken! Auch wenn du glaubst, keine Wurzeln zu haben, kannst du dir ein Heim schaffen, das nur dir gehört.

Uranus ♅
Er will unabhängig und unverwechselbar sein und hasst alle Arten von Zwängen, wie sie das Familienleben oft mit sich bringt. Vielleicht suchst du den Mittelweg zwischen deinem Bedürfnis nach sicherem Grund und dem Streben nach Freiheit.

Neptun ♆
Neptun, der Planet des Austauschs, kann restlos mit der Umgebung deiner Kindheit verschmelzen. Er wird beeinflusst von der Art und Weise, wie diese lange zurückliegende Lebensphase dich geprägt hat.

Pluto ♇
Pluto steckt in einem Dilemma: Er will das wahre Wesen der Dinge erkunden, und zu diesem Zweck gräbt er, falls erforderlich, auch in dunkler Materie. Wenn dir der Kokon der Familie ein Rätsel ist, treibt Pluto dich an, immer weiter zu forschen, auch auf die Gefahr hin, dass du eine Menge Leichen im Keller entdeckst.

Wenn im 4. Haus mehrere Planeten stehen

Wenn mehrere Planeten im 4. Haus stehen, lenken sie dadurch deine Aufmerksamkeit auf dieses Haus. Diese Häufung ist nicht ohne Bedeutung. Sie zeigt an, dass es für dich darum geht, herauszufinden, was »Zuhause« für dich bedeutet, die Verbindung zu deinem inneren Kind aufrechtzuerhalten, aber auch das Gleichgewicht zu finden zwischen den Anforderungen der äußeren Welt, die von dir reifes Verhalten verlangt (10. Haus), und dem Privaten und Häuslichen, der Erinnerung und der familiären Herkunft. Ist dein 4. Haus sehr voll, solltest du deine Familiengeschichte erforschen, die Werte formulieren, die dir als Kind vermittelt wurden, und darüber nachdenken, was Familie für dich bedeutet. Wenn du diese Dinge vernachlässigst, fehlt dir womöglich der feste Boden unter den Füßen und du sehnst dich fortwährend nach Geborgenheit.

Wenn dein 4. Haus keine Planeten enthält, schlag auf S. 121 nach.

 Wenn in deinem 4. Haus Planeten stehen: Was sagen sie in Bezug auf das Thema des Hauses aus? Notiere deine Gedanken in deinem Astro-Tagebuch auf S. 251.

Willst du die Themen des 4. Hauses vertiefen?
Mit diesem Ritual kannst du deinem Haus Schutz verleihen.

Das geht ganz einfach! Nach einem gründlichen Hausputz – negative Energien sammeln sich vor allem im Schmutz und in der Unordnung – kannst du ein paar Blätter Salbei und Lorbeer verbrennen und den Rauch durch das ganze Haus ziehen lassen (achte darauf, dass er wirklich in jede Ecke dringt). So reinigst du dein Zuhause.
Du kannst auch in den Tagen nach Vollmond vor jede Hausöffnung (Fenster, Türschwellen …) eine schmale Salzspur streuen. Verwende dazu ein Papiertütchen, um nicht mit dem Salz in Berührung zu kommen. Kehr eine Woche später die Reste zusammen, die nicht in alle vier Himmelsrichtungen verstreut wurden, und verbrenne sie. Das Salz hat die negativen Energien deines Hauses aufgenommen, und durch dieses Ritual befreist du dich davon.

 Wenn Rituale nicht dein Fall sind, kannst du auch (noch einmal) Little Miss Sunshine von Valerie Faris und Jonathan Dayton ansehen. Der Film erzählt von einer schillernden Familie, deren Mitglieder durch gemeinsame Erlebnisse lernen, füreinander da zu sein, sich gegenseitig zu akzeptieren und zu unterstützen.

Das 5. Haus

ICH LIEBE

Das 5. Haus behandelt dein Genusserleben und deine schöpferische Kraft.

Um die Dynamik des 5. Hauses zu verstehen, müssen wir uns bewusst machen, dass wir die anderen nur lieben können, wenn wir uns selbst lieben. In diesem Haus geht es um alles, was wir aus Liebe tun, also um der Schönheit der Geste willen, weil wir selbst Freude daran haben, oder um denjenigen Freude zu bereiten, die wir lieben.

* **Vergnügen:** Feiern, Spiele, Sport, Liebesabenteuer, die kleinen Freuden des Alltags, Wohlbefinden, Reiseerlebnisse, Vorfreude, die ein Kribbeln und eine Adrenalinflut auslöst, Haustiere sowie alles Materielle, Künstlerische, Gefühlsmäßige und Sexuelle, was Spaß macht. Im 5. Haus geht es richtig rund!
* **Kreativität:** künstlerische Auffassungen und originelle intellektuelle Anregungen, die dich faszinieren und dir unvergleichliche Freude bereiten. Du nutzt dein künstlerisches Potenzial, lässt es sich entfalten und gehst damit auf die Bühne der Öffentlichkeit. Hier geht es um deine Werke, deine Projekte und deine persönlichen Ziele, deine Erfolge und die Erfüllung, die du darin findest.
* **Fortpflanzung:** Für Kinder entscheiden wir uns oft aus Liebe zu unserem Partner. Das Vorhaben, sich fortzupflanzen – in der Gewissheit, dass man seinem

Nachwuchs die Liebe geben wird, die er braucht –, erfordert die Bereitschaft, eine Verpflichtung einzugehen, sowie das Vertrauen in sich selbst, dass man dieser Aufgabe gewachsen ist. Wer dieses Abenteuer eingehen will, muss mit dem eigenen Leben und Genusserleben zufrieden sein, mit sich selbst und dem Partner, und muss zuversichtlich sein, seinen Kindern ausreichend Liebe und eine gute Erziehung schenken zu können.

Das 5. Haus beschreibt deinen Drang, mit Freude schöpferisch tätig zu sein, mit deinen Talenten zu spielen und dein unerschöpfliches kreatives Potenzial zu nutzen, um wunderbare Werke zu schaffen, mit denen du an die Öffentlichkeit gehen kannst.

Außerdem geht es darum, wie du durch Anerkennung für deine Kreativität an Selbstachtung gewinnst, wie du dich behauptest, dich selbst verwirklichst und dein Renommee aufbaust, wie deine Kreativität dich befähigt zu lieben, sowie um die affektive Stabilität deiner Beziehungen zu anderen.

Wenn in deinem 5. Haus keine Planeten stehen

Das bedeutet nicht, dass du nie Kinder haben oder künstlerisch tätig sein wirst. Ein leeres Haus ist nur auf den ersten Blick unbewohnt … In so einem Fall hängt das Geschehen in dem Haus von dem Planeten ab, der es beherrscht. Außerdem ist »Kreativität« ein sehr weiter Begriff, der an vielen Stellen des Horoskops von Bedeutung ist. Achte auf den Mond, Jupiter und die Sonne sowie auf die Zeichen und Häuser, in denen sie stehen. Also keine Sorge – auch wenn dein 5. Haus leer ist, kannst du davon träumen, ein zehnbändiges Epos zu schreiben und drei Kinder zu haben!

DAS ZEICHEN IM 5. HAUS

Das Zeichen im 5. Haus beschreibt, was du erschaffen und hervorbringen willst.

Widder

Bist du schlagartig begeistert und verlierst dann schnell wieder die Lust? Verliebst du dich ernsthaft, und lassen deine Gefühle dann rasch wieder nach? Fängst du oft Beziehungen an, die dann jedoch nicht von Dauer sind?

→ Such dir eine Freizeitbeschäftigung, die sportlicher Natur ist (etwa Laufen oder Kampfsport) oder unternehmerischer (etwa ein Hobby, das möglicherweise nach einer Weile zu einer Firmengründung führt).

Stier ♉

Schätzt du dauerhafte und treue Liebesbeziehungen und bist dabei manchmal eifersüchtig und besitzergreifend? Lebst du deine Sinnlichkeit ungezwungen aus?
→ Such dir eine Freizeitbeschäftigung, die mit Gaumenfreuden zu tun hat (Kochen, Gastronomie), die eine Verbindung zur Natur hat (Floristik) oder besonders die Sinne anspricht (wie etwa Tanzen).

Zwillinge ♊

Fürchtest du die Macht der Gefühle (die du als störend empfindest), fühlst dich aber wohl bei spielerischer Verführung, die humorvoll, listig und ungezwungen ist?
→ Such dir eine Freizeitbeschäftigung, die mit Schreiben zu tun hat (Blog, Romane, Artikel) oder mit der Erfindung von Gesellschaftsspielen.

Krebs ♋

Fühlst du dich dann besonders sicher, wenn du in trauter und geschützter Umgebung deine Gefühle zum Ausdruck bringen kannst?
→ Such dir eine Freizeitbeschäftigung, die die Vorstellungskraft beschäftigt (Zeichnen, Geschichtenerzählen), die mit Familienküche zu tun hat (Rezepte für Kinder) oder mit einem jungen Publikum (Kindertheater oder Kinderbücher).

Löwe ♌

Bist du in der Liebe mit Hochgefühl, Leidenschaft und Feuer bei der Sache? Verführst und imponierst du gerne, um von den Objekten deiner Begierde bewundert zu werden?
→ Such dir eine Freizeitbeschäftigung, die mit Inszenieren zu tun hat, etwa im Theater oder beim Film.

Jungfrau ♍

Kümmerst du dich zwar um die Menschen, die du liebst, krittelst aber dennoch oft an ihnen herum? Fällt es dir schwer, ihnen deine Liebe zu zeigen?
→ Such dir eine Freizeitbeschäftigung, die mit Pflanzen zu tun hat (Züchten von Kräutern, Lebensmittelanbau) oder mit Gesundheit (Yoga, Pilates …).

Waage ♎

Hast du zahlreiche Liebschaften, die allesamt harmonisch sind?
→ Such dir eine Freizeitbeschäftigung, die mit Schönheit zu tun hat (Kosmetik), mit Kunst (Malerei, Tanz, Musik …) oder mit sozialem Austausch (sozialen Netzwerken).

Skorpion ♏

Bist du immer mit ganzem Herzen bei der Sache? Stürzt du dich voll und ganz hinein, wenn dich etwas packt?

→ Such dir eine Freizeitbeschäftigung, die mit Psychologie zu tun hat, mit dem Fremdartigen (Esoterik, Gothic-Ästhetik, Podcasts oder Serien über Kriminalfälle ...) oder bei der du einfach nur nach Lust und Laune schöpferisch tätig sein kannst.

Schütze ♐

Hast du mehrere Liebschaften? Wird dein Streben nach Unabhängigkeit und deine Angst zu ersticken von der Sehnsucht nach intensivem Erleben begleitet?

→ Such dir eine Freizeitbeschäftigung, die mit Reisen zu tun hat (Fotografie, Reiseblog) oder mit Philosophie (Blog über ein Thema, das dir am Herzen liegt).

Steinbock ♑

Bist du zurückhaltend und widmest dich nur solchen Menschen, zu denen du ein tiefes Vertrauen hast, das über lange Zeit gewachsen ist und sich gefestigt hat?

→ Such dir eine Freizeitbeschäftigung in der Politik (in einer Aktivistengruppe) oder im bürgerschaftlichen Engagement (in einem Verein in deinem Stadtviertel).

Wassermann ♒

Neigst du dazu, deine Gefühle zu intellektualisieren? Wandelt sich deine Zuneigung oft schlagartig?

→ Such dir eine Freizeitbeschäftigung, die mit Vereinsarbeit zu tun hat (als Freiwilliger für eine Sache, die dir am Herzen liegt), mit Erfindungsreichtum (Heimwerken, Suche nach innovativen Lösungen, auch in der Informatik) oder mit deinen Interessen, die sicher sehr speziell sind!

Fische ♓

Bist du schwärmerisch und lässt dich von der Liebe eher mitreißen als selbst die Richtung zu bestimmen?

→ Such dir eine Freizeitbeschäftigung, die mit Meditation zu tun hat (die du dann regelmäßig praktizierst) oder mit Musik (einer Heilquelle für die Seele).

Wie gehst du mit deiner schöpferischen Kraft um? Welche Bedeutung haben deine Hobbys für dich? Wünschst du dir Kinder, und wenn ja, wie denkst du darüber, Nachwuchs zu haben? Möchtest du eigene Kinder oder Adoptivkinder? Was willst du deinen Kindern mitgeben? Entspricht das Zeichen in deinem 5. Haus der Thematik des Hauses? Notiere deine Gedanken in deinem Astro-Tagebuch auf S. 250.

DIE PLANETEN IM 5. HAUS

Die Planeten im 5. Haus helfen dir, all das zu tun, was dir Freude bereitet.

Sonne
Im 5. Haus strahlt die Sonne über deinen Werken und deiner Liebe! Hier herrschen ein starker kreativer Drang sowie die Sehnsucht, zu lieben und geliebt zu werden. Durch deine natürliche Anziehungskraft inspirierst du die anderen und erfährst Bewunderung. Kinder zu unterrichten, liegt genau auf dieser Linie. Dabei gibst du dein Wissen weiter, teilst deine Leidenschaften und kannst selbst als Person wachsen.
➜ Die Sonne steht für das Ego, also bist du vielleicht zu sehr auf dich selbst fokussiert. Denk daran, dass auch eine gezähmte Sonne die anderen mit ihrer Strahlkraft erhellt. Zeig aufrichtiges Interesse an den anderen, um nicht in Narzissmus und Überheblichkeit zu verfallen.

Mond ☽
Seine Einbildungskraft und seine Emotionalität prägen die Sehnsucht, schöpferisch tätig zu sein und zu lieben. Dadurch werden deine Kreativität angeregt, deine Verführungskünste, deine Lust am Romantischen und an Vergnügungen. Wie die Sonne fühlt sich auch der Mond im 5. Haus bei Kindern ganz in seinem Element.
➜ Der Mond steigert die Emotionalität, was zu Maßlosigkeit führen kann. Wenn du nur schwer zu innerem Gleichgewicht findest, verarbeite deine Gefühle auf künstlerische Art, z. B. auf der Theaterbühne, damit du dein Umfeld nicht zu oft auf eine Achterbahnfahrt deiner Empfindsamkeit mitnimmst.

Merkur
Der Planet des Geistes und der Vernunft steht im Haus der Leidenschaften und bildet dadurch eine Brücke zwischen Herz und Verstand. Das Haus der Liebe profitiert von seiner Neugier, seiner Lust am Entdecken, seinen Scherzen, seiner Lust am Spiel (Wortspiele, Gesellschaftsspiele) und seinem unbeschwerten Umgang mit der Welt.
➜ Hüte dich davor, Beziehungen nicht ernst genug zu nehmen, denn es kann sich rächen, wenn man mit der Liebe spielt. Eine neue Freundschaft oder eine neue Liebe ist keine Schachfigur; eine echte Beziehung kann man nicht wie ein Kartenhaus vom Tisch wischen. Leb deine Leichtigkeit und deine Neugier lieber in deiner literarischen oder künstlerischen Tätigkeit aus.

Venus
Für den Planeten, der nach Verbundenheit strebt, ist dieses Haus wie maßgeschneidert. Zweifelsohne erlebst du deine Liebesangelegenheiten mit intensiver emotionaler Beteiligung und widmest deinem Gegenüber deine ganze Aufmerksamkeit.

→ Venus sucht die affektive Bindung zur Welt. Daher kann sie sich von den anderen abhängig fühlen, von denen sie erwartet, dass sie ihr ein Gefühl des Friedens, der Harmonie und der Ausgeglichenheit verschaffen. Wenn du damit Schwierigkeiten hast, konzentrier dich auf Tätigkeiten, die dich erfüllen; ob es dir gut geht und du dich frei fühlst, braucht nicht von deinen Liebesgeschichten abzuhängen.

Mars ♂

Seine Kraft und seine Spontaneität gehen ganz im Spiel und in der Liebe auf. Sport steht hier ganz oben, ebenso wie Wettbewerbe, Rennläufe und sexuelle Aktivität.

→ Mars trägt jedoch auch ein gut Teil Aggressivität in sich. Achte darauf, sie nicht gegen Menschen zu richten, die du liebst; das könnte zu mehr Brüchen und Trennungen führen, als dir lieb ist.

Ceres ⚳

Der Planet des Wettstreits stellt sich in den Dienst dessen, was er liebt (und derer, die er liebt). Taten zählen mehr als Absichtserklärungen! Wie die Sonne, der Mond, Merkur und Jupiter fühlt Ceres sich in diesem Haus bei Kindern wohl. Erst weckt sie in ihnen Bewunderung, Zuneigung und Interesse, dann strebt sie auch nach ihrer Anerkennung, denn sie nimmt die Erziehung und das Wohlergehen der Kinder sehr ernst.

→ Wenn du ein wenig an deinem Verhalten feilst, kannst du viel gewinnen. Taten sind wichtiger als Worte, und wenn du hin und wieder deine Zuneigung zeigst, kannst du so manches vermitteln, was sonst unausgesprochen bliebe.

Jupiter ♃

Der Planet der Expansion geht auf dem Gebiet der Liebe und des Schöpferischen mit Freude ans Werk. Sein Streben nach sozialer Anerkennung lässt dich aufblühen. Er stellt seine Beredsamkeit, seine Ausstrahlung und seine Energie in den Dienst deines Werkes. Du willst den Kindern Werte vermitteln und ihnen Orientierung geben (daher ist diese Position förderlich für gelungenen Schulunterricht). Jupiter steht auch für das Vertrauen in das Schicksal; hier könnte er aber auch zu Größenwahn neigen.

→ In seinem Expansionsdrang könnte Jupiter dich dazu treiben, dich in mehr Liebesabenteuer und Projekte zu stürzen, als du im Griff haben kannst, oder er bringt dich durch seine Lust am Glücksspiel dazu, dein Vermögen zu verschleudern. Nutze seine Anziehungskraft und hüte dich vor Auswüchsen.

Saturn ♄

Im Haus der Liebe und der schöpferischen Kraft bremst Saturns Schwere den Schwung auf diesen Gebieten. Plagst du dich mit dem tragischen Gefühl, dich nie genug um deine Liebsten zu kümmern? Suchst du so sehr nach

Schutz, dass du dich andauernd verteidigst? Enden deine künstlerischen Vorhaben in Frust? Findest du deine Werke minderwertig, anstatt einen berechtigten Stolz zu verspüren?

➡ Wenn Saturn dich blockiert, hast du die Aufgabe, ihn zu überwinden. Vergiss nicht: Deine Meinung von dir selbst ist subjektiv. Mit uns selbst gehen wir immer härter ins Gericht als mit anderen. Doch man kann an seiner Selbstachtung arbeiten, und man kann sein eigener Verbündeter sein, ohne anmaßend zu werden. Von anderen wird man nur dann Liebe und Anerkennung erfahren, wenn man sich (zumindest ein wenig) selbst liebt und anerkennt. Wer sich selbst fortwährend abkanzelt, bleibt letztlich nur auf sich selbst fokussiert. Wenn du dich auf die Freude konzentrierst, die kreative Tätigkeit hervorrufen kann, und die Blicke der anderen auf dein Werk ignorierst, überwindest du dieses Hindernis und erreichst deine Ziele.

Uranus ⛢
Der Planet der Unabhängigkeit ermuntert dich dazu, dich ohne Einschränkungen auszudrücken, auch wenn deine Inspiration schwankt und dich so blitzartig wieder verlässt, wie sie dich zuvor überflutet hat. Uranus kann auch für ein Sichverlieben auf den ersten Blick stehen, diese plötzliche und oft flüchtige Aufwallung des Herzens.

➡ Eine leidenschaftliche Liebe muss nicht unbedingt deine Unabhängigkeit bedrohen. Du kannst dir durchaus deine Freiheit bewahren, ohne dich dabei aufzureiben. Brich die Regeln, liebe und schaffe unkonventionell! Dadurch vermeidest du Erschöpfung durch häufige Trennungen, die übermäßig viel Kraft kosten.

Neptun ♆
Neptun ist schwer zu fassen, denn auf der Suche nach allumfassender Liebe unterscheidet er nicht immer zwischen der Hingabe an jedermann und der Liebe zu einer einzelnen Person. Losgelöst von der Wirklichkeit und bereit, alles zu vergeben und zu akzeptieren, gerät er bei der Suche nach dem Absoluten womöglich in die Irre …

➡ Bedenke den Unterschied zwischen »jeden lieben« und »jemanden lieben«. Die wundersame Entrücktheit, die man im Zustand des Verliebtseins empfindet, braucht ein Mindestmaß an Unterscheidungsvermögen; die Entscheidung für eine bestimmte Seele kann bestimmten persönlichen Sehnsüchten entsprechen.

Pluto ♇
Mit seinem Gefühl der Unzufriedenheit und dem Geist der Revolte zerstört Pluto das, was überholt ist. Womöglich lässt du dich in deinem Schaffen, also deinem kindlichen Drang, von deiner Wut, deiner Abscheu, deinen Ängsten oder

der Ablehnung dessen leiten, was du nicht mehr willst. Von außen betrachtet ist das eine seltsame Art und Weise, zu lieben und sich selbst auszudrücken – Vorgänge, die doch eigentlich von Freude durchdrungen sind. Gleichwohl ist das Wirken Plutos befreiend und verschafft dir Zugang zu deinem schöpferischen Potenzial und deiner Widerstandskraft.

➡ In Pluto wirken selbstzerstörerische Kräfte, und er steht für das Dunkle in dir. Denk daran, dass es etwas anderes ist, mit der Vergangenheit aufzuräumen, um mit neuen Kräften noch einmal von vorn anzufangen, als sich aus purer Lust an der Zerstörung selbst aufzulösen.

Wenn im 5. Haus mehrere Planeten stehen

Wenn mehrere Planeten im 5. Haus stehen, lenken sie dadurch deine Aufmerksamkeit auf dieses Haus. Diese Häufung ist nicht ohne Bedeutung. Sie zeigt an, dass es für dich darum geht, auf den Gebieten des Schöpferischen, der Liebe und der Leidenschaften die Entfaltung zu suchen. Für dich ist von fundamentaler Bedeutung, dass du liebst, was du tust, und dass du tust, was du liebst. Deine Leidenschaften (deine künstlerische Tätigkeit, der Wunsch nach Kindern ...) spielen in deinem Leben eine wichtige Rolle. Freude und Ausgelassenheit sind die Quellen, aus denen du Kraft schöpfst. Lass ihnen eine angemessene Wertschätzung zukommen.

Wenn dein 5. Haus keine Planeten enthält, schlag auf S. 121 nach.

Wenn in deinem 5. Haus Planeten stehen: Was sagen sie in Bezug auf das Thema des Hauses aus? Notiere deine Gedanken in deinem Astro-Tagebuch auf S. 251.

Willst du die Themen des 5. Hauses vertiefen?
Mit diesem Ritual kannst du deine Leidenschaften und Liebesgefühle wieder ins Gleichgewicht bringen.

Die Liebe wurde unzählige Male beschrieben und besungen. Sie ist eine höhere, unerklärliche Macht, die uns Flügel verleihen, aber auch erdrücken kann. Wenn du ein Missverhältnis verspürst zwischen den wohligen Gefühlen, die du einem Menschen entgegenbringst, und der Besessenheit, die dich im Griff hat, oder wenn du Schwierigkeiten hast, eine erfüllte Sexualität zu leben, die nicht alles mit sich reißt und deine Kreativität beeinträchtigt, kann dir dieses Ritual möglicherweise helfen. Besorg dir ein Stück Eisentongranat (Almandin). Dieses Mineral regt die Tätigkeit der Nebennieren an (die Hormone wie Adrenalin und Kortisol bilden und in die Blutbahn abgeben), ohne den Organismus zu sehr zu belasten. Setz dich, halt den Stein in der Hand und entspann dich. Denk an den Menschen, der so widersprüchliche Emotionen in dir hervorruft, und folge dann dem Fluss deiner Gefühle und sinnlichen Empfindungen. Ermittle, in welchen Körperregionen du ihn spürst und in welcher Weise (Ziehen, Muskelkontraktionen, schneller Blutfluss, höherer Puls ...), und beruhige diese Regungen. Stell dir dann den Zustand des Friedens und der Harmonie vor, den du dir für deinen Alltag wünschst. Stimmen deine Gefühle mit deinem Streben nach Ausgeglichenheit überein? Je öfter du dieses Ritual pflegst, desto mehr wirst du sie in Einklang bringen. Nur Mut!

Nach der Anwendung brauchst du den Stein nicht zu reinigen; dadurch würde er nur seine Kraft verlieren.

 Wenn Rituale nicht dein Fall sind, kannst du dir auch (noch einmal) Shakespeare in Love *von John Madden ansehen. Der Film zeigt, wie der große Dramatiker in leidenschaftlicher Liebe entbrennt und dadurch zu seinem berühmten Stück* Romeo und Julia *angeregt wird.*

Das 6. Haus

ICH DIENE

Das 6. Haus behandelt das Dienen, die lästigen Pflichten und die Gesundheit.

Im 6. Haus geht es um die Aufgaben, die dir durch dein Potenzial, deine Begabung und deine Eigenschaften zukommen. Vom 1. bis zum 5. Haus hast du Potenzial, Eigenschaften, geistige Kraft und Vorstellungskraft angesammelt; jetzt geht es darum herauszufinden, wem oder welchen Zwecken du mit deinem Handeln nutzen kannst. Außerdem geht es um die Einsicht, dass der persönliche Raum Grenzen hat – um sich nützlich zu machen, muss man bereit sein, sich Zwängen zu unterwerfen (durch Zeitpläne, organisatorische Strukturen und Arbeit im Team, bei Aufgaben, die undankbar, aber notwendig sind, und durch die Bereitschaft durchzuhalten). Das 6. Haus behandelt also folgende Punkte:

* **Der Rahmen, in dem du dich nützlich machen kannst.** Bei Familienmitgliedern, die Unterstützung brauchen? In einem Sportverein, in dem du ehrenamtlich mitwirkst? Bei Jugendlichen, die Fragen zur Verhütung haben? Indem du als Köchin in einer Essensausgabe für Bedürftige leckere Speisen zubereitest? Im 6. Haus wird Arbeit unter sozialen Gesichtspunkten betrachtet. Was könntest du deinem Umfeld Gutes tun?

- **Der Pulsschlag deines Denkens.** Wir alle organisieren uns unterschiedlich und haben einen eigenen Energiehaushalt und ein individuelles Bedürfnis nach Ruhepausen. Ist deine Zeit durchgetaktet oder gehst du flexibel mit ihr um und verschaffst dir dadurch Freiräume? Analysierst du alles bis in kleinste Detail oder schweifst du leicht ab? Ist dein Kalender voll oder lässt du dich treiben? All das sagt indirekt auch etwas über deine Gesundheit aus; je nach Lebensrhythmus und Umfang deiner Aktivitäten können körperliche Beschwerden die Folge sein (Alkoholmissbrauch, Allergien …).
- **Deine Lebensweise.** Ernährung, Sport, oder die Rücksichten, die du aufgrund einer chronischen Krankheit nehmen musst. Der Körper ist die Grundlage für geistige Tätigkeit und Vitalität. Wie kannst du ihn am besten stärken? Das 6. Haus gibt Auskunft darüber, wie du deine Energie aufrechterhalten kannst, sowie darüber, was Ernährung für dich bedeutet und wie du sie im Alltag gestaltest.
- **Erfordernisse und Pflichten des Alltags.** Dienen hat auch etwas Undankbares, weil wir dabei unseren eigenen Willen zurückstellen müssen. Um Platz zum Spielen zu haben, muss man vorher nun mal sein Zimmer aufräumen … Das 6. Haus beschreibt die Pflichten, die als zumutbar angesehen werden, auch wenn sie lästig sind.
- **Deine Auffassung von Pflicht und Dienen.** Deine persönlichen Fähigkeiten, die du nutzt, um anderen zu helfen, sowie Fähigkeiten, Kompetenzen und Pflichtgefühl, die du bei Kolleginnen oder Mitarbeitern entdeckst.

DAS ZEICHEN IM 6. HAUS

Das Zeichen im 6. Haus beschreibt den Inhalt deiner Arbeit, die Art und Weise, wie du dich im Alltag, insbesondere im Beruf, organisierst und wie du durch deine Lebensweise dein körperliches und geistiges Wohlergehen aufrechterhältst.

Widder ♈

Willst du dich oft in neue Aufgaben stürzen, bevor du die alten erledigt hast? Hast du das Gefühl, manchmal in Hyperaktivität zu verfallen? Neigst du dazu, zu essen ohne zu genießen, und Mahlzeiten ausfallen zu lassen?

➡ Auf körperlicher Ebene entsprechen dem Widder der Schädel und das Gesicht. Widme ihnen besondere Aufmerksamkeit.

Stier ♉

Erfüllen dich die Aufgaben des Alltags mit Beständigkeit und Beharrlichkeit? Ist es dir wichtig, den Tagesablauf durch Mahlzeiten zu strukturieren?
➡ Auf körperlicher Ebene entsprechen dem Stier der Mund und der Rachen. Widme ihnen besondere Aufmerksamkeit.

Zwillinge ♊

Bist du ständig mit irgendetwas beschäftigt und verabscheust Routinen? Sind dir leichte Mahlzeiten, die rasch zubereitet und verzehrt sind, am liebsten?
➡ Auf körperlicher Ebene entsprechen den Zwillingen die Hände und die Lungen. Widme ihnen besondere Aufmerksamkeit.

Krebs ♋

Richtet sich deine Zeiteinteilung nach deinen Verpflichtungen im Haushalt? Sind dir die Mahlzeiten im Kreis der Familie, bei denen du Kraft tankst, heilig? Hängt dein Appetit von deinen Stimmungen ab?
➡ Auf körperlicher Ebene entsprechen dem Krebs der Magen, der Uterus und die Bauchregion. Widme ihnen besondere Aufmerksamkeit.

Löwe ♌

Stürzt du dich mit Schwung in die Aufgaben des Tages und hast den Ehrgeiz, dich von Zwängen zu befreien? Hängt dein Appetit von deinen Erfolgen ab?
➡ Auf körperlicher Ebene entsprechen dem Löwen das Gehirn und das Herz. Widme ihnen besondere Aufmerksamkeit.

Jungfrau ♍

Denkst du methodisch und vorausschauend, um deinen Alltag optimal zu organisieren? Achtest du peinlich genau auf deine Ernährung (Menge, Qualität der Produkte ...)?
➡ Auf körperlicher Ebene entsprechen der Jungfrau die inneren Organe. Widme ihnen besondere Aufmerksamkeit.

Waage ♎

Hängt die Struktur deines Alltags von anderen Menschen ab, von Begegnungen und deinem sozialen und beruflichen Leben? Richtest du dich bei den Mahlzeiten bereitwillig nach deinen Tischgenossen? Lässt du manchmal Mahlzeiten ausfallen, bei denen du allein wärst, weil dir Essen nicht an sich wichtig ist, sondern weil für dich Begegnungen, Gespräche und Geselligkeit wesentlich dazugehören?
➡ Auf körperlicher Ebene entsprechen der Waage die Nieren, die Blase und alles, was mit Gleichgewicht zu tun hat (Hormonhaushalt, ph-Wert in bestimmten Körperregionen ...). Widme ihnen besondere Aufmerksamkeit.

Skorpion ♏

Bringst du Lebendigkeit in deinen Alltag, indem du deine Emotionen auslebst? Neigst du dabei zur Übertreibung? Hast du auf deinem Teller am liebsten ungewöhnliche, seltene oder kräftig gewürzte Gerichte?

➡ Auf körperlicher Ebene entsprechen dem Skorpion das Kreuzbein, der Enddarm und die Genitalien. Widme ihnen besondere Aufmerksamkeit.

Schütze ♐

Kennst du in deinem Alltag weder Routinen noch Gewohnheiten? Empfindest du normale Ernährung als fade und schwelgst lieber in exquisiten Köstlichkeiten?

➡ Auf körperlicher Ebene entsprechen dem Schützen die Leber und die Beine. Widme ihnen besondere Aufmerksamkeit.

Steinbock ♑

Gehst du an die Aufgaben des Alltags nüchtern, ruhig und diszipliniert heran? Ist Ernährung für dich eher Treibstoff für den Körper als eine Quelle der Lust?

➡ Auf körperlicher Ebene entsprechen dem Steinbock die Zähne, die Knochen und die Knie. Widme ihnen besondere Aufmerksamkeit.

Wassermann ♒

Lebst du im Alltag deine Kreativität aus und bist du ständig mit mehreren Projekten beschäftigt? Würdest du sagen, dass die Art deiner Mahlzeiten deiner Lebensweise entspricht (vegetarische Ernährung aus ökologischen oder ethischen Gründen, schnell eingenommene Mahlzeiten, wenn die Arbeit dir nicht viel Zeit lässt …)?

➡ Auf körperlicher Ebene entspricht dem Wassermann der Blutkreislauf. Widme ihm besondere Aufmerksamkeit.

Fische ♓

Hängt dein Alltagsleben von deinen seelischen Zuständen ab? Isst du nur, um das Überleben in deiner körperlichen Hülle zu sichern?

➡ Auf körperlicher Ebene entsprechen den Fischen die Füße. Widme ihnen besondere Aufmerksamkeit.

Wie würdest du deine Lebensweise beschreiben? Sorgst du ausreichend für dich selbst? Hilfst du anderen Menschen gerne, auch wenn du dafür Zeit und Energie aufwenden musst? Entspricht das Zeichen in deinem 6. Haus der Thematik des Hauses? Wenn nicht, wo liegen die Differenzen? Notiere deine Gedanken in deinem Astro-Tagebuch auf S. 250.

DIE PLANETEN IM 6. HAUS

Die Planeten im 6. Haus unterstützen dich dabei, dich in der Gesellschaft nützlich zu machen.

Sonne ☉
Im 6. Haus erhellt die Sonne das Feld des gesellschaftlichen Nutzens, der täglichen Arbeit und der Pflichterfüllung. Sie ist gründlich und perfektionistisch, und ihr Ansporn sind die Dankbarkeit der anderen sowie die stille Zufriedenheit mit der eigenen Arbeit.
- ➜ Wenn du (berechtigterweise) stolz darauf bist, dass du einen Beruf von sozialer Bedeutung ausübst, bedenke, dass nicht dein Ego den Anstoß hierzu gibt. Vielmehr geht es darum, anderen zu Diensten sein, die davon profitieren.

Mond ☽
Deine Emotionen verschmelzen mit dem Gefühl, sich nützlich zu machen. Das kann zu Beklommenheit führen, denn deine Selbstsicherheit hängt davon ab, ob du mit der Hilfe, die du anderen leistest, zufrieden bist.
- ➜ Etablier in deinem Alltag Rituale, die dir Halt verschaffen. Mach dir eine Tasse deines Lieblingstees, bevor du mit der Arbeit beginnst, geh jede Woche zum Sport, der dir so guttut, notiere deine Gedanken in einem Tagebuch …

Merkur ☿
Die Tätigkeiten des Alltags sind vom Denken beherrscht. Merkur widmet sich lieber intellektuellen Herausforderungen als manuellen Arbeiten und nimmt gern die Rolle des Assistenten oder des Beraters ein, etwa in einem Verein oder einer Kanzlei.
- ➜ Womöglich macht dir vor allem deine Nervosität zu schaffen. Nimm dir mehrmals täglich ein paar Minuten Zeit, um bewusst Bauchatmung zu üben. Solche Auszeiten sind wichtiger als Kaffeepausen.

Venus ♀
Pflichtgefühl und Empfindung sind nur schwer zu trennen. Du verspürst das starke Bedürfnis, etwas zu tun, das du wirklich liebst, und wenn das nicht der Fall ist, leidet deine Leistung oft spürbar. Venus bringt ihren Sinn für das Wohltuende in die Tätigkeiten des Alltags ein. Wo sie sich wohlfühlt, geht ihr alles leicht von der Hand.
- ➜ Achte auf eine angenehme Gestaltung deines Arbeitsplatzes und sorg dafür, dass er gemütlich ist. Dadurch wirst du auf jeden Fall bessere Arbeit leisten.

Mars ♂

Mars stellt seine Kraft mit Elan und Begeisterung in den Dienst der anderen (vor allem im Beruf). Seine Aggressivität könnte dich jedoch in Schwierigkeiten bringen, insbesondere im Umgang mit Kollegen.

➡ Wenn an deinem Arbeitsplatz Konflikte auftreten, wäre es am besten, die Wut und die Kampfeslust in Handlungen zu lenken von denen das ganze Team profitiert – etwa, indem du gemeinsame Sache machst, um Forderungen durchzusetzen, die euch als Gruppe zum Nutzen gereichen –, oder die Aggressivität einzusetzen, um deine Ergebnisse zu verbessern.

Ceres ⚳

Auf dem Gebiet des Dienens regieren Verstand und logisches Denken. Nur wenn du etwas Konkretes tust, fühlst du dich nützlich. Wenn es nicht zu deinem Beruf gehört, anderen zu helfen, könntest du dich ehrenamtlich engagieren: in einer Essensausgabe für Bedürftige, bei der Sammlung von Nahrungsmitteln oder Medikamenten …

➡ Wenn du dazu neigst, dich in der Arbeit zu verlieren, versuch, dir einmal in der Woche etwas Gutes zu tun: geh ins Kino, zur Kosmetik, halte Siesta, gönn dir ein Abendessen in deinem Lieblingsrestaurant …

Jupiter ♃

Der Planet der Selbstverwirklichung wirkt hier auf einem Gebiet, das Einschränkungen und damit eine gewisse Selbstaufopferung verlangt. Er bringt sich auf umsichtigere und klügere Weise ein als sonst, was bei dir aber zu einem plötzlichen Heißhunger auf Arbeit führen kann.

➡ Wenn du nicht von der Arbeit lassen kannst, versuch, deinen Tagesablauf zu ordnen, sodass auch Platz für Pausen ist, für Momente der Ruhe, für Sport sowie für ausgewogene Mahlzeiten zu festen Uhrzeiten.

Saturn ♄

Der strenge Saturn verhindert, dass du dich bei der Arbeit wohlfühlst. Du bist mit großem Eifer bei der Sache und verlangst dir das Äußerste ab, aus Angst, der Aufgabe nicht gewachsen zu sein, Fehler zu begehen und zu versagen.

➡ Wenn du frustriert bist, weil du das Gefühl hast, zu nichts nutze zu sein, bedenke, dass nur du selbst wirklich ermessen kannst, wie wertvoll deine Bemühungen sind. Und wenn du deine Arbeit kritisch siehst, dann bist du sicher zu mehr in der Lage, als du glaubst!

Uranus ♅

Möglicherweise kannst du dich nur dann nützlich fühlen, wenn du ausgefallene Dinge tust oder zu ungewöhnlichen oder unregelmäßigen Uhrzeiten arbeitest.

→ Wenn du keine Stelle findest, die eine solche Flexibilität ermöglicht, überleg dir, dich selbstständig zu machen. Dann musst du dich nicht bestehenden Strukturen anpassen, in denen du das Gefühl hast zu ersticken.

Neptun ♆
Dieser Planet stellt sich in den Dienst aller Menschen, indem er sich auf dem Gebiet des Alltäglichen engagiert. Womöglich besteht dein Beruf darin, die Ärmsten der Armen finanziell zu unterstützen, oder du wärst gern therapeutisch tätig, etwa in der alternativen Medizin. Allerdings ist Neptun kein Freund von Disziplin und methodischem Vorgehen – bei ihm geht es ungeregelt und spontan zu!

→ Wenn du chronisch schlecht organisiert bist, schare Menschen um dich, die dir die logistische Seite deiner Tätigkeit abnehmen.

Pluto ♇
Pluto räumt mit schlechten Gewohnheiten auf. Möglicherweise erfahren dein Tagesablauf, deine Pflichten, deine Aufgaben und deine Routinen im Lauf der Jahre zahlreiche Veränderungen. Je nachdem, wie sehr du dazu neigst, dich neu zu erfinden, und wie sehr dir Ordnungsmuster, die du in früheren Lebensphasen etabliert hast, auf die Nerven gehen.

→ Hör auf deine Intuition, damit du nicht weiter an überflüssigen Gewohnheiten festhältst, die dir die Laune verderben.

Wenn im 6. Haus mehrere Planeten stehen

Wenn mehrere Planeten im 6. Haus stehen, lenken sie dadurch deine Aufmerksamkeit auf dieses Haus. Diese Häufung ist nicht ohne Bedeutung. Sie zeigt an, dass es für dich darum geht, herauszufinden, wie du dich in der Gesellschaft nützlich machen kannst, und dich gut zu organisieren, damit dir die Zwänge des Alltags nicht mehr Lasten als Nutzen bringen. Wer gut organisiert ist, kann seine Kräfte besser nutzen und das Beste aus sich herausholen. Am vielversprechendsten ist hier ein ganzheitlicher Ansatz: Ernährungsweise, Schlaf, Bewegung, Arbeit, der allgemeine Lebensrhythmus – all das wirkt sich auf die seelische und körperliche Gesundheit aus. Betrachte jede dieser Komponenten für sich, behalt dabei aber im Blick, dass sie alle einander beeinflussen.

Wenn dein 6. Haus keine Planeten enthält, schlag auf S. 121 nach.

✏️ *Wenn in deinem 6. Haus Planeten stehen: Was sagen sie in Bezug auf das Thema des Hauses aus? Notiere deine Gedanken in deinem Astro-Tagebuch auf S. 251.*

🌙

**Willst du die Themen des 6. Hauses vertiefen?
Mit diesem Ritual kannst du lernen, dich zu entspannen.**

Lass dir ein warmes Bad ein und gib ätherische Öle hinzu, etwa von Majoran, Ylang-Ylang oder Lavendel. All diese Pflanzen helfen dir, dich zu entspannen, und reinigen den Körper. Mehr braucht es dazu nicht!

🎥 *Ist ein Vollbad nicht dein Fall? Dann kannst du dir auch (noch einmal) Joy – Alles außer gewöhnlich von David O. Russell anschauen. Der Film erzählt, mit Jennifer Lawrence in der Hauptrolle, die wahre Geschichte von Joy Mangano. Die alleinerziehende Mutter zweier Kinder wird von ihrem Umfeld nicht für voll genommen, hat dann aber einen genialen Einfall für einen neuartigen, praktischen Wischmopp, durch den sie letztlich reich und berühmt wird.*

Das 7. Haus

WIR SIND

Das 7. Haus behandelt deine Verbindungen zu anderen Menschen und die Zusammenarbeit mit ihnen.

Das 7. Haus beginnt mit dem Deszendenten, der dem Aszendenten gegenüberliegt, und markiert den Anfang der zweiten Hälfte des Horoskops, in der es vor allem um deine Rolle in der Gesellschaft geht. Das Zeichen des Aszendenten beschreibt dein Temperament und dein Gemüt, der Deszendent sagt etwas darüber aus, was du bei anderen Menschen suchst, deren Temperament sich von deinem unterscheidet. In diesem Haus geht es um die Partnerschaften, die du mit Menschen eingehst, die anders sind als du selbst – in einer Liebesbeziehung, in einer Freundschaft oder auch im Rahmen beruflicher Zusammenarbeit (man spricht ja nicht ohne Grund von »Firmenpartnerschaften«).

Das 7. Haus ist das Haus der Verbände und Vereine, der Hochzeiten und der Verträge sowie aller anderen Formen der Verbindung und der Zusammenarbeit mit anderen Menschen.

Natürlich sind in deinem Horoskop sämtliche Kräfte des Tierkreises versammelt; manche halten sich jedoch zurück, während andere aktiver und stärker hervortreten. Im 7. Haus geht es um die Suche nach Menschen, die dir helfen können, deine Mängel auszugleichen. Dazu musst du aufmerksam und offen sein und dich mit deinen Unzulänglichkeiten arrangieren, indem du dich vertrauensvoll mit jenen Menschen zusammentust, die das haben, was dir fehlt. Gespannte Aspekte (siehe S. 205) weisen in diesem Haus möglicherweise auf Widersacher hin: In deiner Familie, in deinem Umfeld, unter deinen Kollegen, ehemaligen Freunden oder Lebenspartnern befindet sich vielleicht jemand, mit dem oder der du eine offene Auseinandersetzung führst, um das Sorgerecht für die Kinder streitest oder nach einem Geschäft, das schief ging, einen Prozess führst …

Steht bei dir im 7. Haus die Sonne?

Dann musst du auf die anderen Menschen zugehen, um dein Ideal zu erreichen. Du findest nur zu dir selbst, wenn du unter Leute gehst, dich austauschst, verhandelst und die Interessen aller Seiten befriedigst, oder wenn dein Bedürfnis nach einem Lebenspartner erfüllt ist, mit dem du ein eingeschworenes Duo bildest.

Suchst du die Nähe von Menschen, die dir ähneln, oder von solchen, die dich ergänzen? Manchmal machen die Vorwürfe, die wir gegenüber anderen erheben, genau die Fehler und Mängel offenbar, die wir auch an uns selbst feststellen. Wenn wir uns von dem Gedanken befreien, dass bestimmte Charakterzüge grundschlecht sind, und erkennen, dass es darum geht, sie zu glätten und für gute Zwecke nutzbar zu machen, dann finden wir mit Sicherheit am anderen Ende des Fadens den Archetyp, den unser Deszendent verkörpert. Oftmals fühlen wir uns von den Stärken unseres Deszendenten stark angezogen und von seinen Fehlern ebenso stark abgestoßen.

DAS ZEICHEN IM 7. HAUS

Das Zeichen im 7. Haus (Deszendent) bestimmt die Art und Weise, wie du dich mit anderen Menschen zusammenschließt und Paarbeziehungen gestaltest.

Widder
Fühlst du dich von dynamischen, willensstarken, ja herrischen Menschen angezogen?

Stier ♉
Fühlst du dich von selbstsicheren und treuen Menschen angezogen?

Zwillinge ♊
Fühlst du dich von geistreichen, witzigen und erfinderischen Menschen angezogen?

Krebs ♋
Fühlst du dich von loyalen Menschen angezogen, die sanftmütig, bisweilen aber auch autoritär sein können?

Löwe ♌
Fühlst du dich von kämpferischen und rivalisierenden Menschen angezogen, die einen starken Charakter beweisen?

Jungfrau ♍
Fühlst du dich von aufrichtigen, anspruchsvollen und hilfsbereiten Menschen angezogen, die gern für andere da sind?

Waage ♎
Fühlst du dich von aufmerksamen Menschen angezogen, die sich deinen Bedürfnissen anpassen?

Skorpion ♏
Fühlst du dich von faszinierenden und unergründlichen Menschen angezogen?

Schütze ♐
Fühlst du dich von Menschen angezogen, die sich begeistern können, ohne dabei ihre Freiheit aufzugeben?

Steinbock ♑
Fühlst du dich von verantwortungsbewussten Menschen angezogen, mit denen du langfristige Vorhaben in Angriff nehmen kannst?

Wassermann ♒
Fühlst du dich von unkonventionellen Freigeistern angezogen?

Fische ♓
Fühlst du dich von empfindsamen, hingebungsvollen Menschen angezogen, die Mitgefühl zeigen?

Welche Temperamente ziehen dich besonders an? Entspricht das Zeichen in deinem 7. Haus der Thematik des Hauses? Wenn nicht, wo liegen die Differenzen? Notiere deine Gedanken in deinem Astro-Tagebuch auf S. 250.

DIE PLANETEN IM 7. HAUS

Die Planeten im 7. Haus wirken sich darauf aus, wie du deine Beziehungen zu anderen Menschen gestaltest.

Sonne ☉
Um dich selbst zu finden, musst du auf andere zugehen. Am wohlsten fühlt sich die Sonne mit der Aussicht auf ein Dasein in Gemeinschaft mit einem Partner – eine Firma allein zu führen, ist für dich sicher weniger attraktiv, als sie mit jemand anderem gemeinsam zu leiten. Damit du dich vollständig fühlst, musst du Projekte in Angriff nehmen (eine Paarbeziehung, eine gemeinsame Firmengründung ...) und ihnen deine ganze Energie widmen.
→ Such dir Partner, die dem Wunsch der Sonne entsprechen und mit denen du deine Ambitionen in Sachen Beziehungen verwirklichen kannst.

Mond ☽
Um dich sicher zu fühlen, brauchst du wahrscheinlich den Austausch mit deinen Mitmenschen und eine verlässliche Freundschaft oder eine Liebesbeziehung, in der du deine Emotionalität ausleben kannst.
→ Such dir Partner, die in der Lage sind, die subtilen Gefühlsregungen des Mondes zu spüren.

Merkur ☿
Im Haus der Gemeinsamkeit und der Zusammenarbeit spielt der Geist eine wichtige Rolle. Die Verständigung per Sprache überdeckt den Mangel an emotionalem Engagement, der als Kaltherzigkeit oder sogar Grausamkeit erscheinen kann.
→ Such dir Partner, die den intellektuellen Austausch bevorzugen, sodass das Wort der Treiber deiner Beziehungen werden kann.

Venus ♀
Die gefühlsbetonte Venus hat im 7. Haus eine außerordentlich starke Position, weil ihr Charakter dem des Hauses entspricht. Sie strebt nach vollkommenem Einklang deiner Werte mit den Beziehungen, die du eingehst.
→ Such dir Partner, denen es gelingt, dich zu verführen, sowohl durch ihre Werte als auch durch ihre Erscheinung. Es ist völlig in Ordnung, auch im Hinblick auf das Äußere einen gewissen Anspruch an den Partner zu haben – aber natürlich nur, wenn das nicht das einzige Kriterium ist!

Mars ♂
Er kämpft für die Entstehung von Partnerschaften. Art und Umfang seiner Aktivitäten hängen vom Zeichen des Hauses ab. Auf dem Feld der Beziehungen

geht es aber in jedem Fall sehr lebhaft zu; möglicherweise kommt es auch zu gewalttätigem Handeln.
→ Such dir energische und leidenschaftliche Partner, die die Auseinandersetzung nicht scheuen.

Ceres ⚳
Ceres schätzt von Vernunft geleitete Beziehungen, weshalb du womöglich als zweckorientiert giltst. Dennoch solltest du deinen gesunden Menschenverstand walten lassen, damit verlässliche Partnerschaften zustande kommen.
→ Such dir Partner, mit denen eine Verbindung naheliegend und sinnvoll erscheint.

Jupiter ♃
Auch bei Partnerschaften verlangt Jupiter eine Rechtfertigung; sie sollten dir zu Wachstum verhelfen und dich bereichern.
→ Such dir Partner, die sich begeistert für eure Beziehung engagieren.

Saturn ♄
Er macht nur ungern Zugeständnisse, ohne die jedoch keine Partnerschaft auskommt. Er strebt nach einer festen Verbindung, doch es dauert eine Weile, bis er von sich aus Vertrauen fasst. Möglicherweise fühlst du dich zu älteren, reiferen Menschen hingezogen und suchst im fortgeschrittenen Alter eine entsprechende Verbindung.
→ Deine Aufgabe besteht darin, die Angst davor abzulegen, dich anderen zu öffnen. Benenne aufrichtig, was dir Halt verschafft und welche Liebesbeweise du brauchst. So findest du Partner, die dir helfen können, diese Aufgabe zu meistern.

Uranus ♅
Das Feld der Partnerschaften ist vom Ausgefallenen gekennzeichnet, von Neugier und vom Unerwarteten. Möglicherweise suchst du eine unkonventionelle oder gar avantgardistische Form der Paarbeziehung. Uranus widersetzt sich traditionellen Verbindungen (etwa der klassischen Hochzeit, wie die Gesellschaft sie erwartet).
→ Heutzutage gehen wir mit diesen Themen immer ungezwungener um. Du bist nicht mehr verpflichtet, mit dem Partner unter einem Dach zu leben, deinem Partner die Treue zu halten oder gemeinsam zu wirtschaften. Möglicherweise fühlst du dich von unkonventionellen Menschen angezogen, was anderen Kräften in deinem Horoskop nicht so recht passt, weil sie mehr Stabilität brauchen. Dann musst du benennen, was du tun willst, und dir selbst Grenzen setzen.

Neptun ♆

Weil er nach umfassender Liebe strebt, gibt er leicht den Retter, der bereit ist, sich für seine Beziehungsideale zu opfern, auch wenn er sie nicht erreicht. Daher zieht es ihn zu Partnern, die ihm möglicherweise nicht guttun, und tappt dabei in typisch neptunische Fallen (restlose Entfremdung von der Wirklichkeit, übermäßiger Alkohol- oder Drogenkonsum …)

→ Neptun wiegt sich gern in Illusionen. Nutze deine Weitsicht, um nicht von Menschen, die du liebst oder mit denen du dich einlässt, zum Narren gehalten zu werden, wenn diese deine Vertrauensseligkeit ausnutzen wollen.

Pluto ♀

Sein fortwährendes Bedürfnis, reinen Tisch zu machen, wirkt sich auf das Feld der Beziehungen aus. Daher ist dieses Haus für dich möglicherweise ein Quell der Unruhe, weil du dich häufig und nachdrücklich infrage stellst.

→ Stell dir die grundsätzliche Frage, was Verbindungen mit anderen für dich bedeuten. Was erwartest du von einer Partnerschaft oder einer Paarbeziehung? Passen diese Erwartungen zum Rest deines Lebens?

Wenn im 7. Haus mehrere Planeten stehen

Wenn mehrere Planeten im 7. Haus stehen, lenken sie dadurch deine Aufmerksamkeit auf dieses Haus. Diese Häufung ist nicht ohne Bedeutung. Sie zeigt an, dass es für dich darum geht, ein Gespür für das Andere zu entwickeln. In einer Paarbeziehung, einer innigen Freundschaft oder im Rahmen einer beruflichen Zusammenarbeit wirst du mit der Art und Weise konfrontiert, wie du mit anderen Menschen umgehst. Was du bist und was du nicht bist, was du bei anderen suchst und was dich an ihnen abstößt, was du deinen Partnern zugestehst und was du von ihnen verlangst … Mithilfe der anderen kannst du dein eigenes Wesen erkennen und deine Ziele formulieren. Allerdings lösen sich Verbindungen auch wieder auf. Kein Zusammenschluss ist für die Ewigkeit. Nur wenn du weißt, wer du bist, wirst du auch bei wiederholten Trennungen nicht die Orientierung verlieren.

Wenn dein 7. Haus keine Planeten enthält, schlag auf S. 121 nach.

Wenn in deinem 7. Haus Planeten stehen: Was sagen sie in Bezug auf das Thema des Hauses aus? Notiere deine Gedanken in deinem Astro-Tagebuch auf S. 251.

**Willst du die Themen des 7. Hauses vertiefen?
Mit diesem Kniff kannst du deinen Beziehungen
zu mehr Harmonie verhelfen.**

Der Rosenquarz entspricht auf der Ebene der Mineralien der Venus. Er verströmt sanfte, wohltuende Energie, die stressmindernd wirkt und den inneren Frieden fördert. Nimm einen Rosenquarz zur Hand und widme dein gesamtes Denken der Liebe, die du für jene Menschen empfindest, die im Alltag eine beruhigende Wirkung auf dich haben. Wenn du beständig einen Rosenquarz bei dir trägst, etwa als Halskette (denn dieser Stein hat nicht nur eine positive Wirkung, sondern ist auch sehr hübsch), kann er dir in schwierigen Situationen helfen. Um ihn zu reinigen, legst du ihn für drei Stunden in demineralisiertes, aber gesalzenes Wasser.

 Wenn Rituale nicht dein Fall sind, kannst du dir auch (noch einmal) den Film Vergiss mein nicht! *von Michel Gondry ansehen. Diese cineastische Perle führt anschaulich vor Augen, dass uns jede Begegnung etwas Magisches beschert, auch wenn dieser Zauber im Lauf der Zeit verfliegt.*

Esoterik und Ökologie?

Die Lithotherapie – die Anwendung von Heilsteinen – ist mittlerweile weitverbreitet. Man sollte sie jedoch bewusst betreiben. Viele dieser Steine stammen aus entlegenen Weltgegenden, wo sie von den Ärmsten der Armen unter menschenunwürdigen Umständen abgebaut werden. Informier dich über die Herkunft der Steine, die du kaufen willst, und bevor du im Internet einen überhöhten Preis zahlst, such lieber auf Trödelmärkten oder in Second-Hand-Läden. Das gilt auch für Pflanzen: Verwende hauptsächlich solche, die aus deiner Region und nach Möglichkeit aus ökologischer Landwirtschaft stammen, und die möglichst sozialverträglich und umweltschonend produziert wurden.

Das 8. Haus

WIR GEBEN WEITER

Das 8. Haus behandelt die Güter, die dir vermacht werden und die du erbst.

Willkommen in einem der geheimnisvollsten Häuser deines Horoskops! Hier geht es um Wandlungen, darum, wie du Krisen durchstehst, wie du stirbst, um gestärkt wiedergeboren zu werden, wie du zerstörst, um wiederaufzubauen.

Während sich das 2. Haus dem irdischen Dasein widmet, beschreibt das 8. Haus den Abschied vom Materiellen. Hier geht es darum, das zurückzulassen, was wir waren, und während einer Krise oder eines Umbruchs die alte Haut abzustreifen. Daher heißt es oft auch »Haus des Todes«. Bei jeder Bewährungsprobe musst du trauern und dich von der Person befreien, die du zuvor warst. Doch immer mit Blick auf die Zukunft. Solche Phasen sind Metamorphosen, Wandlungen, Zustandsänderungen.

* **Eines der Themen dieses Hauses ist der Okkultismus** – sei es, weil du mit entmaterialisierten Energien in Verbindung stehst (wiederholte Trauerfälle, Gegenwart von »Phantomen«, ob du diese nun für echte Geister hältst oder – mit rationalerem Blick – für die Wallungen einer in Aufruhr befindlichen Erinnerung, die sich als Gram bemerkbar macht, als nicht enden wollende

Trauer oder als Geheimnis, das an die Oberfläche drängt ...). Sei es, weil wiederholte Krisen und Trauerphasen dich zu Kräften ziehen, die den Bezirk des Alltäglichen überschreiten: zu Spiritismus, Esoterik, Rauschzuständen ...

* **Auch das Thema der Erbschaft fällt in dieses Haus:** Geld und Vermächtnisse, die dir nach dem Tod von Angehörigen zufallen, materielle Güter, die du erhältst, weil du etwas anderes verlierst. Im 2. Haus, das dem 8. Haus direkt gegenüberliegt, geht es um die Ansammlung von materiellen Gütern und von Vermögen. Im 8. Haus wird das Vermögen, das im 2. Haus des Horoskops einer (anderen) verstorbenen Person angehäuft wurde, weitergegeben und gelangt so in deinen Besitz. Dabei kann es sich auch um ein esoterisches, spirituelles Erbe handeln, etwa ein Vermächtnis, das sich über mehrere Generationen erstreckt.
* **Schließlich ist das 8. Haus das Haus der Sexualität,** ein Gebiet, auf dem das Gefühl, am Leben zu sein, aus sinnlichen Erlebnissen erwächst, die oftmals schwer zu beschreiben sind, weil sie uns aus der Verbindung herausreißen, die wir im Alltag zu unserem Körper haben.

DAS ZEICHEN IM 8. HAUS

Das Zeichen im 8. Haus beschreibt die Art und Weise, wie du Lebenskrisen meisterst, insbesondere jene, die mit Verlust, Trauer und großen Umwälzungen einhergehen.

Widder ♈
Willst du Krisen möglichst schnell hinter dich bringen, um dich wieder ins Getümmel des Lebens zu stürzen und dich rasch wieder mit etwas Neuem zu beschäftigen?

Stier ♉
Sind schlechte Nachrichten für dich ein schwerer Schlag und brauchst du Zeit, um sie sacken zu lassen? Empfindest du eine gewisse geistige Lähmung, wenn du mit dramatischen Ereignissen konfrontiert bist?

Zwillinge ♊
Begegnest du Krisen mit einer Unbeschwertheit, die manche Menschen als Gefühllosigkeit, Unreife oder Oberflächlichkeit empfinden? Hast du das Gefühl, bei dramatischen Ereignissen über den Dingen zu stehen?

Krebs ♋
Wirst du in tragischen Situationen von deinen Emotionen überflutet, sodass du dich in deine Einbildungskraft flüchten und an einen Ort zurückziehen musst, an dem du dich sicher fühlst?

Löwe ♌
Begegnest du tragischen Situationen mit großer Selbstsicherheit und in der Überzeugung, dass das Licht über die Finsternis siegen wird, und kannst du bisweilen nicht akzeptieren, dass andere Menschen stärker und auf andere Weise trauern?

Jungfrau ♍
Gehst du an Krisen eher praktisch als gefühlsbetont heran und versuchst du, dich nützlich zu machen und dich möglichst viel zu beschäftigen, um dich von deinen Emotionen abzulenken?

Waage ♎
Bewahrst du in schwierigen Zeiten den Überblick, erfasst, was die Beteiligten jeweils wollen, und passt dich der allgemeinen Stimmung an?

Skorpion ♏
Denkst du viel über dich nach, um bis ins Detail zu verstehen, worum es in der Krise, die du gerade durchlebst, geht?

Schütze ♐
Empfindest du schwierige Phasen mit ganzer Wucht und nimmst sie zum Anlass, über dein Leben nachzudenken und es zu verbessern?

Steinbock ♑
Begegnest du dramatischen Ereignissen stoisch und ungerührt?

Wassermann ♒
Versuchst du, so viel Abstand wie möglich zu gewinnen, um die Schicksalsschläge des Lebens aus einem anderen Blickwinkel zu betrachten?

Fische ♓
Gibst du leicht auf oder ergreifst bei Problemen die Flucht, etwa in Tagträume oder Drogenkonsum?

 Was lösen die Themen dieses Hauses in dir aus? Hat eine Lebenskrise bei dir schon einmal zu Erneuerung geführt? Entspricht das Zeichen in deinem 8. Haus der Thematik des Hauses? Wie gehst du mit Trauer, Depression oder traumatisierenden Erlebnissen um? Notiere deine Gedanken in deinem Astro-Tagebuch auf S. 250.

DIE PLANETEN IM 8. HAUS

Die Planeten im 8. Haus wirken auf dem unergründlichen Gebiet des Auslöschens und Vererbens.

Sonne ☉
Die Sonne erstrahlt im Haus des Infragestellens und der Transformation durch Krisen, die eine grundlegende Wandlung erfordern. Sie versucht vermutlich, sich auf Gebieten zu verwirklichen, die für gewöhnlich die Domänen von Pluto und des Skorpions sind: Psychoanalyse, Sexualität, das Bizarre, der Tod …

Mond ☽
Der Hort der Emotionalität ist durchdrungen von etwas Geheimnisvollem sowie intensiven Leidenschaften. Der Mond ist kräftig und besitzergreifend und gibt sich nicht mit halben Sachen zufrieden. Mit seiner Hilfe kannst du an die problematischen Themen Transformation und Erbschaft intuitiv und gefühlsbetont herangehen.

Merkur ☿
Während der Geist versucht, die Geheimnisse dieses mysteriösen Hauses zu ergründen, kann – in diesem Haus des Unsichtbaren – die Freude am Erforschen des Rätselhaften wachsen, so wie auch die Überzeugungskunst oder das Geschick bei der Verwaltung materieller Güter (Finanzwesen, Notariat …).

Venus ♀
Der Planet der Werte und der affektiven Bindungen wirkt im Haus der Metamorphosen. Möglicherweise lösen Liebesbeziehungen bei dir tiefgreifende und sehr persönliche Veränderungen aus.

Mars ♂
Seine Kraft, seine Wut und seine Aggressivität sind Motoren der Verwandlung. Er widmet seine Energie der Erlangung seines Erbes oder – ein anderes Thema dieses Hauses – der Sexualität, einem Mittel, um Ängste und Leiden hinter sich zu lassen.

Ceres ⚳
Ceres stellt ihre Fähigkeiten in den Dienst der Verwandlungen. Sie will analysieren, über alles Buch führen und aus dem Vorgang des Erbens lernen, sei er materiell oder symbolisch.

Jupiter ♃
Der Planet der Expansion befindet sich hier in einem Zwiespalt. Entweder wirkt er als Beschützer und hilft dir, dich durch die Bewältigung von Bewährungsproben zu verwirklichen, oder er macht den Ärger, den solche Situationen mit sich bringen (vor allem Geldprobleme), nur noch größer. Das hängt vom Rest des Horoskops ab.

Saturn ♄

Vielleicht sorgt Saturn dafür, dass du dich machtlos fühlst und unfähig, den Stürmen des Lebens zu trotzen und gestärkt daraus hervorzugehen. Er will dich auf diese Weise dazu bringen, Verlust, Mangel und Traurigkeit zu akzeptieren. An diesen Erfahrungen, die nun einmal zum Leben dazugehören, wirst du wachsen.

Uranus ⛢

Im Haus des Unbewussten erfährst du womöglich Schicksalsschläge oder plötzliche Veränderungen deines Lebensweges, die dich in seelische Krisen stürzen oder durch die du geheimnisvolle Themen genauer hinterfragst. Hältst du die Vorstellung des Loslassens für abgedroschen? Läufst du nicht davon, sondern akzeptierst diese okkulten Abenteuer voll und ganz?

Neptun ♆

Der Planet der Träume macht dich vielleicht besonders empfänglich für Vorahnungen, Visionen und Tagträumereien, versetzt dir aber möglicherweise auch Schicksalsschläge, die du als Pech ansiehst, also schwere Schläge, gegen die du dich machtlos fühlst. Dann solltest du an dieser Empfindung arbeiten: Anstatt das, was dir widerfährt, als unausweichliche Tragödie zu begreifen, kannst du es auch als Chance und als Inspiration sehen (in spiritueller Hinsicht oder als schöpferischen Anreiz).

Pluto ♀

Pluto fühlt sich im Haus des Okkulten wohl und ermutigt dich, die Krisen mit offenen Armen zu empfangen und dadurch ungeahnte innere Reichtümer zu entdecken.

Wenn im 8. Haus mehrere Planeten stehen

Wenn mehrere Planeten im 8. Haus stehen, lenken sie dadurch deine Aufmerksamkeit auf dieses Haus. Diese Häufung ist nicht ohne Bedeutung. Sie zeigt an, dass eine deiner astrologischen Aufgaben darin besteht, die hinterlistigen Energien von Sexualität, Familiengeheimnissen, Melancholie und dem Geld anderer Menschen zu vermischen – geheimnisvolle Bereiche, die sich dem Zugriff des Verstandes oft entziehen. Die Zeichen des 8. Hauses und seine Planeten geben darüber Aufschluss, ob es hier um deinen Beruf geht (Therapeutin, Notar, Versicherung, Sexarbeiterin ...), um deine Interessen oder möglicherweise um eine Trauerphase. Das reicht dir nicht? Kein Wunder, denn manche Themen des 8. Hauses sind so heikel, dass sie nur in vertraulicher Atmosphäre zur Sprache kommen können (etwa während einer Therapiesitzung).

Wenn dein 8. Haus keine Planeten enthält, schlag auf S. 121 nach.

✏️ *Wenn in deinem 8. Haus Planeten stehen: Was sagen sie in Bezug auf das Thema des Hauses aus? Notiere deine Gedanken in deinem Astro-Tagebuch auf S. 251.*

Willst du die Themen des 8. Hauses vertiefen? Diese Methode zeigt dir einen Weg in die Dunkelheit.

Obsidian ist ein Gestein vulkanischen Ursprungs, das schon die Maya und die Azteken bei der Herstellung von Waffen verwendeten, etwa für Opfermesser oder Pfeilspitzen. Weil er aus dem Feuer der Vulkane stammt, ist dieser Stein von der Kraft der Erde erfüllt. Er entspricht der Zahl 8, der Zahl des endlosen Kreislaufs, die auch für Wiedergeburt und unsere früheren Leben steht.

Obsidian entspricht dem Skorpion, und das aus gutem Grund: Er verkörpert die Intuition, die den Blick auf das Sichtbare, aber auch auf das Unsichtbare erweitert. Er hilft dir, deine dunkle Seite ans Licht zu holen und sie dir anzueignen. Ein überholter Glaube, ein Trauma, innere Blockaden, Sucht – derlei Dinge müssen erkannt werden, um Schuldgefühle und Angst abzubauen, und akzeptiert werden, um sich von ihnen zu befreien und sich zu reinigen.

Trag einen Obsidian bei dir; er lindert die Schmerzen traumatischer Verletzungen, und man nutzt ihn, um in frühere Leben zurückzublicken. Dabei kannst du beispielsweise ein Element deiner dunklen Seite visualisieren, etwa eine unangenehme oder peinliche Erinnerung, und dir vorstellen, dass es sich in deinem Inneren zu einer finsteren Masse zusammenballt, die erst anwächst, bis du sie schließlich ausspuckst. Mittels dieser Übung kannst du dich von belastenden Erinnerungen befreien. Um den Stein zu reinigen, leg ihn in klares Wasser. Wenn du deine Hellsicht steigern willst, kannst du auch Labradorit oder Mondstein verwenden.

🎥 *Wenn Lithotherapie nicht dein Fall ist, kannst du auch (noch einmal) den Film* Raum *von Lenny Abrahamson ansehen. Darin gelingt es einer jungen Frau, sich mit der Hilfe ihres Sohnes aus der jahrelangen Gefangenschaft zu befreien, in der sie ein gewalttätiger Verbrecher gehalten hat. Zurück in der Wirklichkeit, holen die Jahre des Schmerzes, der Einsamkeit und der Verbitterung sie regelmäßig ein. Die Flucht nach vorne bringt keine Lösung – sie muss sich ihren dunklen Seiten stellen, um sie zu überwinden.*

Das 9. Haus

WIR ERKUNDEN

Das 9. Haus behandelt deine Spiritualität und deine Reisen.

Im 9. Haus tritt dein Bewusstsein auf zwei verschiedene Arten mit entfernten Regionen in Dialog: durch Introvertiertheit und durch Extrovertiertheit.

* Introvertiertheit bedeutet, dass du Wissen über die Welt sammelst: Religion, Philosophie, Spiritualität, Rechtswesen … Das 9. Haus steht für die Hinwendung zu akademischen Studien, zu Theorien und komplexen Modellen der Welterklärung, die dein Denken und deine Seele von ihren Ursprungsorten wegbewegen. Hier geht es um eine spirituelle Reise, und dich in das Wissen der Welt zu vertiefen, kann dich auf neue Gedanken bringen und dir ermöglichen, dich zu emanzipieren und dich von den Vorstellungen zu befreien, die sich im 3. und 4. Haus in dir festgesetzt haben.
* Extrovertiertheit bedeutet, dass du auf Reisen gehst und dabei fremde Kulturen kennenlernst, deren Umgangsformen sich von denen unterscheiden, die du kennst. Auch kannst du deine Sicht auf komplexe Themen erweitern und dabei lernen, wie schwierig es ist, die eigene Kultur, die eigene Gesellschaft und die eigenen Grundsätze zu beurteilen und in globale Zusammenhänge zu stellen. Dieses Haus ermuntert dich, dich aktiv mit kulturellen Unterschieden

zu beschäftigen, die einen ungekannten Reichtum entfalten werden, wenn du sie mit deinen eigenen Grundwerten vergleichst und in dein Dasein integrierst. Das 9. Haus will dich darüber hinaus anregen, neue Sprachen und soziale Umgangsformen zu erlernen, ihnen unvoreingenommen zu begegnen, sie sich anzueignen und sie mit dem zu vereinen, was du bereits kennst.

Im 9. Haus kannst du Mauern einreißen, Grenzen überwinden und die Dinge von einer höheren Warte aus betrachten.

DAS ZEICHEN IM 9. HAUS

Das Zeichen im 9. Haus beschreibt deine Reisen und deine kulturellen Entdeckungen.

Widder ♈
Reist du lieber in Wirklichkeit als im Geiste? Bist du eher aktiv als kontemplativ?

Stier ♉
Planst du deine Reisen lieber gründlich, als einfach drauflos zu fahren? Würdest du nur dann auswandern, wenn du dort ein sicheres Zuhause hättest?

Zwillinge ♊
Fährst du lieber spontan irgendwohin, als eine organisierte Reise zu buchen?

Krebs ♋
Reist du lieber im Kopf, mit dem Herzen, in Geschichten und Erzählungen, als tatsächlich dein Haus zu verlassen, was dir nicht zuletzt gefährlich erscheint?

Löwe ♌
Dient das Reisen hauptsächlich deinen Interessen, deinem Ehrgeiz und dem Erreichen deines Lebensideals?

Jungfrau ♍
Analysierst du auf Reisen alles, was du erlebst? Reizen dich vor allem spirituelle Expeditionen, bei denen du auch deine gedanklichen und analytischen Fähigkeiten einsetzen kannst?

Waage ♎
Lernst du gern andere Kulturen kennen und eignest dir deren Andersartigkeiten an? Reist du, um in Kontakt mit Menschen zu kommen, neue Freunde zu gewinnen oder dich zu verlieben?

Skorpion ♏
Fährst du lieber an unkonventionelle und mystische Orte als an Allerweltsziele?

Schütze ♐
Ist deine Lust auf Abenteuer und das Entdecken von Neuem so groß, dass du schon einmal mit dem Gedanken ans Auswandern gespielt hast?

Steinbock ♑
Planst du eine Auszeit in einem Kloster oder einen langen Wanderurlaub, um dich zu sammeln und auf das Wesentliche zu konzentrieren?

Wassermann ♒
Reist du, um bessere Lebensmodelle kennenzulernen, die gesellschaftlichen Fortschritt ermöglichen könnten (humanitäre Hilfe oder Einsatz in einer Community wie etwa WWOOF)?

Fische ♓
Suchst du auf Reisen Inspiration? Interessierst du dich weniger für touristische Informationen als für die Erlebnisse und spirituellen Erfahrungen, die du an fremden Orten machst?

> *Was bedeutet Reisen für dich? Wie würdest du dein Verhältnis zur äußeren Welt beschreiben? Entspricht das Zeichen in deinem 9. Haus der Thematik des Hauses? Notiere deine Gedanken in deinem Astro-Tagebuch auf S. 250.*

DIE PLANETEN IM 9. HAUS

Die Planeten im 9. Haus helfen dir sowohl bei der spirituellen Suche als auch bei den Reisen durch die Welt.

Sonne ☉
Du verwendest deine Energie darauf, fremde Kulturen kennenzulernen. Indem du die Dinge in einem anderen Licht siehst und die Frage nach dem Sinn im Leben anders beantwortest, entwickelst du dich und reifst. Daher reist du wahrscheinlich gern und sammelst Erfahrungen, um die Grundlagen, die du im ersten Abschnitt deines Lebens gelegt hast, von einer höheren Warte aus zu betrachten.

Mond ☽
Deine Vorstellungskraft und deine Empfindsamkeit ermöglichen dir, das Milieu deiner Herkunft zu verlassen. Sie weisen dir Wege zu einem unvorstellbaren Anderswo und führen dich aus der Umgebung, der du entstammst, heraus.

Merkur ☿
Dein Geist sehnt sich nach neuen Horizonten und anderen Perspektiven. Vielleicht reizt es dich, zu studieren, ein Notizbuch zu führen, Reiseberichte zu verfassen oder eine Stelle im Ausland anzutreten.

Venus ♀
Deine Werte und deine Beziehungen drängen dich dazu, fremde Welten zu erkunden. Womöglich suchst du deine Freunde und Liebespartner unter Menschen aus anderen Kulturkreisen, oder du hast ein Liebesabenteuer im Ausland.

Mars ♂
Er setzt sich für deine philosophischen Gedanken und deine Spiritualität ein und nutzt seine Stärke, um große Reisen anzutreten. Wenn du einen Lebenspartner suchst, findest du ihn möglicherweise im Ausland, weit von deinem Geburtsort entfernt.

Ceres ⚳
Fähigkeiten erlernst du in einem anderen Milieu als in dem, dem du entstammst. Vielleicht findest du deine Bestimmung im Ausland, als Hochschuldozentin oder Sprachlehrerin.

Jupiter ♃
Sozialen Anschluss findest du in einer Umgebung weitab von deiner Herkunft, an einem Ort, von dem aus philosophisches und theologisches Gedankengut verbreitet wird.

Saturn ♄
Der Planet der Ernsthaftigkeit zeigt an, dass du das Gefühl hast, mit den großen Ideen, Lebensprinzipien und philosophischen Gedanken nicht Schritt halten zu können. Er ermutigt dich, dich davon zu befreien: Du brauchst keinen spirituellen Führer, sondern kannst dein eigener Mentor sein und auf dich selbst vertrauen.

Uranus ⛢
Im Haus der großen Ideen tritt Uranus mit dem Geist der Rebellion und der Revolte auf. Womöglich ist dein Platz bei Demonstrationen, in revolutionären Bewegungen oder bei spektakulären Protestaktionen.

Neptun ♆
Dein Interesse für Spiritualität und Religion ist außerordentlich groß! Hüte dich jedoch davor, allzu gutgläubig zu sein oder dich von einer Sekte oder einer zweifelhaften religiösen Gruppe vereinnahmen zu lassen.

Pluto ♇
Plutos Machtstreben schlägt sich auf dem Feld der großen Ideen nieder. Möglicherweise besitzt du auf dem Gebiet der Philosophie oder der Religion eine besondere Anziehungskraft.

> **Wenn im 9. Haus mehrere Planeten stehen**
>
> *Wenn mehrere Planeten im 9. Haus stehen, lenken sie dadurch deine Aufmerksamkeit auf dieses Haus. Diese Häufung ist nicht ohne Bedeutung. Sie zeigt an, dass es für dich darum geht, dich aus dem Milieu deiner Herkunft zu lösen – was auch bedeuten kann, dein Umfeld zu verlassen (etwa indem du auswanderst) –, um dich in vielerlei Hinsicht zu vervollkommnen. Ob durch ein Studium oder durch Reisen, es geht darum, den eigenen Horizont zu überschreiten, um vorurteilsfrei das zu entdecken, was andere Weltgegenden zu bieten haben. Vielleicht verspürst du den Ruf der Ferne besonders stark, und er stellt für dich eine aufregende und begeisternde Verheißung dar und verspricht dir Abenteuer, die dir ermöglichen, dem Sinn des menschlichen Daseins in seiner ganzen umfassenden Bedeutung auf die Spur zu kommen, ganz egal, ob sie sich im Leben eines argentinischen Bauern oder eines japanischen Popstars niederschlägt. Wenn man die Dinge mit Abstand sieht, besteht jedoch die Gefahr, die eigene Herkunft aus dem Blick zu verlieren und den eigenen Weg nicht mehr als solchen zu betrachten. Hinterfrag daher fortwährend die Bedeutung dessen, was du erlebst, und überleg, wie deine Ortsveränderungen und Lebensentscheidungen mit den anderen Geschehnissen in deinem Leben zusammenpassen.*
>
> *Wenn dein 9. Haus keine Planeten enthält, schlag auf S. 121 nach.*

 Wenn in deinem 9. Haus Planeten stehen: Was sagen sie in Bezug auf das Thema des Hauses aus? Notiere deine Gedanken in deinem Astro-Tagebuch auf S. 251.

**Willst du die Themen des 9. Hauses vertiefen?
Dieses kleine Ritual kann dich auf Reisen begleiten.**

Sammle in deinem Garten, vor deinem Haus oder auf dem Gehweg drei Steine ein. Stell dir vor, dass diese drei kleinen Steine dich auf deiner Reise begleiten und deine Erfahrungen speichern werden. Sammle während deines Aufenthaltes in der Ferne wiederum drei Steine – oder drei Muscheln, drei Kiesel ... Gib sie nach deiner Rückkehr zusammen mit den drei Steinen, die du zu Hause gesammelt hast, in einen Beutel, einen Krug oder eine kleine Flasche. Wenn du möchtest, kannst du den Behälter mit einem Etikett versehen und als Sinnbild der Energien aufbewahren, die du während deiner Reise gewonnen hast, oder du vergräbst ihn im Garten, damit er dein Umfeld mit den positiven Schwingungen auflädt, die du aufgenommen hast.

 Wenn Rituale nicht dein Fall sind, kannst du dir auch (noch einmal) den Film Captain Fantastic – Einmal Wildnis und zurück *von Matt Ross anschauen. Er erzählt von einer Familie, die inmitten der Natur weitab von der amerikanischen Konsumgesellschaft lebt. Aufgrund tragischer Umstände müssen sie ihr geschütztes Domizil verlassen und sich auf eine weite Reise begeben, wobei sie mit fremden Welten konfrontiert werden und daran wachsen – jeder auf seine Weise.*

Das 10. Haus

WIR GESTALTEN

Das 10. Haus behandelt deine Leistungen im Gemeinwesen, in der Gesellschaft und im Beruf.

Das 10. Haus beschreibt deinen Platz in der Gemeinschaft, deine Aufgabe in der Gesellschaft, deine berufliche Karriere und deine Unternehmungen im weiteren Sinne. Es benennt deine Ziele und beschreibt, was du tun musst und inwiefern du Verantwortung übernehmen musst, um sie zu erreichen.

Wie das 1., das 4. und das 7. Haus ist auch das 10. Haus ein Eckhaus: Es liegt an einer der vier »Ecken« des Horoskops (siehe S. 18). Weil es auf der Karte des Horoskops im Süden liegt, wird es auch Himmelsmitte genannt.

Das 10. Haus steht für deinen Aufstieg. Es liegt dort, wo die Sonne ihren höchsten Punkt erreicht. Bedingt durch die Art, wie unsere Gesellschaft organisiert ist, entspricht ihm oft die höchste Station der beruflichen Laufbahn, doch es kann auch anders sein. In diesem Haus kann es auch um deine Rolle in der Gesellschaft gehen; so übst du möglicherweise einen Brotberuf aus, mit dem du deinen Lebensunterhalt bestreitest (2. Haus), gehst in deiner Freizeit jedoch Tätigkeiten nach, die dir in deinen Augen deinen wahren Platz im öffentlichen Leben verschaffen – als Dichter, durch die Mitarbeit in einem Verein, als Organisator unabhängiger Festivals oder in einer anderen Funktion. Deine Rolle in der Gesellschaft muss also nicht mit deinem Beruf übereinstimmen.

> **Der höchste Punkt auf deinem Horoskop**
>
> *Achte einmal darauf, wo die Sonne in deinem Geburtshoroskop steht. Wenn du nachts oder am frühen Morgen zur Welt gekommen bist, steht sie wahrscheinlich in der unteren Hälfte (im Norden). Bist du dagegen am Nachmittag zur Welt gekommen, findest du die Sonne ziemlich sicher in der oberen Hälfte (im Süden). Dort, wo die Sonne am Mittag steht, liegt auch das 10. Haus.*
> *Der soziale Aufstieg, der sich im 10. Haus vollzieht, geht manchmal mit Ehrungen einher oder mit einem Zuwachs an Macht und öffentlicher Anerkennung.*
> * Das Zeichen, das im 10. Haus steht, sagt etwas über die Eigenschaften und Charakterzüge aus, die dich bei deinem Aufstieg zum Gipfel unterstützen.
> * Die Planeten in deinem 10. Haus und die Aspekte, die sie mit anderen Planeten bilden, beschreiben die möglichen Rollen, die du in der Öffentlichkeit einnehmen kannst.

DAS ZEICHEN IM 10. HAUS

Das Zeichen im 10. Haus (Himmelsmitte) sagt etwas darüber aus, welche deiner Eigenschaften du dir bei deinem sozialen Aufstieg zunutze machen solltest.

Widder ♈
Du gehst deine berufliche Entwicklung entschlossen und energisch an, kraftvoll, initiativ und mit Freude an neuen Herausforderungen.
→ Wenn du weitreichende Entscheidungen treffen musst, solltest du dir eine Bedenkzeit von mindestens 48 Stunden auferlegen.

Stier ♉
Du gehst deine Karriere umsichtig und mit Pragmatismus an und setzt auf Sicherheit.
→ Wenn du deine Komfortzone verlässt, bringt das Schwung in dein Berufsleben! Mach alle zehn oder zwölf Jahre Bestandsaufnahme – vielleicht kannst

du ja durch eine Fortbildung deine Fähigkeiten erweitern und Neues kennenlernen.

Zwillinge ♊
Du gehst deine Karriere ungezwungen und voller Neugier an und suchst vor allem den Spaß.
➞ Such dir möglichst abwechslungsreiche Tätigkeiten; das kann auch bedeuten, dass du gleichzeitig mehrere Aufgaben wahrnimmst.

Krebs ♋
Im Beruf kommt es dir vor allem auf gegenseitige Hilfe an. Dabei willst du weder deine Werte leugnen noch deine Gefühle unterdrücken müssen, und du wünschst dir ein berufliches Umfeld, in dem du dich wie zu Hause fühlst.
➞ Scheu dich nicht, dir Unterstützung zu holen, um dir über deine beruflichen Ziele klar zu werden. Zieh ruhig Fachleute hinzu, die dir dabei helfen, etwa einen persönlichen Karrierecoach oder eine Personalfachfrau.

Löwe ♌
Du willst in deinem Beruf glänzen, dich verwirklichen und dabei Unabhängigkeit erreichen.
➞ Denk daran, denjenigen deine Dankbarkeit auszusprechen, die dir helfen, deine Ziele zu erreichen.

Jungfrau ♍
Du gehst deine Karriere maßvoll und vorausschauend an (manchmal zu sehr) und willst vor allem anderen dienen.
➞ Vergiss nicht, dass Arbeit auch Spaß machen kann! Hochwertige Arbeit kann man auch abliefern, ohne sich Stress zu machen.

Waage ♎
Du wünschst dir einen Beruf, bei dem du dich am rechten Ort und im Einklang mit der Welt fühlst. Daher zieht es dich vornehmlich in die Bereiche der Schlichtung und der Mediation.
➞ Werde dir darüber klar, was du beruflich willst, und mach deine Entscheidung nicht von der Meinung der Menschen in deinem Umfeld abhängig.

Skorpion ♏
Du willst in deinem Beruf die Dinge infrage stellen und neu ordnen, und das, woran du glaubst, aufspüren und beweisen.
➞ Das Leben ist kein fortwährender Kampf. Halt dir vor Augen, dass niemand von dir verlangt, bei der Arbeit zu leiden. Versuch, Machtverhältnissen weniger Beachtung zu schenken (mit Vorgesetzten, Kollegen, Kunden …) und in aller Bescheidenheit zu erkennen, dass die Erfüllung deiner Aufgaben keine Qual sein muss.

Schütze ♐
Du gehst deine berufliche Entwicklung mit Abenteuerlust an, mit Begeisterung und der Bereitschaft, anderen dein Wissen zu vermitteln.
→ Wenn du im Beruf einmal eine langweilige und unbefriedigende Phase durchlebst, denk daran, dass auch das vorübergehen wird.

Steinbock ♑
Du hast im Beruf keine Angst vor Einsamkeit, Anstrengungen und dem geduldigen Warten darauf, dass du für deine Mühen belohnt wirst.
→ Ruf dir in Erinnerung, dass dein Wert als Person nicht davon abhängt, wie viel Zeit du deiner Arbeit widmest. Um produktiv zu sein, muss man nicht zwangsweise Überstunden leisten.

Wassermann ♒
Du siehst in deinem Beruf einen Beitrag zum gesellschaftlichen Fortschritt.
→ Mach dir klar, dass es kein Widerspruch sein muss, als Einzelner zu glänzen und zum Gemeinwohl beizutragen.

Fische ♓
Du führst deinen Beruf ungeregelt und spontan aus und lässt dich von außen leiten.
→ Weil in unserer Gesellschaft für Träumer und Idealisten oft kein Platz ist, könntest du dir (wie oben der Krebs) Hilfe holen, um deinen Weg zu finden oder dich besser zu organisieren.

> ✎ *Strebst du nach beruflichem Erfolg? Wenn ja, welcher Werdegang würde dich reizen, und wenn nicht, warum? Bemühst du dich um sozialen Aufstieg? Entspricht das Zeichen in deinem 10. Haus der Thematik des Hauses? Notiere deine Gedanken in deinem Astro-Tagebuch auf S. 250.*

✳

DIE PLANETEN IM 10. HAUS

Die Planeten im 10. Haus wirken auf dem Feld des beruflichen und sozialen Aufstiegs.

Sonne ☉
Soziale Rolle: Chef.
→ Produktionsleiter, Regisseurin, Manager, Politikerin …

Mond ☽
Soziale Rolle: kreativer Kopf.
➡ Berufe, die mit der frühen Kindheit zu tun haben, künstlerische Berufe, Psychologin …

Merkur ☿
Soziale Rolle: Vermittler.
➡ Redakteurin, Journalist, Händler, Radio- oder Fernsehmoderatorin …

Venus ♀
Soziale Rolle: Mittelsmann.
➡ Landwirt, Floristin, Bildhauerin, Küchenchef, Architektin, Berufe, in denen Ästhetik im Zentrum steht …

Mars ♂
Soziale Rolle: Unternehmer.
➡ Firmenchefin, Selbstständiger, Jäger (evtl. auch Headhunter?), Sportlerin …

Ceres ⚳
Soziale Rolle: Diener.
➡ Funktionär, Buchhalterin, Analyst, Pflegekraft, Berufe auf dem Gebiet der alternativen Medizin (Naturheilkunde, Diätetik, Homöopathie …).

Jupiter ♃
Soziale Rolle: Anführer.
➡ Anwalt, Dozentin, Mäzen, spiritueller Meister, Reporterin, Forschungsreisende …

Saturn ♄
Soziale Rolle: Verwalter.
➡ Wissenschaftlerin, Politiker, Berufe bei den Ordnungskräften …

Uranus ♅
Soziale Rolle: Erfinder.
➡ Berufe auf dem Gebiet der neuen Technologien, der Raumfahrtindustrie, der Innovation, der Stromgewinnung …

Neptun ♆
Soziale Rolle: Troubadour.
➡ Musikerin, Dichter, Künstlerin, Therapeutin, Geistlicher …

Pluto ♇
Soziale Rolle: Reiniger.
➡ Berufe auf dem Gebiet der Esoterik, Psychoanalytikerin, Detektiv …

Wenn im 10. Haus mehrere Planeten stehen

Wenn mehrere Planeten im 10. Haus stehen, lenken sie dadurch deine Aufmerksamkeit auf dieses Haus. Diese Häufung ist nicht ohne Bedeutung. Sie zeigt an, dass es für dich darum geht, dich auf deinen Platz in der Gesellschaft zu konzentrieren, auf deine Bemühungen, in der Gemeinschaft aufzusteigen, auf deine Ziele und deinen Aufstieg durch Arbeit und tatkräftiges Handeln. Du bist dazu aufgerufen, Verantwortung zu übernehmen, um eine öffentliche Figur zu werden, die von der Gesellschaft für die Rolle, die sie spielt, Anerkennung erhält.

Wenn dein 10. Haus keine Planeten enthält, schlag auf S. 121 nach.

Wenn in deinem 10. Haus Planeten stehen: Was sagen sie in Bezug auf das Thema des Hauses aus? Notiere deine Gedanken in deinem Astro-Tagebuch auf S. 251.

Willst du die Themen des 10. Hauses vertiefen? Mit diesem Ritual kannst du deinen sozialen Aufstieg befördern.

Setz dich so, dass du nach Norden blickst. Notiere auf einem Blatt Papier deine Ziele. Achte darauf, sie möglichst präzise zu formulieren – es handelt sich dabei um Bestellungen ans Universum. Du kannst auch ein Heft anlegen, in dem du nach und nach bei jedem Ritual deine Wünsche notierst. Zünd jetzt eine weiße Kerze an und verbrenn ein Stück Eichenrinde (das Symbol für die Kraft, die du brauchst, um ein Projekt durchzuführen und deinen Kampfgeist zu stärken). Räuchere das Papier mit dem Rauch der Eichenrinde. Du kannst auch ein Lorbeerblatt räuchern (Symbol für Erfolg) und es dann in der Tasche bei dir tragen.

 Wenn Rituale nicht dein Fall sind, kannst du dir auch (noch einmal) den Film Good Will Hunting *von Gus van Sant ansehen. Er erzählt von einem hochbegabten jungen Mann aus einfachen Verhältnissen, der seine Angst vor sozialem Aufstieg hinter einer Hülle aus Sarkasmus und der Neigung zur Selbstzerstörung verbirgt. Dank seines Therapeuten steht er schließlich vor der Wahl zwischen einer erfolgreichen Karriere im Kreis der Mächtigen, die ihm zuwider sind, und einem freien, sinnerfüllten Leben, das voller Unwägbarkeiten ist, ihm aber auch Aufstieg verheißt, und in dem er seinen Werten treu bleiben kann.*

Das 11. Haus

WIR TEILEN

Das 11. Haus beschreibt, wie du andere unterstützt und in der Gesellschaft mitwirkst.

Das 11. Haus behandelt Beziehungen, die zwar freundschaftlicher Natur, aber nicht ausgesprochen persönlich oder privat sind, und es beschreibt die Rollen, die du bei gemeinschaftlichen Projekten spielst.

* Dein bürgerschaftliches und soziales Engagement, durch Arbeit in Vereinen, Hilfsorganisationen, Gewerkschaften oder gemeinnützigen Einrichtungen. Diese Tätigkeiten stehen im Zeichen von Brüderlichkeit, Menschlichkeit, Altruismus und allumfassender Liebe. Sie erfordern, das eigene Ego und persönliche Bestrebungen zurückzustellen, um sich zum Nutzen möglichst vieler Menschen ganz konkret sozial zu engagieren (man arbeitet nicht für persönlichen Ruhm, sondern im Interesse einer großen Gruppe).

* Deine Position im Freundeskreis, in einem Berufsverband, einer Interessensvertretung oder einem Club – in Netzwerken, in denen sich das Individuum zurücknimmt, um die Gruppe und die gemeinsamen Interessen voranzubringen. Im Gegenzug für das Engagement steht einem die Gruppe bei Bedarf

zur Seite, leistet wertvolle Unterstützung (etwa durch Beziehungen), hilft den Mitgliedern und schützt sie.

In diesem Haus geht es um deine Fähigkeit, als öffentliche Figur aufzutreten, was voraussetzt, dass du von den persönlichen Regungen in deiner Seele absiehst, weil diese die Gruppe stören könnten, und dass du deine Talente und dich selbst in den Dienst einer gemeinsamen Sache stellst.
Heutzutage spielen im 11. Haus auch die sozialen Netzwerke eine große Rolle. Sie stellen Gemeinschaften dar, in denen der Einzelne nur einer unter vielen ist, die ihn aber mit den anderen verbinden: durch Messengerdienste oder durch Einladungen zu Events, Spielen oder Veranstaltungen. Außerdem eignen sie sich hervorragend, um Projekte ins Rollen zu bringen, vor allem, weil sie das Crowdfunding erleichtern. Jeder Euro ist wichtig, denn ein großer Strom entsteht aus kleinen Bächen!

DAS ZEICHEN IM 11. HAUS

Das Zeichen im 11. Haus beeinflusst deine Freundschaften und dein Engagement in Gruppen und Gemeinschaften.

Widder ♈
Suchst du die Freundschaft mit Abenteurern, mit Selfmademen und Selfmadewomen? Hast du in deinen Netzwerken eine autonome Position?

Stier ♉
Suchst du die Freundschaft mit Menschen, die innerlich stabil sind und auf die du zählen kannst, auch in materieller Hinsicht? Stellst du in deinen Netzwerken eine Säule dar?

Zwillinge ♊
Suchst du die Freundschaft mit kreativen und kopflastigen Menschen? Nimmst du in deinen Netzwerken die Rolle des aktiven Vermittlers ein?

Krebs ♋
Suchst du die Freundschaft mit Menschen, die du als Familienmitglieder ansiehst? Spielst du in deinen Netzwerken die Rolle des Kreativen und/oder des Begleiters?

Löwe ♌
Suchst du die Freundschaft mit charismatischen und inspirierenden Menschen, von denen du ebenso viel zurückbekommst, wie du ihnen gibst? Bist du in deinen Netzwerken der Anführer, dem die anderen bereitwillig folgen?

Jungfrau ♍
Suchst du die Freundschaft mit Menschen, die gut organisieren und sich nützlich machen können? Bist du in deinen Netzwerken derjenige, der einen kühlen Kopf bewahrt?

Waage ♎
Suchst du die Freundschaft mit sympathischen Menschen, mit denen ein Streit unvorstellbar scheint? Bist du in deinen Netzwerken die Schlichterin oder diejenige mit dem größten Charme?

Skorpion ♏
Suchst du die Freundschaft mit leidenschaftlichen Menschen mit großer Ausstrahlung, die andere in ihren Bann schlagen? Bist du in deinen Netzwerken derjenige, der leicht aufbraust und Beziehungen infrage stellt?

Schütze ♐
Suchst du die Freundschaft mit energischen und enthusiastischen Menschen, mit denen du Spaß haben kannst? Bist du in deinen Netzwerken die Stimmungskanone, die neue Mitglieder rasch integriert?

Steinbock ♑
Suchst du eher die Freundschaft mit treuen Menschen als weltläufige und oberflächliche Bekanntschaften? Bist du in deinen Netzwerken der Besonnene und Verantwortungsbewusste?

Wassermann ♒
Suchst du die Freundschaft mit ungewöhnlichen Menschen, die gerne Teil von etwas Größerem sind? Bist du in deinen Netzwerken die Vertreterin nach außen?

Fische ♓
Suchst du die Freundschaft mit empfindsamen und wohlwollenden Menschen? Hast du in deinen Netzwerken die Position des neutralen Vertrauensmannes?

 Stützt du dich auf Freundschaften und berufliche Netzwerke? Welche? Was erwartest du dir davon? Entspricht das Zeichen in deinem 11. Haus der Thematik des Hauses? Notiere deine Gedanken in deinem Astro-Tagebuch auf S. 250.

DIE PLANETEN IM 11. HAUS

Die Planeten im 11. Haus beschreiben, wie du deine Rolle in einer Gemeinschaft ausfüllst.

Sonne ☉
Die Sonne erstrahlt über Projekten, die keine persönlichen Ziele verfolgen, und sie erfreut sich an gemeinschaftlichem und partizipativem Handeln, etwa in Vereinen oder in karitativen Organisationen, ohne Dank oder eine Gegenleistung zu erwarten. Deine persönlichen Erwartungen stehen hinter der Sache, für die du eintrittst, zurück.

Mond ☽
Gefühlsbetontheit wirkt sich günstig auf Kontaktaufnahme und Beziehungen aus. Möglicherweise macht dir die Einsamkeit ein wenig Angst.

Merkur ☿
Der Geist entfaltet seine Wirkung auf dem Gebiet der Freundschaft, der Netzwerke und der Vereinsarbeit, und er ist nach allen Seiten für Austausch offen.

Venus ♀
Projekte sind von Empfindsamkeit geprägt, vor allem solche, die in Gruppen ablaufen.

Mars ♂
Er setzt seine Kraft für den kollektiven Fortschritt ein. Ganz der pflichtbewusste Soldat, wird er in der Gemeinschaft dennoch auch deine persönlichen Interessen verteidigen.

Ceres ⚳
Bei gemeinsamen Werken und Arbeiten in der Gruppe kann Ceres ihre Fähigkeiten voll ausspielen. Wenn sie in diesem Haus steht, mischt sich in ihr Pflichtbewusstsein eine Spur Nonkonformismus.

Jupiter ♃
Womöglich hat er eine anleitende Funktion im Vereinswesen, etwa als Erzieher oder Dozent.

Saturn ♄
Vielleicht bist du frustriert, weil du für dein Engagement für die Gemeinschaft nicht ausreichend Dank erfährst. Saturn ermuntert dich, den Wert deiner Arbeit selbst zu benennen: Warum und wofür engagierst du dich? Willst du eine bestimmte Sache vorantreiben? Strebst du nach Anerkennung seitens der anderen? Du musst selbst entscheiden, wie viel für das Gemeinwohl zu opfern bereit bist, ohne dich dabei benachteiligt zu fühlen.

Uranus

Was Freundschaften angeht, ist Uranus nicht wählerisch. Er hat nur wenige enge Beziehungen, dafür jedoch ein großes Netzwerk, in dem alle frei und gleich sind! Dein Interesse gilt allen Menschen, auch den Einsamen und an den Rand Gedrängten. In deinem 11. Haus herrscht das Ideal von Brüderlichkeit und Solidarität. Wenn du weitab vom Schuss lebst oder nur wenige Freunde hast, kannst du über das Internet, das Sprach- und Ländergrenzen überwindet, neue Bekanntschaften schließen.

Neptun

Freundschaftliche Kreise sind für Neptun ein hohes Gut, und er strebt danach, in ihnen aufzugehen, mit der Gruppe zu verschmelzen, zu der er gehören möchte und mit der ihn eine künstlerische Tätigkeit verbindet, der Glaube oder gesellschaftliches Engagement. Diese Netzwerke verbergen sich bisweilen hinter dem für Neptun typischen Schleier: Ihre Erscheinung täuscht über ihre wahre Natur hinweg, oder sie bestehen aus Randfiguren, die zwar genial sind, aber zu Substanzen greifen, die die Grenze zwischen Traum und Wirklichkeit verschwimmen lassen.

Pluto

Sein Streben nach Macht und intensivem Erleben schlägt sich auch im Haus der Verbindungen und der Kontakte nach außen nieder. Womöglich stellt er das Thema infrage: Wozu gemeinschaftliches Engagement? Wie? Zu welchem Preis? Und mit wem?

Wenn im 11. Haus mehrere Planeten stehen

Wenn mehrere Planeten im 11. Haus stehen, lenken sie dadurch deine Aufmerksamkeit auf dieses Haus. Diese Häufung ist nicht ohne Bedeutung. Sie zeigt an, dass es für dich darum geht, deinen Platz in Netzwerken (gleich welcher Art) zu finden und deinen Drang nach Unabhängigkeit und Autonomie mit der Tätigkeit in einer Gruppe in Einklang zu bringen. Das 11. Haus beschreibt weniger Freundschaften für Sport und Freizeit als vielmehr deine Fähigkeit, Verbindungen mit solchen Menschen einzugehen und aufrechtzuerhalten, die dir helfen wollen – nicht um dein persönliches Glück zu mehren, sondern weil sie an dein Projekt glauben und an deine Fähigkeiten, es zum Erfolg zu führen.

Wenn dein 11. Haus keine Planeten enthält, schlag auf S. 121 nach.

 Wenn in deinem 11. Haus Planeten stehen: Was sagen sie in Bezug auf das Thema des Hauses aus? Notiere deine Gedanken in deinem Astro-Tagebuch auf S. 251.

Willst du die Themen des 11. Hauses vertiefen? Dieser Kniff kann dir helfen, Zugang zu Netzwerken zu finden.

Würdest du gern einer Gruppe oder einem Verein beitreten, fürchtest jedoch, dich dort unwohl zu fühlen? Dann kannst du dir eine Sigille anfertigen, ein Siegel mit einem magischen Motiv, das du mit deiner Energie oder deinen Absichten auflädst. Verwende einen einfachen Satz, wie etwa »Ich bin entspannt« oder »Ich will beitreten«, je nachdem, was dir passend erscheint, und verändere die Buchstaben, lass Wörter weg, die du für nicht so wichtig hältst, füg passende Symbole hinzu ... Dann hast du einen Talisman, den du bei dir tragen kannst!

 Wenn Sigillen nicht dein Fall sind, kannst du dir auch (noch einmal) den Film Pride *von Matthew Warchus ansehen, der auf einer wahren Geschichte beruht. Er erzählt davon, wie sich in der Amtszeit Margaret Thatchers eine LGBT-Gruppe aus London mit streikenden Bergarbeitern solidarisiert. Diese beiden Gruppen aus völlig verschiedenen Milieus begegnen sich solidarisch und auf Augenhöhe und schaffen dadurch etwas Neues: eine Gemeinschaft der Unterdrückten, deren Grundrechte von den Herrschenden mit Füßen getreten werden.*

Das 12. Haus

WIR GEBEN UNS HIN

Im 12. Haus geht es ums Loslassen.

So wie das 8. Haus ist auch das 12. Haus ein außergewöhnliches Haus. Es beschließt den Lebenszyklus und stellt die letzte Etappe des Tierkreises dar. Die anderen Häuser ermutigen zu allen Arten von Aktivitäten (Arbeit, Projekte, kreative Tätigkeiten, soziales Engagement), in diesem letzten hingegen lernst du, mit der eigenen Tatenlosigkeit umzugehen. Es gibt Momente im Leben, in denen wir kaum vorankommen und so gut wie nichts erreichen. Momente, in denen Handeln überflüssig wird, weil der eingeschlagene Weg nicht weiter verfolgt werden kann. Dann muss man sich, bevor man sich anderen Dingen zuwenden kann, erst einmal von der Welt zurückziehen. Dann ist es Zeit, eine Pause einzulegen oder Tempo herauszunehmen und nicht mehr auf Engagement zu setzen, sondern auf Meditation, Introspektion und den Vorgang des Loslassen, der fortwährend angepriesen wird, ohne dass sich jemand fragt, warum wir uns so dagegen sperren ... Die Versuchung, sich diesem Aufruf zur Passivität zu widersetzen, um der vermeintlich drohenden Ohnmacht zu entgehen, ist groß. Es ist normal, unter Beweis stellen zu wollen, dass man alles erreichen kann, wenn man nur ausreichend stark ist, begabt, hartnäckig, abgebrüht, wohlwollend ... Manche

Dinge entziehen sich jedoch unserer Kontrolle und zwingen uns dazu, uns auf das Unmögliche einzulassen.
Wenn du dir dieses Innehalten nicht gönnst, landest du womöglich durch Nervosität, durch einen Kälteeinbruch oder einen Unfall an einem Ort, der abseits des aktiven Lebens liegt: ein Krankenzimmer, eine Klinik, ein Kloster – ein Ort, an dem das vielstimmige Treiben der Welt außen vor ist.

Hast du Angst davor, mit dir selbst allein zu sein? Das 12. Haus bietet dir eine ideale Gelegenheit, dich zurückzuziehen und dich ganz dem eigenen Innenleben zu widmen. Traditionellerweise steht es für die großen Prüfungen, die uns Kraft rauben, für Krankheiten, die uns ans Bett fesseln, für Gefangenschaft und Exil, für die Feinde, die sich unbemerkt nähern und uns aufs »Gefängnisfeld« schicken (oder, in früheren Zeiten, ins Kloster), für Misserfolg ... Doch es ist Zeit, diese frustrierende Interpretation hinter uns zu lassen!

Wenn in deinem 12. Haus viele Planeten stehen, überlass dich der Energie des Zeichens, das darin herrscht. Betrachte das Haus nicht als Ort der Blockade, sondern als Raum, in dem du dich entspannen und zur Ruhe kommen darfst. Das Universum gewährt dir Urlaub! Nimm diese Auszeit an, bevor die kosmischen Kräfte dich gegen deinen Willen auf die Ersatzbank schicken.
Dreh den Spieß einmal um. Vielleicht wirst du ja auch ermutigt, das genaue Gegenteil von dem zu tun, wofür das Zeichen im 12. Haus steht.

* Widder im 12. Haus: Hör auf, mit dem Kopf durch die Wand zu wollen.
* Stier im 12. Haus: Stell dir vor, dass Geld allein nicht glücklich macht.
* Zwillinge im 12. Haus: Zieh dich vom quirligen Treiben des menschlichen Miteinanders und von Geselligkeit zurück.
* Krebs im 12. Haus: Betrachte familiäre Spannungen mit Distanz.
* Löwe im 12. Haus: Schau lieber hinter die Kulissen, als auf der Bühne zu stehen und die gesamte Aufmerksamkeit auf dich zu ziehen.
* Jungfrau im 12. Haus: Akzeptier, dass nichts je perfekt ist und der Welt nicht immer mit Vernunft beizukommen ist.
* Waage im 12. Haus: Erhol dich vom gesellschaftlichen Leben, entzieh dich den Blicken der anderen und werde endlich du selbst.
* Skorpion im 12. Haus: Gönn dir Auszeiten, in denen du frei von Leidenschaften und revolutionärem Drang lebst.
* Schütze im 12. Haus: Lebe ohne ein höchstes Ideal.
* Steinbock im 12. Haus: Lass deinen Ehrgeiz ruhen.
* Wassermann im 12. Haus: Klinke dich aus Netzwerken und Vereinen aus und zieh dich aus deinem Freundeskreis zurück.
* Fische im 12. Haus: Finde inneren Frieden trotz deiner Glaubenskrisen.

DAS ZEICHEN IM 12. HAUS

Das Zeichen im 12. Haus verweist auf das Gebiet, in dem du durch Schicksalsschläge, Orientierungslosigkeit oder Mangel an Kraft oder Ressourcen zum Stillstand kommst.

Widder ♈
Kannst du dich nur schwer behaupten?
➔ Akzeptier, dass du manchmal nur wenig Selbstvertrauen hast.

Stier ♉
Findest du nur schwer zu innerer Stabilität?
➔ Akzeptier, dass du manchmal ohne Gewissheiten leben musst.

Zwillinge ♊
Hast du Schwierigkeiten bei der Kommunikation mit anderen?
➔ Entscheide dich hin und wieder für die Einsamkeit.

Krebs ♋
Gelingt es dir nicht, dich stark und in Sicherheit zu fühlen?
➔ Gib dich der Sehnsucht hin und suche lieber Schutz, als in den Kampf zu ziehen.

Löwe ♌
Gelingt es dir nicht, zu glänzen?
➔ Finde dich damit ab, bisweilen hinter den Kulissen zu stehen.

Jungfrau ♍
Hast du Schwierigkeiten, Unordnung zu akzeptieren?
➔ Versuch, nicht immer alles vorauszuplanen und zu kontrollieren.

Waage ♎
Findest du nur schwer zu innerem Frieden und Harmonie?
➔ Akzeptier, dass zum Leben auch unlösbare Konflikte gehören.

Skorpion ♏
Fällt es dir schwer, andauernd alles radikal infrage zu stellen?
➔ Gönn dir Phasen der Milde und der Unentschlossenheit.

Schütze ♐
Fällt es dir schwer, dir deine Begeisterung und deine Ideale zu bewahren?
➔ Akzeptier, dass du den Sinn des Lebens womöglich nie wirst ergründen können oder dass dir das Leben absurd erscheint.

Steinbock ♑

Hast du Mühe, dich zu disziplinieren?
➜ Mach dir klar, dass du dein Existenzrecht nicht erst verdienen musst.

Wassermann ♒

Fällt es dir schwer, dich in eine Gruppe einzugliedern?
➜ Nimm es hin, dass die anderen nicht unbedingt sehnsüchtig auf dich warten.

Fische ♓

Fällt es dir schwer, zu glauben und deinen Glauben aufrechtzuerhalten?
➜ Der Weg zu spiritueller Erfüllung ist weder leicht zu finden noch leicht zu beschreiben. Akzeptier dein beschränktes irdisches Dasein, und dass du dein Überleben sichern und in Ruhe vorgehen musst, um zur Erleuchtung zu gelangen.

Kennst du das Gefühl der Ohnmacht und der Tatenlosigkeit? Schaffst du es, dir Auszeiten zu nehmen? Ist es dir schon einmal gelungen, aufzugeben? (Aufgeben kann bedeuten, sich selbst zu besiegen.) Wie gehst du die großen Herausforderungen des Lebens an? Entspricht das Zeichen in deinem 12. Haus der Thematik des Hauses? Notiere deine Gedanken in deinem Astro-Tagebuch auf S. 250.

DIE PLANETEN IM 12. HAUS

Im 12. Haus stehen die Planeten vor einer großen Herausforderung: Sie dürfen sich nicht aufdrängen, sondern müssen ihre Aufgabe mit Zurückhaltung erfüllen.

Sonne ☉

Sie entfaltet ihre Lebenskraft auf dem Gebiet der Innerlichkeit und der Einkehr. Ihre Energie kann genutzt werden, um den Rückzug zu gestalten, die Askese, die Tatenlosigkeit oder die Enthaltsamkeit als Vermeidung sinnlicher Erregung. Das mag als ein Sich-Aufgeben oder mangelndes Durchhaltevermögen erscheinen, ebnet jedoch den Weg zu höheren spirituellen Ebenen und zu einer Erleuchtung, die die Sicht auf die Welt und uns selbst auf den Kopf stellt.

Mond ☽

In diesem Haus wird die Intuition des Mondes gestärkt; seine Position fördert jedoch auch Blockaden des Gefühlslebens. Um dich selbst zu schützen, schließt du am besten deine emotionalen Luken, um besser auf deine Intuition hören zu können.

Merkur ☿
Weil das 12. Haus zum Loslassen ermuntert, bleiben das intellektuelle Interesse und die geistigen Aktivitäten Außenstehenden verborgen und/oder mäandern vor sich hin. Das führt womöglich dazu, dass du dich mehr von deiner Intuition oder deinen Gefühlen leiten lässt als von deinem Intellekt, aber auch deine kommunikativen Fähigkeiten entwickelst, um die Verständnisschranken in deinen Worten und Gedanken abzubauen.

Venus ♀
Möglicherweise tauchen im Gefühlsleben Bewährungsproben auf, die nicht so reibungslos vonstattengehen, wie es sich dieser Planet der Harmonie und der Sinnlichkeit wünscht. In dieser Position ermuntert Venus auch zum Nachdenken darüber, was uns Beziehungen und Gefühle bedeuten, und empfiehlt uns, uns nicht aufzuopfern oder jeder noch so leisen Regung des Herzens hinzugeben.

Mars ♂
Er setzt seine Kraft für das kollektive Unbewusste ein. Seine Energie stellt er ganz in den Dienst dessen, was zur Rettung der Menschheit beiträgt: Medizin, Glaube … Mars kann auch für deine Wut stehen, die – wenn sie unreguliert bleibt – einen Keil zwischen dich und die Welt treiben kann. Nutze sie lieber zu spirituellem Wachstum.

Ceres ⚳
In diesem Haus wird das Pflichtbewusstsein möglicherweise auf die Probe gestellt. Wenn er sich zu sehr anstrengt, erweist sich der Planet der praktischen Fähigkeiten möglicherweise als unfähig, seine Aufgaben zu erfüllen. Nimm daher etwas Tempo heraus und sag dir »Ich will« oder »Ich kann« anstatt »Ich muss«.

Jupiter ♃
Dein soziales Wirken wird möglicherweise durch ungünstige Umstände gehemmt und ist weit entfernt von dem Prunk, den Jupiter sich wünscht. Das gibt dir Anlass, darüber nachzudenken, welchen Sinn du deiner Entfaltung beimisst. Eine günstige Position für humanitäres Engagement, Opferbereitschaft, Hilfeleistung und Selbstlosigkeit.

Saturn ♄
Womöglich bist du frustriert, wenn du auf dein Innenleben blickst, und vielleicht fühlst du dich sogar schuldig bei dem Gedanken, alles etwas lockerer anzugehen und dir Zeit zu nehmen, um über dich selbst nachzudenken. Das könnte dazu führen, dass du dich von der Welt zurückziehst, um dem Urteil der anderen zu entgehen.

Uranus ⛢

Uranus richtet seine Aufmerksamkeit auf das Haus des kollektiven Unbewussten, des Schlafs und der Träume. Möglicherweise ist deine Intuition so stark ausgeprägt, dass sie dir Unwohlsein bereitet. Um diese Gabe im Zaum zu halten, könntest du dich der Psychologie zuwenden, der alternativen Medizin oder der Esoterik.

Neptun ♆

Neptun hat ein Gespür für kollektive Emotionen und strebt nach Verbindung durch Gebet, Mitgefühl, bedingungslose Liebe oder Visionen, die ihn über Träume erreichen. Weil er äußerst empfänglich für die Seelenzustände der Welt ist, neigt er möglicherweise zur Melancholie. Diese Position zeigt unter Umständen an, dass du sehr verletzlich bist. Such dir etwas, das dir Halt gibt, und versuche täglich, dich im Hier und Jetzt zu verankern (durch Meditation, Zeichnen oder eine andere Tätigkeit, die dich beruhigt).

Pluto ♇

Das Leben besteht ausschließlich aus Konflikten, Machtkämpfen, Beherrschung und Unterwerfung … Wer sich immer gegen widrige Umstände zur Wehr setzt und das bekämpft, was ihn bekämpft, wird auf Dauer mürbe.

Wenn im 12. Haus mehrere Planeten stehen

Wenn mehrere Planeten im 12. Haus stehen, lenken sie dadurch deine Aufmerksamkeit auf dieses Haus. Diese Häufung ist nicht ohne Bedeutung. Sie zeigt an, dass es für dich eher um dein Inneres als um dein aktives Leben geht. Akzeptier, dass du nicht andauernd alles machen kannst. Eine demütige Haltung kann Gold wert sein – sie relativiert die Bedeutung der eigenen Existenz. Was für eine Erleichterung! Damit ist kein Werturteil verbunden, sondern nur ein Perspektivwechsel. Deine Handlungen, deine Bestrebungen und deine Wünsche sind – in den Dimensionen des Universums betrachtet – äußerst relativ. Dieser Gedanke erlaubt es dir, Tempo herauszunehmen und dich auszuruhen. Je rascher du die Bedeutung des 12. Hauses erfasst, desto besser kannst du ihr gerecht werden!

Wenn dein 12. Haus keine Planeten enthält, schlag auf S. 121 nach.

Wenn in deinem 12. Haus Planeten stehen: Was sagen sie in Bezug auf das Thema des Hauses aus? Notiere deine Gedanken in deinem Astro-Tagebuch auf S. 251.

Willst du die Themen des 12. Hauses vertiefen?
Diese Gedanken können dir beim Loslassen helfen.

Wie wäre es, wenn du dir zum Thema Loslassen einmal die Tarotkarten legst? Nimm dir die Zeit und erspüre, was die Begriffe Ohnmacht, Aufgeben, Kontrollverlust und Scheitern in dir hervorrufen. Gewiss hast du etliche schwere Phasen durchgemacht oder erlebst gerade im Moment eine; dennoch solltest du dir vor Augen halten, dass all das relativ ist. Dieses Thema mit ausreichend Distanz zu betrachten, kann wahrhaft befreiend sein. Eine Erkrankung etwa, auch wenn sie noch so schrecklich ist (Hand aufs Herz: Wir wären doch alle lieber gesund), kann uns die Augen dafür öffnen, was uns wirklich wichtig ist. Die Kranken sind nicht sterblicher als diejenigen, die in guter Verfassung sind, aber sie werden sich früher der Beschränkung bewusst, die ihr Körper darstellen kann. Zwar gibt es manche Erkrankungen, die fortschreiten, ohne dass wir diese Entwicklung beeinflussen können, doch wir sollten auch die positiven Seiten einer so schmerzlichen Lage sehen. So regt sie uns etwa dazu an, darüber nachzudenken, welchen Sinn wir unserem Leben geben wollen. Wenn du diesen Fragen nachgehen willst, kannst du dir auf folgende Weise die Karten legen. Verwende nur die großen Arkana des Tarot und zieh drei Karten.
1. Was blockiert mich und was lähmt mich?
2. Was muss ich zurücklassen, um voranschreiten zu können?
3. Was werde ich dadurch gewinnen?

2: Karte der **Vergangenheit**   **1:** Karte der **Gegenwart**   **3:** Karte der **Zukunft**

 Wenn das Tarot nicht dein Fall ist, kannst du dir auch (noch einmal) den Film Die Offizierskammer *von François Dupeyron ansehen. Er erzählt von Soldaten, die im Ersten Weltkrieg verwundet und teilweise schwer entstellt werden. Während ihrer Genesung werden sie vom Leben abgeschirmt, und sie versuchen in dieser Zeit damit klarzukommen, welche Seiten ihrer Vergangenheit sie zurücklassen müssen.*

- VI -

Die Aspekte

ASTROLOGISCHE WECHSELWIRKUNGEN

Du kennst nun deine Planeten und weißt, in welchen Häusern und in welchen Zeichen sie stehen. Betrachte dein Horoskop etwas eingehender: Welche Zeichen und welche Häuser sind besonders betont? Gibt es Planeten, die durch ihre Position besonders ins Auge fallen?

Du kannst deinem Horoskop nun schon so viele verschiedene Informationen entnehmen, dass du es dabei bewenden lassen könntest. Zur Gesamtaussage eines Geburtshoroskops gehören jedoch auch die Beziehungen zwischen den Planeten, die sogenannten Aspekte. Manche Planeten harmonieren grundsätzlich gut miteinander, andere dagegen tun sich miteinander schwer. Wie unter den Mitgliedern einer jeden Gruppe bilden sich auch zwischen manchen Planeten rasch Freundschaften – wenn zwei oder mehrere sich gut verstehen und reibungslos zusammenarbeiten –, während andere Schwierigkeiten haben, mit ihresgleichen in Kontakt zu treten. Sie reden durcheinander, fallen sich gegenseitig ins Wort und zertrampeln manchmal den Vorgarten des anderen …

Die Aspekte veranschaulichen die Kräfteverhältnisse und die Spannungen, die dein Dasein bestimmen. Manche sind dir eine Hilfe: Sie sind umgänglich, geben dir Impulse und sind manchmal so etwas wie eine gute Fee, bei der du zwei oder drei Wünsche frei hast! Andere Aspekte sind dagegen problematischer; sie verweisen auf Widersprüche in deinem Inneren oder auf Konflikte in Beziehungen. Doch keine Sorge: Der Feind lässt sich leichter besiegen, wenn man seine Taktik kennt und weiß, woher er seine Kraft bezieht. Außerdem würde ein Horoskop ohne Spannungen nie dazu ermuntern, die ausgetretenen Pfade zu verlassen. Im Gegenteil: Wird nichts infrage gestellt und gibt es keine Verwerfungen, fühlt man sich leicht dazu verleitet, sich auf seinen Lorbeeren auszuruhen. Ein Geburtshoroskop ist niemals nur gut oder nur schlecht. Vielmehr kommt alles darauf an, wie wir mit ihm umgehen, sowie auf die Art und Weise, wie wir unser astrologisches Profil durch unsere Entscheidungen und unser Handeln zum Leben erwecken.

Weil es keine negativen Elemente, negativen Zeichen oder negativen Planeten gibt, hast du in deinem Horoskop möglicherweise noch keine Anzeichen für die Widersprüche in deinem Inneren entdeckt. Hierüber geben die Aspekte der Planeten Auskunft. Natürlich gibt es auch keine rein »negativen« Aspekte – jeder hat auch seine positiven Seiten: Manche unangenehmen Aspekte können heilsam sein, weil sie uns zum Handeln antreiben und uns zwingen, unsere Komfortzone zu verlassen, uns aber auch etwas über Störungen in unserem Inneren, unsere Leiden und unsere dunklen Seiten verraten.

* Wenn dein Horoskop zahlreiche Aspekte aufweist: Versuch, sie einzeln zu bestimmen und zu benennen, denn vielleicht fällt es dir schwer, sie jeweils in deinem Dasein zu spüren.
* Wenn dein Horoskop wenige Aspekte oder nur einen einzigen aufweist: Widme dich verstärkt der Thematik, die darin zum Ausdruck kommt. Sie ist umso komplexer, als sie die einzige ist, die in deinem Horoskop und in deinem Dasein Bewegung verursacht.
* Wenn dein Horoskop keine harmonischen Aspekte aufweist: Keine Sorge, du besitzt dennoch die Eigenschaften der Tierkreiszeichen, die in deinem Horoskop ihre Kräfte entfalten.
* Wenn dein Horoskop keine gespannten Aspekte aufweist: Möglicherweise musst du dir einen Ruck geben, um deine Komfortzone zu verlassen und dich Herausforderungen zu stellen.

DIE HARMONISCHEN ASPEKTE

Konjunktion ☌ = Die Unzertrennlichen

Wenn sich zwei Planeten »an derselben Stelle« befinden (d. h. nicht mehr als 7° voneinander entfernt), stehen sie in Konjunktion. Von der Erde aus betrachtet wirken sie wie ein einziger Planet. Das bedeutet, dass sie ihre Kräfte vereinen; sie halten einander an den Händen und sind unzertrennlich. Ihre gemeinsame Position unterstreicht die Bedeutung des Hauses und des Zeichens, in denen sie stehen. Eine Konjunktion ist per se weder positiv noch negativ; sie zeigt an, dass die beiden Planeten bei dir in ihrem Streben gemeinsame Sache machen.

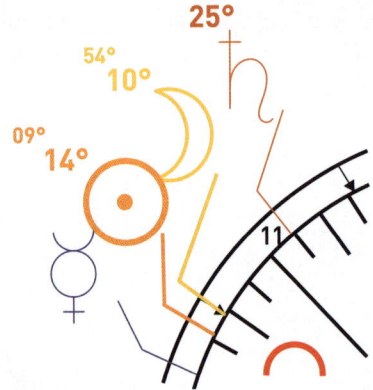

Hier stehen Mond und Sonne mit 4° Abstand in Konjunktion. Sie stehen im selben Haus und im selben Zeichen. Ihre Wirkkräfte gehen Hand in Hand: Die Fabrik der Emotionen und das Ideal des Erfolges sind nicht voneinander zu trennen.

Das Horoskop von Charlize Theron

Der Mond steht bei 10° im Löwen, die Sonne bei 14° im Löwen. Sie sind nur 4° voneinander entfernt, stehen also, im Zeichen des Löwen und im 12. Haus, in Konjunktion. Sie sind unzertrennlich und beide von der leuchtenden und souveränen Energie des Löwen durchdrungen. Charlize Theron war anfangs die ultimative Glamour-Ikone, doch im 12. Haus musste sie ihren Status als luxusverwöhntes Starlet überdenken. Seitdem ist sie für tiefgreifende Charakterrollen bekannt, die einer strahlenden Aura nicht gerade zuträglich sind, in Filmen wie Monster, The Road oder Young Adult.

Trigon △ = Die fruchtbare Allianz / Synergien

Wenn zwei Planeten 120° voneinander entfernt stehen (mit maximal 7° Abweichung), bilden sie ein Trigon. Dieser Aspekt gilt als der harmonischste. Er verheißt Mühelosigkeit, günstige Gelegenheiten, Flexibilität, Wohlstand und spürbare Synergien zwischen zwei (oder mehreren) Planeten. In der Regel ist ein Trigon eine Verbindung zweier Planeten in verschiedenen Zeichen desselben Elements, was erklärt, dass ihre Energien von ähnlicher Natur sind und sie gemeinsame Ziele verfolgen.

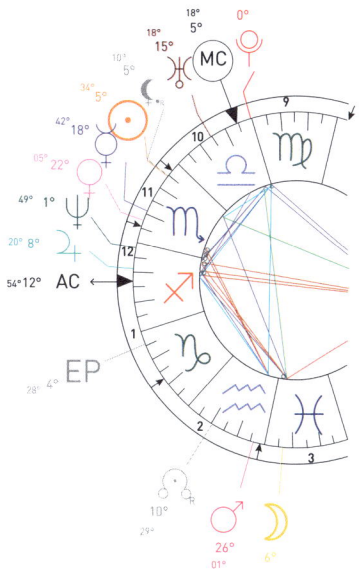

Mond und Sonne bilden im Abstand von 121° ein Trigon. Sie stehen in zwei Zeichen, die demselben Element zugeordnet sind (hier: Wasser). Obwohl sie sich in unterschiedlichen Häusern befinden, verstehen sich die Fabrik der Emotionen und das Ideal außerordentlich gut und arbeiten zusammen.

Das Horoskop von Winona Ryder

Die Sonne steht im 11. Haus bei 5° im Skorpion, der Mond im 3. Haus bei 6° in den Fischen. Sie bilden, im Abstand von 121°, ein Trigon – eine ideale Konstellation für eine Schauspielerin. Der intuitive Mond ist geprägt von einer großen Bandbreite an Emotionen (Fische) und wirkt im 3. Haus, dem Haus der horizontalen Kommunikation. Er vereint sich mit der ehrgeizigen Sonne, die sich – im 11. Haus, dem Haus der Netzwerke und der Zusammenarbeit – immer wieder neu erfindet und reinen Tisch macht: Winona Ryder etwa fand nach einem Karriereknick in ihren Beruf zurück und konnte das Publikum mit ihren Rollen in Black Swan *und* Stranger Things *begeistern.*

Sextile ✶ = Die günstige Gelegenheit / Gegenseitige Hilfe

Wenn zwei Planeten 60° voneinander entfernt stehen (mit maximal 7° Abweichung), bilden sie ein Sextil. Es signalisiert Einvernehmen und flexiblen Zusammenhalt zwischen den Planeten. Weil der Tierkreis aus sechs Abschnitten zu 60° besteht, vereint ein Sextil für gewöhnlich ein Feuerzeichen und ein Luftzeichen oder ein Wasserzeichen und ein Erdzeichen. Das Sextil ist ein untergeordneter Aspekt. Es lenkt unsere Aufmerksamkeit auf Gelegenheiten, die wir ergreifen sollten, und auf Talente, die wir entwickeln sollten.

Mond und Sonne bilden im Abstand von 61° ein Sextil. Um die Sonne zum Strahlen zu bringen und ihren Willen durchzusetzen, muss der Mond möglicherweise mit seiner ganzen Vorstellungskraft und Sensibilität aktiv werden.

Das Horoskop von Venus Williams

Die Sonne im 9. Haus bei 26° in den Zwillingen bildet ein Sextil mit dem Mond im 11. Haus bei 27° im Löwen. Tennis ist ein typischer Zwillinge-Sport: Der Ball saust zwischen den beiden Spielerinnen hin und her, und die Zuschauer drehen die Köpfe hin und her, um das Match zu verfolgen ... Für eine Weltkarriere im Sport ist eine solche Allianz mit einem Mond im Löwen, der die Aufmerksamkeit dauerhaft auf sich ziehen kann, durchaus förderlich!

DIE GESPANNTEN ASPEKTE

Quadratur □ = Konflikt

Wenn zwei Planeten 90° voneinander entfernt liegen, stehen sie in Quadratur. Das bedeutet, dass die Spannung ihren höchsten Punkt erreicht hat und Handeln erfordert. Die Quadratur steht für Krise, hat jedoch auch den Vorteil, dass sie uns dazu treibt, eine Lösung zu finden, um einen inneren Konflikt oder den Frust zu überwinden, der uns aus dem Gleichgewicht bringt. Sie fordert uns heraus: Lass dich nicht unterkriegen, krempel die Ärmel hoch und stell dich deinen Schattenseiten!

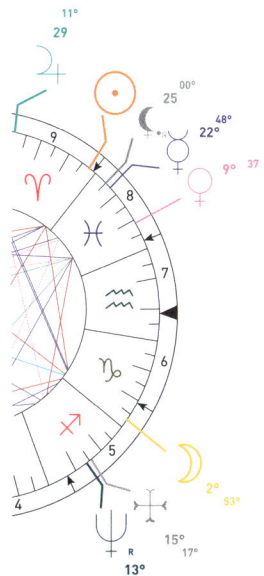

Mond und Sonne stehen in Quadratur. Gefühlsbetontheit und Ideale stehen miteinander im Widerstreit. Vielleicht ertrinkst du in deinen Gefühlen, was den Prozess der Reifung verhindert, oder deine Gefühle sind blockiert, weshalb du deine Ziele nicht erreichst. Wodurch entstehen diese Blockaden? Wie kann diese Spannung gelöst werden? Wie kannst du zu einem besseren Leben finden? Fluchen ist sinnlos, und je offensiver du dich diesen Fragen stellst – womöglich auch mit therapeutischer Hilfe –, desto besser wirst du mit diesem gespannten Aspekt umgehen können.

Das Horoskop von Reese Witherspoon

Der Mond steht im 5. Haus bei 2° im Steinbock, die Sonne im 9. Haus bei 2° im Widder. Ihr Abstand beträgt 90°, womit sie in Quadratur stehen. Die energische und impulsive Reese Witherspoon ärgerte sich oft, wenn Drehbücher Frauenrollen nur wenig Bedeutung beimaßen. Unzufrieden mit der Zusammenarbeit mit Kollegen – die von ihrer Kühnheit und ihrem Führungsanspruch (Widder) eingeschüchtert waren –, gründete sie ihre eigene Produktionsfirma. Um sich sicher zu fühlen, braucht ihr Mond im Steinbock konkretes Handeln und das Gefühl, die Kontrolle zu haben. Da liegt es nahe, selbst Produzentin zu werden und Projekte von Anfang bis Ende zu begleiten, zumal der Mond im 5. Haus wirkt, dem Haus der Kreativität.

Opposition ☍ = Ambivalenz

Wenn zwei Planeten 180° voneinander entfernt liegen, stehen sie sich diametral gegenüber. Mit dem Begriff der Opposition verbinden wir normalerweise den Begriff des Gegensatzes sowie die Vorstellung von einer Dualität, die jeden Kompromiss ausschließt – unwiderrufliche Trennung ist die Folge. Im Tierkreis dagegen werden Zeichen, die einander gegenüberliegen, als Paare angesehen. Es scheint, als könnten sie einander höchstens mit den Fingerspitzen berühren, selbst wenn sie sich mit aller Kraft strecken würden, um das andere Ende des Himmels zu erreichen.

Der Tierkreis besteht aus sechs Paaren: Widder/Waage, Stier/Skorpion, Zwillinge/Schütze, Krebs/Steinbock, Löwe/Wassermann und Jungfrau/Fische. Alle stehen jeweils sechs Felder voneinander entfernt. Die beiden Teile eines Paares haben dasselbe Ziel, verfolgen jedoch unterschiedliche Strategien, um es zu erreichen. Nur wenn sie ihre Kräfte bündeln, können sie einander ergänzen und so ans Ziel gelangen.

Zwei Planeten, die in einem Horoskop in Opposition stehen, geben auf dieselben Fragen unterschiedliche Antworten. Es mag ihnen scheinen, als könnten sie einander nie enträtseln oder gar nebeneinander existieren, und doch … Eine Opposition verweist auf die angespannten Bereiche unseres Inneren, die wir gern auf andere projizieren, wenn wir im wachbewussten Zustand die eigenen Verletzlichkeiten nicht erkennen. Und wie löst man Konflikte am besten? Durch Dialog! Die Beteiligten müssen ihre Interessen vergleichen und eine gemeinsame Lösung finden.

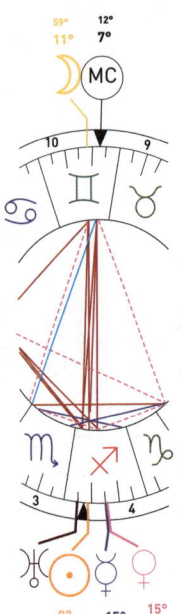

Sonne und Mond stehen in Opposition, in zwei gegenüberliegenden, aber komplementären Zeichen. Beide haben dasselbe Ziel vor Augen, legen jedoch verschiedene Verhaltensweisen an den Tag. Auch wenn sie einander auf den ersten Blick widersprechen, ergänzen sie sich in Wirklichkeit. Versuch, diesen ersten Eindruck des Widerspruchs zu überwinden; dann kannst du den Wunsch der beiden nach Zusammenarbeit in seinem ganzen Umfang erkennen.

Das Horoskop von Janelle Monae

Schauspielerin, Sängerin, Tänzerin, Performerin, Aktivistin ... Eine so vielfältige Persönlichkeit ist ganz nach dem Geschmack eines Mondes, der bei 11° in den Zwillingen steht, eines neugierigen und lebhaften Mondes im 10. Haus, dem Haus des sozialen Aufstiegs. Er steht in Opposition zur Sonne, die im 6. Haus bei 8° im Schützen steht. Janelle tritt nachhaltig für ihre politischen Positionen ein, für die Rechte von People of Colour, von Frauen und der LGBTQ-Community. Und ihre Planeten unterstützen sie dabei: Sie vereint den Einsatz für ihre Überzeugungen mit ihrem Bedürfnis nach Lockerheit, verwandelt ihre Auftritte in politische Kundgebungen und trägt durch ihre Rollen, ihre Worte, ihre Clips und ihre Posts in sozialen Netzwerken ihre Botschaft in die Welt.

»Hilfe! Ich werde aus den Allianzen und Konflikten zwischen meinen Planeten einfach nicht schlau!«

Keine Sorge, vielleicht fehlt dir einfach noch der Blick für bestimmte Konstellationen. Denk in aller Ruhe darüber nach, wart ab, und früher oder später wird sich der Nebel von ganz allein lichten. Dennoch will ich dir ein paar Hinweise geben.

Wenn zwei Planeten in Opposition oder in Quadratur stehen, ist es sehr wahrscheinlich, dass einer den anderen dominiert. Der Mond kann eine in Opposition stehende Venus durchaus überlagern; dann kommt die Energie der Venus zur Ruhe, weil sie dem Planeten, der die Emotionen hervorbringt, ganz das Feld überlässt. Und Pluto kann etwa die Venus dominieren, wenn sie in Quadratur zu ihm steht. Als Planet der Zerstörung folgt er dann seinem Impuls, den Planeten der Werte und der Empfindsamkeit zu sabotieren. In beiden Fällen ist es jedoch denkbar, dass Venus Verbündete besitzt (etwa durch eine Konjunktion), die ihr zur Seite stehen und die beiden erwähnten Planeten in Schach halten.

Denk immer daran: Jedes Horoskop ist einzigartig und hat es verdient, mit ganzer Aufmerksamkeit analysiert zu werden. Gib also die Hoffnung nicht auf und verlier nicht die Geduld. Mit der Zeit wirst du alle Aspekte, die die Planeten bilden, verstehen.

Welche Aspekte weist dein Horoskop auf?

Welche Aspekte deine Planeten bilden, kannst du der grafischen Darstellung deines Geburtshoroskops entnehmen. Übertrag sie auf deine Astro-Map.

* *Zeichne zunächst die positiven Aspekte ein (Trigone und Sextile). Dabei musst du die Winkelgrade nicht exakt treffen; wichtig ist, dass die Beziehung zwischen den beiden Planeten sichtbar ist. Wenn etwa Mond und Venus einen solchen Aspekt bilden, ziehst du zwischen den beiden eine Linie in einer Farbe, die du als friedlich und harmonisch empfindest.*

* *Zeichne dann die gespannten Aspekte ein. Auch hier kommt es wieder darauf an, die Dynamik zwischen zwei Planeten zu verdeutlichen. Auf deiner Astro-Map musst du nicht exakt auf die Winkelgrade achten; die Linien dienen nur dazu, die Dynamiken zu veranschaulichen.*

* *Wenn in zwei Zeichen jeweils mehrere Planeten stehen und diese dieselben Aspekte bilden (etwa Sonne und Mond in der Jungfrau, die mit Uranus und Neptun im Steinbock denselben Aspekt bilden), ziehst du nur eine Linie. Wichtig ist, dass du dir der Wechselwirkungen zwischen den beiden Zeichen – ob belastend oder befreiend – bewusst bist.*

Die Beziehungen zwischen deinen Planeten

Welche Wechselwirkungen beflügeln dich und welche hemmen dich? Welche Allianz zwischen Planeten gereicht dir zum Nutzen? Achte auf die Konjunktionen (unzertrennliche Planeten), die Trigone (fruchtbare Verbindungen) und die Sextile (günstige Gelegenheiten). Welche bekommst du nur schwer in den Griff? Achte auch auf die Quadraturen (Konflikte zwischen zwei Planeten) und die Oppositionen (Ambivalenzen). Notiere deine Gedanken in deinem Astro-Tagebuch auf S. 253.

– VII –

Gestalte deine Astro-Map!

Du hast nun alle Elemente in der Hand, um deine persönliche astrologische Erzählung zu formulieren! In den vorangegangenen Kapiteln hast du ermittelt:
* in welchen Zeichen deine Planeten stehen und welche Würde sie haben;
* welche Zeichen in welchen Häusern stehen;
* in welchen Häusern deine Planeten stehen;
* welche Aspekte deine Planeten bilden.

Die Karte, in die du deine persönlichen Daten eingetragen hast, kann dir als Gedächtnisstütze dienen. Ein kurzer Blick darauf ruft dir wieder in Erinnerung, was dich während der Lektüre beschäftigt hat. Aus ihr kannst du auch Anregungen für kreative Tätigkeiten schöpfen. Sie ist höchst individuell, ein Spiegel deiner Persönlichkeit und deiner Lebensthemen. Bis jetzt hast du in deine Karte Folgendes eingetragen:
* die Nummern der Häuser
* die Themen der Häuser
* das oder die Zeichen, die in den Häusern stehen, angefangen beim Aszendenten (siehe Kapitel III, *Der Tierkreis*)
* die Planeten in ihren Häusern
* die Aspekte zwischen den Planeten, die dich am meisten bewegen (siehe Kapitel VI, *Die Aspekte*)

Wenn du es nicht schon während der Lektüre getan hast, kannst du diese wichtigsten Elemente deines Horoskops jetzt nachtragen.
Nun kannst du deine Karte weiter nach Lust und Laune ausgestalten, indem du Gedanken notierst, die dir besonders wichtig erscheinen, oder an den freien Stellen etwas zeichnest oder aufklebst ... Lass deiner Kreativität freien Lauf!

> **In der Tabelle auf S. 254/255 kannst du sämtliche Informationen aus deinem Horoskop, die du in deinem Astro-Tagebuch gesammelt hast, übersichtlich zusammenfassen.**
>
> **Lies deine Notizen noch einmal durch und ruf dir in Erinnerung, was du alles gelernt hast. Jetzt kannst du deine Astro-Map vervollständigen und personalisieren.**

JETZT BIST DU DRAN!

* Notiere für jedes Haus diejenigen Charakteristika des oder der entsprechenden Zeichen, die du als wichtig erachtest.
* Wenn du möchtest, mal das Feld mit der Farbe aus, die du mit dem Zeichen verbindest, und zeichne Symbole ein, die für dich das Thema des Hauses repräsentieren.
* Sieh dir an, welche Planeten in welchen Häusern stehen, und notiere diejenigen Charakteristika der Planeten, die du als wichtig erachtest. Wenn mehrere Planeten im selben Haus stehen, teilst du das Feld durch eine gepunktete Linie.
* Wenn du Lust hast, mal das Feld mit der Farbe aus, die du mit dem jeweiligen Planeten verbindest, und zeichne Symbole ein, die für dich die Funktion des Planeten veranschaulichen.
* Verzeichne auch die Aspekte, die dich am meisten ansprechen. Wenn du gern mit Farben arbeitest, kannst du die Aspekte etwa außerhalb des Kreises markieren, jeweils mit den Farben, die dir dafür passend erscheinen.

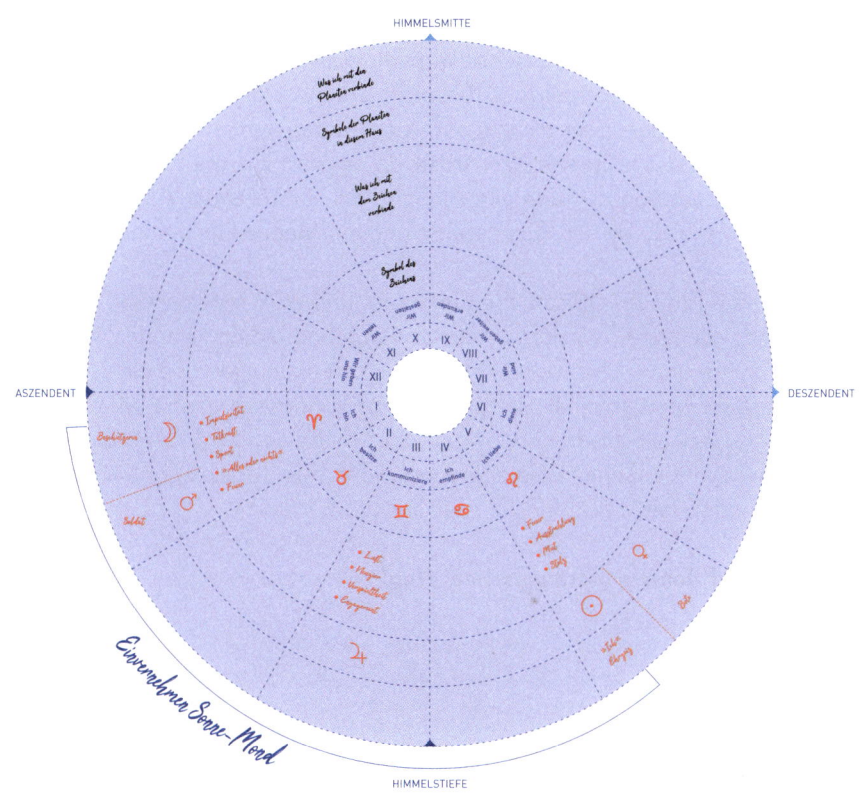

Deine Astro-Map ist fertig!

Wenn du sie ausgedruckt hast, kannst du sie in diesem Buch aufbewahren und herausnehmen und auffalten, wenn du über dich selbst nachdenken willst oder eine Entscheidung treffen musst. Oder du hängst sie an die Wand, wo du sie jederzeit betrachten kannst! Hast du die kleine Karte im Buch verwendet, weißt du ja, wo du sie findest ...

Deine persönliche astrologische Erzählung wird sich im Lauf der Zeit immer weiter auffächern. Du bist so mutig, dich selbst verstehen zu wollen, und die Ereignisse und Bewährungsproben, die das Leben noch für dich bereithält, werden wichtige Schritte bei deiner Sinnsuche sein, und je älter und erfahrener du wirst, desto besser wirst du sie verstehen.

Die Karte, die du gezeichnet hast, kann dich dein ganzes Leben lang begleiten und dir Orientierung geben. Die Astrologie ist (zum Glück!) keine exakte Wissenschaft. Daher ist sie auch nicht von vornherein fatalistisch oder deterministisch. Die Art und Weise, wie du dein Horoskop interpretierst, kann sich im Lauf der Zeit wandeln, und möglicherweise wirst du die astrologischen Fakten immer wieder in neuem Licht betrachten. Vielleicht erkennst du die symbolische Bedeutung eines Aspektes, die dir lange Zeit ein Rätsel war, in dem Moment, in dem du als Regisseur während der Arbeit an einem Film das bereits gedrehte Material sichtest, wenn du nach einer Nacht voll verstörender Albträume aufwachst, oder wenn du an der Küste stehst und die Meeresluft tief in deine Lungen saugst.

Die Planeten führen Zwiegespräche und kommunizieren miteinander, tauschen sich aus und widersprechen sich, verbünden sich und tadeln einander. Wenn du derlei Bündnisse und Rivalitäten erkennst (die offenkundigen und die verborgenen), kannst du weitreichende astrologische Erkenntnisse gewinnen, denn wie bei jeder Art der Selbstbetrachtung entdeckt man auch in der Astrologie bestimmte tiefliegende Geheimisse erst dann, wenn man für sie bereit ist und den Zugang gefunden hat.

Gute Reise auf deinem astrologischen Weg!

- VIII -

Weitere Themenkreise

Gibt es ein Thema, das dir auf den Nägeln brennt? Sieh dir dein Horoskop genau an – dann wirst du sicher Anhaltspunkte finden, die dir weiterhelfen oder neue Wege aufzeigen. Natürlich werden sich dabei laufend neue Perspektiven ergeben, denn jedes Horoskop ist einzigartig und kann nur dann in seiner ganzen Tiefe analysiert werden, wenn es im Licht der eigenen Gedanken, Gefühle, Lebensumstände und der persönlichen Entwicklung betrachtet wird. Deine astrologische Erzählung ist nicht ein für alle Mal festgelegt. Im Lauf deines Lebens wird sie sich mit jedem neuen Abschnitt, den du zurücklegst, weiter auffächern. In jeder Phase unseres Daseins können wir unser Horoskop neu entdecken, und je älter wir werden, desto erfahrenere Astrologen werden wir …

ASTROLOGIE UND GEFÜHLE

WO FINDEST DU IN DEINEM HOROSKOP AUSSAGEN ÜBER DEIN GEFÜHLSLEBEN?

* Der Mond ist gleichsam die Fabrik der ursprünglichen Gefühle, die noch in keiner Weise geglättet oder abgeschliffen wurden.
* Das 4. Haus ist der Ort der Introspektion. Hier findest du viele Informationen darüber, wie du deine Kindheit erlebt hast, oder darüber, wie du die Auswirkungen deiner Familiengeschichte noch heute in deinem Seelenleben spürst.
* Im 8. Haus kannst du deine Gefühle ausleben, auch die besonders rohen und schmerzhaften, und dadurch neue Kräfte entwickeln und dich verändern.
* Im 12. Haus kannst du lernen, dein Gefühlsleben in den Griff zu bekommen, indem du dir Zeiten der Ruhe, des Rückzugs und der Meditation gönnst.
* Wenn Mond und Jupiter in Quadratur stehen, kann das ein Anzeichen von Hochsensibilität sein.

ASTROLOGIE UND BERUF

WO FINDEST DU IN DEINEM HOROSKOP AUSSAGEN ÜBER DEIN VERHÄLTNIS ZUM BERUF?

Zahlreiche Planeten können dir die verschiedensten Berufe nahelegen – alles hängt von ihrer genauen Position ab. Vor allem drei Häuser sind hier von Bedeutung:

* Das 2. Haus kann auf einen Brotberuf verweisen (oder auf einen Beruf, der mit Ernährung zu tun hat), aber auch in allgemeiner Hinsicht auf die Art und Weise, wie du deinen Lebensunterhalt bestreitest.
* Das 6. Haus ist der Ort, an dem du dich in die Gesellschaft einbringst. Hier geht es um die Arbeit, die du aus Pflichtgefühl erledigst sowie aus dem Wunsch heraus, deinen Teil zum Gemeinwesen beizutragen.
* Im 10. Haus kannst du dich in der Öffentlichkeit verwirklichen. Hier herrscht dein Wunsch vor, den eigenen Weg zu finden und in der Gemeinschaft aufzusteigen.

ASTROLOGIE UND FAMILIE

WO FINDEST DU IN DEINEM HOROSKOP AUSSAGEN ÜBER DEIN VERHÄLTNIS ZUR FAMILIE?

* Der Mond sagt vor allem (aber nicht nur) etwas über deine Beziehung zu deiner Mutter und zu Mutterschaft im Allgemeinen aus, oder zu der erwachsenen Person, die dich zu Beginn deines Leben betreut und beschützt hat.
* Ceres kann eine erzieherisch tätige Pädagogin repräsentieren.
* Die Sonne kann für den Vater stehen, der in seiner Tatkraft erstrahlt, oder für einen Erwachsenen, der dich in deinen jungen Jahren durch seine Erfolge beeindruckt hat.
* Saturn kann für eine erzieherische Autorität stehen, für die Eltern, die dir Disziplin eingebläut haben, oder für die Großeltern.
* Merkur und Venus können Bruder und Schwester repräsentieren.
* Das 4. Haus enthält Aussagen über deine Familiengeschichte, deine Wurzeln und das generationenübergreifende Gedächtnis.

ASTROLOGIE UND PAARBEZIEHUNG

WO FINDEST DU IN DEINEM HOROSKOP AUSSAGEN ÜBER DEINE PAARBEZIEHUNGEN?

* Wenn du einen männlichen Partner suchst, achte auf die Sonne und den Mars, die in deinem Horoskop möglicherweise einen solchen Partner repräsentieren.
* Wenn du eine weibliche Partnerin suchst, achte auf den Mond und auf die Venus, die in deinem Horoskop möglicherweise eine solche Partnerin repräsentieren.
* Venus steht für die Eigenschaften, die wir ans uns selbst schätzen sowie an den Menschen, die wir lieben. Das Zeichen, in dem sie steht, kann dir helfen, diese Eigenschaften zu identifizieren und zu verstehen, was du an deinem Partner oder deiner Partnerin wirklich magst.
* Im 7. Haus geht es um unsere Beziehungen zu anderen Menschen. Es beginnt mit dem Deszendenten, also mit all dem, was du nicht bist und was dich möglicherweise vervollständigen kann. Finde heraus, wie sich das oder die Zeichen im 7. Haus bei dir auf die Partnersuche auswirken!

ASTROLOGIE UND SEXUALITÄT

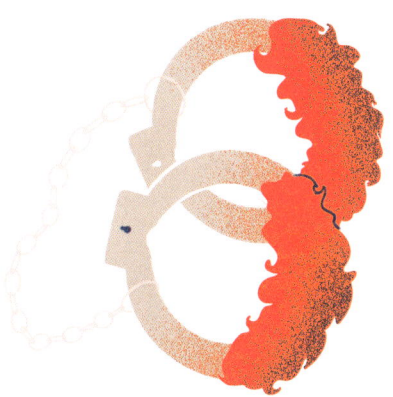

WO FINDEST DU IN DEINEM HOROSKOP AUSSAGEN ÜBER DEINE SEXUALITÄT?

* Mars steht für deine Libido, deinen Drang, zu erobern und zu nehmen. Das Zeichen, in dem er steht, repräsentiert den Archetyp, der dein Begehren weckt – mit Beteiligung der Gefühle oder ohne!
* Venus knüpft deine affektiven und amourösen Bande. Also beeinflusst sie auch deine sexuellen Beziehungen, vor allem, wenn sich Sexualität bei dir nur im Rahmen einer Liebesbeziehung abspielt. Venus sagt etwas darüber aus, welchem Typus Mensch du in einer Partnerschaft vertraust, und über den Nutzen, den du dir von einer Partnerschaft versprichst.
* Pluto verwandelt Blei in Gold. Mit seinen alchimistischen Fähigkeiten schöpft er aus Belastungen und sexuellen Traumata neue Widerstandskraft.
* Lilith repräsentiert deine dunklen Seiten und den Schatten auf deiner Seele. Sie hütet deine unbewussten Fantasien und Begierden, auch jene, die dir keine Ruhe lassen und die du niemals anderen gegenüber preisgeben würdest.
* Das 5. Haus ist das Haus der Liebesbeziehungen und der Entspannung. Daher steht hier die Sexualität ganz im Licht des Spielerischen und der selbsterotischen Lust.
* Im 8. Haus erscheint die Sexualität wie ein nahezu mystisches Gefilde, in dem Machtspiele ausgetragen werden können, wo aber auch Erfahrungen spiritueller Energien, etwa tantrischer Art, möglich sind.

ASTROLOGIE UND KREATIVITÄT

WO FINDEST DU AUSSAGEN ÜBER DIE VERWIRKLICHUNG DEINER PROJEKTE?

* Natürlich gibt vor allem die Sonne, die deinen Ehrgeiz repräsentiert, durch das Zeichen und das Haus, in denen sie steht, einen Hinweis auf die Beschaffenheit deines Lebenswerkes.
* Auch der Mond zeigt an – ebenfalls durch das Zeichen und das Haus, in denen er steht –, wie du die Dinge empfindest und auf welche Weise du dir ohne größere Mühen Inspiration holen kannst.
* Venus sagt dir etwas über deine ästhetischen Vorlieben und die Eigenschaften, die du schätzt. Von ihr kannst du lernen, welche Stärken und Vorzüge du hast, auch auf beruflichem Gebiet und ganz besonders, wenn dein Beruf eine Verbindung zu Kunst oder zu schöpferischer oder gestalterischer Tätigkeit hat.
* Jupiter steht für die positiven Auswirkungen deines Handelns auf eine Gemeinschaft oder die Gesellschaft. Von ihm erfährst du etwas darüber, welchen Projekten du große Bedeutung verschaffen willst und wo du dich entfalten und deinen Platz finden kannst.
* Im 2., 6. und 10. Haus, die von der Arbeit und der Verwirklichung deiner Pläne handeln, finden sich möglicherweise Vorhaben, mit denen du deinen Lebensunterhalt verdienst, dich nützlich machst oder sozial erfolgreich sein kannst.

* Das 5. Haus hat einen direkten Bezug zu kreativen Tätigkeiten, doch du solltest auch andere Häuser im Blick behalten! Du brauchst dir also keine Sorgen zu machen, wenn du ein zehnbändiges Epos veröffentlichen oder drei Kinder haben willst und dein 5. Haus scheinbar unbewohnt ist. Die Autorin dieses Buches ist der lebende Gegenbeweis: Sie betreibt einen Podcast, kreiert regelmäßig Content – und in ihrem 5. Haus steht kein einziger Planet!

> *Welche Themen interessieren dich besonders? Auf den Seiten 256 und 257 deines Astro-Tagebuches kannst du die gesammelten Informationen eintragen und miteinander vergleichen.*

- IX -

Astrologische Begegnungen

Das Universum steht nicht still. Auch während du lernst, dich selbst mithilfe deines Geburtshoroskops besser zu verstehen, setzen die astrologischen Planeten ihre Wanderschaft am Himmel fort. Daher bezieht die Astrologie die Planetentransite in ihre Betrachtungen mit ein. Wenn die Planeten über dein Horoskop wandern, aktivieren sie dabei Bereiche, die am Tag deiner Geburt eine astrologische Bedeutung hatten. Daher solltest du mit ihren Umläufen vertraut sein.

Die aktuellen Positionen der Planeten

Auf zahlreichen Internetseiten, die sich mit Astrologie beschäftigen, kannst du die aktuellen Positionen der Planeten abrufen. So kannst du dich mit ihren Umläufen vertraut machen und aktuelle Transite verfolgen.

DAS BALLETT DES MONDES:
DAS AUF UND AB DER EMOTIONEN, TAG FÜR TAG

Der Mond ist ein extrem schneller Himmelskörper. Für eine Erdumrundung braucht er im Durchschnitt 29,5 Tage. Weil er in jedem Zeichen nur zwei Tage verweilt, durchläuft er den gesamten Tierkreis in weniger als einem Monat. Achte einmal darauf, wann im Verlauf eines Monats er seine Geburtsposition erreicht, also das Zeichen, in dem er zum Zeitpunkt deiner Geburt stand. Möglicherweise bist du um diese Zeit herum besonders im Einklang mit dir und deinen Gefühlen. Er kann – vor allem bei Mondfinsternissen – eine enorme Wirkkraft entfalten, insbesondere, wenn er eine Achse des Tierkreises beeinflusst, die in deinem Horoskop bereits durch die Anwesenheit anderer Planeten aktiviert ist. Eine Mondfinsternis verweist auf Unabgeschlossenes. Wenn etwa ein Planet im Krebs oder im Steinbock steht und sich in einem der Zeichen eine Mondfinsternis abspielt, solltest du diesem Geschehen besondere Aufmerksamkeit widmen. Welche Häuser werden durch diese Mondfinsternis in den Mittelpunkt gerückt?
Ein Mondphasenzyklus (Lunation) besteht aus folgenden Phasen:

* **Bei Neumond** ist der Erdtrabant kaum zu erkennen, weil er sich zwischen Erde und Sonne befindet und daher von der Erde aus nur seine dunkle Nachtseite zu sehen ist. Die Zeit des Neumonds gilt als Phase der Öffnung, des Neubeginns, der Initiation und des Anpackens. Hier erneuert sich der Kreislauf, weshalb du dir seine Frische und seine neu gewonnene Energie zunutze machen kannst. Achte darauf, in welches Zeichen dieser Neuanfang fällt. Wenn es ein Zeichen ist, das Themen anspricht, die dich besonders bewegen, ist der entsprechende Neumond ein günstiger Moment, um Wünsche bezüglich dieser Bereiche auszusprechen. Wenn bei dir beispielsweise der Krebs im 10. Haus steht, kann ein Neumond im Krebs eine gute Zeit sein, um zu formulieren, wie du gesellschaftlich und beruflich erfolgreich sein willst.

* **Das erste Viertel** zwischen Neumond und Halbmond ist die Phase der Entscheidungen. Die Vorsätze und Projekte des Neumondes werden verwirklicht.

* **Bei Vollmond** erstrahlt der Erdtrabant in vollem Licht. Dann ist die »Stunde der Wahrheit«, der Moment der Begutachtung gekommen – unsere Gefühle, unsere Siege und Niederlagen treten zutage. Vollmond gilt als ein bedeutender astrologischer Augenblick. Das Zeichen, in dem er auftritt, kann erhellende Einblicke in die Dynamiken deines Horoskops liefern, vorausgesetzt, du lässt dich von deiner Intuition und deinen Empfindungen leiten. Akzeptier, was du in dieser Phase über dein Gefühlsleben lernst, und beherzige die Botschaften, die von außen kommen. Auf diese Weise kannst du verstehen, in welchem emotionalen Zustand du bisher warst, und deine Lage mit Weitblick und ungetrübter Sicht neu einschätzen.

* **Das letzte Viertel** ist die Zeit der inneren Einkehr und der Neuorganisation. Wie beim letzten Zeichen des Tierkreises, den Fischen, und beim 12. Haus geht es nun darum, das Loslassen zu lernen. Das letzte Viertel ermuntert uns dazu, über unser Handeln und unsere Gefühle nachzudenken, auch auf die Gefahr hin, dass wir den Mut verlieren oder das bisher Erreichte unangemessen scharf kritisieren. Wenn wir aus unseren Fehlern und unserer Verletzlichkeit lernen, uns ein für alle Mal von ihnen befreien und sie hinter uns lassen, haben wir jedoch viel zu gewinnen.

Der Mond beeinflusst vor allem unsere emotionale Verfassung

Auch ohne dass ein äußeres Ereignis dich über Gebühr erschüttert, kann der Mond seelischen Aufruhr auslösen – in der Familie, im Freundeskreis, in der Partnerschaft, im Beruf ... Der Mond ist der Planet der Bewusstwerdung, der die Tonart der Musik unseres Inneren bestimmt.

DIE BAHN DER SONNE:
DER WEG DES IDEALBILDES,
JAHR UM JAHR

Bist du nun mit allen Ecken und Winkeln deines Geburtshoroskops vertraut? Hervorragend! Dann kannst du jedes Jahr an deinem Geburtstag den Weg der Sonne durch den Tierkreis interpretieren. Den Lauf der Sonne kannst du dir auf etlichen Internetseiten errechnen lassen. Dazu gibst du Ort und Zeit deiner Geburt ein sowie den Ort, an dem du deinen nächsten Geburtstag verbringen wirst. Dann errechnet das Programm die Konstellationen am Himmel in jenem Moment, in dem die Sonne wieder am selben Ort steht wie zum Zeitpunkt deiner Geburt. Diese Karte der Sonnenbahn beschreibt die astrologischen Dynamiken des bevorstehenden Jahres bis zu deinem nächsten Geburtstag. Bei ihrer Analyse geht man wie bei der Interpretation eines Geburtshoroskops vor; auch sie ist in Häuser und Zeichen eingeteilt, in denen die Planeten stehen.

Wenn du dein Geburtshoroskop von einem Astrologen mit der Karte deiner Sonnenbahn vergleichen lässt, kannst du etwas über das kommende Jahr erfahren.

* Der Aszendent zeigt an, welche Grundstimmung das Jahr prägen wird.
* Die Himmelsmitte zeigt an, ob du deine Ziele in Gesellschaft, Öffentlichkeit und Beruf erreichst und welchen Platz du in der Gesellschaft einnehmen wirst.
* Wenn du ausreichend Erfahrung hast, kannst du auch die Aspekte auf beiden Karten vergleichen. Wenn beispielsweise das Zeichen deines Aszendenten in der Sonnenbahn im 5. Haus steht, sind womöglich deine Kreativität oder dein Kinderwunsch stark ausgeprägt, weil sich das 1. Haus deines Geburtshoroskops – »Ich bin« – mit dem 5. Haus des kommenden Jahres – »Ich erschaffe« – überschneidet.
* Du kannst auch die Planeten ermitteln, die herausstechen, etwa jene, die isoliert von den anderen stehen und dadurch als Ausgleich für die gesamte Karte fungieren, oder beispielsweise die Planeten im 10. Haus, die deine Aufmerksamkeit auf die Ereignisse richten, die dein Berufsleben im bevorstehenden Jahr prägen werden.
* In welchem Haus die Sonne steht, zeigt an, welcher Lebensbereich von ihrem Ehrgeiz profitieren wird. Der materielle Wohlstand im 2. Haus? Das traute Heim im 4. Haus? Die Reisen im 9. Haus? Die berufliche Karriere im 10. Haus?

Die Sonne – der Wille zum Erfolg

Die Sonne will, dass du glänzt, ob nun in Liebesangelegenheiten, in der Familie, im Beruf oder in finanzieller Hinsicht. Dieser strahlende Stern will deinen persönlichen Triumph. Ein Jahr lang erhellt er starke und schwache Achsen und treibt dich zu ruhmreichem Fortschritt.

DER WALZER DES JUPITER:
ALLE ZWÖLF JAHRE EIN ERFOLG

Jupiter ist der Planet der Integration in die Gesellschaft und der persönlichen Entfaltung im Rahmen einer Gemeinschaft. Er gilt traditionell als großer Wohltäter, der ausschließlich Prunk und gute Nachrichten bringt. So steht er für Phasen des Wachstums und des Wohlstandes – aber auch für Überfluss und Maßlosigkeit. Außerdem symbolisiert er das Erreichen höherer Bewusstseinsstufen und die Erweiterung von Prinzipien und Glaubensinhalten infolge neuer Perspektiven und neuer Bekanntschaften.

Er braucht ein Jahr, um ein Zeichen zu durchlaufen, und zeigt uns dabei verschiedene Arten, wie wir uns die kollektive Energie aneignen können. Wie passen wir uns neuen Normen oder kulturellen Idealvorstellungen am besten an?

Du hast bereits gelernt, dass in deinem Horoskop jedes Haus mit einem oder mehreren Zeichen des Tierkreises verbunden ist. Nehmen wir an, in deinem 1. Haus steht der Widder. Wenn ein Planet dieses Zeichen durchquert (Transit), tritt das Hauptthema des 1. Hauses in den Vordergrund, die spontane und instinktive Selbstbehauptung. Daher behalten die Astrologen das Geschehen am Himmel laufend im Blick; sie lesen daraus nicht nur allgemeine Entwicklungen ab, sondern verfolgen auch, wie aktuelle Konstellationen sich auf die Horoskope ihrer Klienten auswirken – oder auch auf ihr eigenes Horoskop!

Wenn Jupiter in ein neues Zeichen eintritt, erreicht er damit meist auch ein neues Haus. Verfolge seinen Lauf; so lernst du, in welchem Lebensbereich du wachsen und dich entwickeln kannst. Durch eine Analyse der Aspekte der Planeten kannst du auch die Risiken der Jupitertransite ermitteln. Nimm deine Astro-Map zur Hand und vergegenwärtige dir die harmonischen sowie die gespannten Aspekte deines Horoskops. Nehmen wir an, bei dir steht die Sonne im Widder und der Mond in der Waage und somit in Opposition zur Sonne. Wenn dann Jupiter den Widder durchquert, betont er diese Opposition zwischen Mond und Sonne, die dein Geburtshoroskop prägt.

Ermittle (z. B. auf einer Astro-Internetseite), in welchem Zeichen sich Jupiter derzeit befindet. Sieh dann nach, in welchem Haus in deinem Horoskop dieses Zeichen steht. Welches Thema rückt Jupiter bei dir in den Vordergrund?

* **Im 1. Haus** geht es um den Zyklus des persönlichen Wachstums, der zu größerer innerer Freiheit führt. Dieser Zyklus dauert zwölf Jahre. Hier besteht die Gefahr, dass du dich auf deinen Lorbeeren ausruhst und zu nachsichtig mit dir selbst umgehst.

- **Im 2. Haus** kannst du materielles Wachstum erreichen und Gelegenheiten nutzen, um dein Vermögen zu vermehren. Die Gefahr hierbei: dass du mehr ausgibst, als du geplant hattest, und dass du den Wert deines Besitzes überschätzt.
- **Im 3. Haus** bieten sich dir günstige Gelegenheiten in Sachen Fortbildung und Ortsveränderungen. Dein Austausch mit anderen verläuft reibungslos, offen und entspannt. Allerdings besteht die Gefahr, dass du dich verzettelst.
- **Im 4. Haus** gelingt es dir, das Gefühl der inneren Stabilität zu erhöhen. Weil du lernst, deine Bedürfnisse und Emotionen zu benennen, fällt es dir leichter, dein eigenes Zuhause zu erschaffen. Doch besteht die Gefahr, dass der Wille, um jeden Preis ein eigenes Haus zu errichten, dich restlos beherrscht.
- **Im 5. Haus** weckt ein Jupitertransit die Sehnsucht nach einer Liebesbeziehung, nach künstlerischer Betätigung oder nach eigenen Kindern. Das birgt allerdings die Gefahr, dass du dich zu sehr deinen Leidenschaften oder der Erholung hingibst.
- **Im 6. Haus** bringt Jupiter Schwung in den Alltag, weil er dir Begeisterung verleiht sowie die Lust, die Pflichten des täglichen Lebens zu erledigen. Gefahr: Überarbeitung, zu viel Sport sowie zu strenge Ernährungsregeln.
- **Im 7. Haus** legalisiert Jupiter Verbindungen und Partnerschaften. Das führt möglicherweise zur Sehnsucht nach einer Paarbeziehung. Je nach den Aspekten können aber auch Streitigkeiten, Trennung und Scheidung die Folge sein.
- **Im 8. Haus** geht es möglicherweise um eine Erbschaft oder einfach um ein neu erwachtes Interesse an Psychologie oder den Wissenschaften des Okkulten und des Unsichtbaren. Hier besteht die Gefahr, dass du Geld verlierst, das du nicht durch eigenes Verdienst erworben hast, oder dass eine generationenübergreifende oder psychoanalytische Bewährungsprobe ins Haus steht.
- **Im 9. Haus** stößt du mithilfe eines Jupitertransits womöglich zu neuen Horizonten vor und gewinnst an Lebensweisheit. Gefahren entstehen hauptsächlich durch etwaige gespannte Aspekte mit anderen Planeten.
- **Im 10. Haus** eröffnen sich berufliche Chancen, etwa eine Beförderung oder die Versetzung auf eine verantwortungsvollere Position. Gefahr: Arbeitswut.
- **Im 11. Haus** beleuchtet der Transit den Umstand, dass du dich verstärkt in die Gemeinschaft einbringst: in einem Verein oder auf politischem, kulturellem oder sozialem Gebiet. Gefahren entstehen durch etwaige gespannte Aspekte.
- **Im 12. Haus** wirkt Jupiter als Beschützer deiner Gesundheit und deines Unbewussten. Er hilft dir, Bewährungsproben zu bestehen und gestärkt daraus hervorzugehen.

Jupiter repräsentiert deine persönliche Entfaltung

Alle zwölf Jahre, wenn er in deinem Horoskop zu seiner Ausgangsposition zurückkehrt (in das entsprechende Zeichen und damit in das entsprechende Haus), ermutigt Jupiter dich, dir zu überlegen, was du tun kannst, um dein Glück, dein Vermögen, dein Wohlergehen und deinen Ruhm zu mehren.

DER LANGE WEG DES SATURN:
ALLE DREISSIG JAHRE WIRD BILANZ GEZOGEN

Saturn braucht dreißig Jahre, um den Tierkreis einmal zu durchlaufen. Um unseren dreißigsten und sechzigsten Geburtstag herum findet also jeweils eine sogenannte Wiederkehr des Saturn statt. Saturn lässt uns Mangel und Frust spüren, als wolle er uns etwas entziehen, um uns dazu zu treiben, mehr Verantwortung zu übernehmen und die innere Stärke zu entwickeln, die uns unabhängig von den anderen macht.

Je nach den Aspekten in deinem Horoskop kann das zu Erschütterungen und Verlusten führen oder zu einer Festigung dessen, was sich bewährt hat. Wenn man Saturns lange Reise im Blick behält, erscheint alles relativ. »Alles fließt« – nirgends trifft dieser Spruch so sehr zu wie im Tierkreis. Wenn ein Durchgang des Saturn einen besonders bitteren Verzicht mit sich bringt, bedenke, dass eine solche Phase höchstens drei Jahre dauert. Außerdem will Saturn dich ja nicht bestrafen, sondern dir helfen, sich von dem zu befreien, was dir ein nur trügerisches Wohlbefinden verschafft und dich belastet. Saturn schafft Ordnung, und bei einem Transit schafft er eine neue Ordnung. Das ist nicht immer angenehm, auf lange Sicht jedoch notwendig und förderlich.

Ermittle (z. B. auf einer Astro-Internetseite), in welchem Zeichen sich Saturn derzeit befindet. Zieh auch hier wieder die Verbindung zu deinem Geburtshoroskop: Wo steht dieses Zeichen bei dir? In welchem Haus? Finden sich darin Planeten, die harmonische oder gespannte Aspekte bilden?

* **Im 1. Haus** ermutigt ein Saturn-Transit dazu, den Blick nach innen zu wenden und die eigene Identität neu zu definieren, um mehr Verantwortung zu übernehmen und zu einem reiferen Selbstbild zu gelangen.
* **Im 2. Haus** sorgt Saturn dafür, dass du ein neues Verhältnis zum Materiellen gewinnst, und ermuntert dich, dir einen Überblick über deine inneren und äußeren Reichtümer zu verschaffen. Ziel ist es, sorgsamer damit umzugehen. Dieser Transit kann sich auf deinen Lebensstandard auswirken, auf deinen Körper (der ja dein grundlegendes materielles Gut ist) sowie auf die Entfaltung deiner Talente.
* **Im 3. Haus** verändert Saturn die Art und Weise, wie du mit anderen kommunizierst und dein Umfeld betrachtest. Eine solche Phase ist ein günstiger Zeitraum, um eine Ausbildung oder ein Studium abzuschließen.
* **Im 4. Haus** verhilft Saturn dir zu einem neuen Begriff von Zuhause, Sicherheit und Familie. Das kann dich ein wenig aus der Fassung bringen und dir Stabilität rauben, dich aber auch dazu veranlassen, umzuziehen und dir ein neues Heim zu suchen, wodurch du die Orientierung verlierst.
* **Im 5. Haus** verändert ein Saturn-Transit deine schöpferischen Kräfte und die Art und Weise, wie du deine Liebe zeigst und deine Leidenschaften auslebst. Saturn kann dir zu mehr Disziplin bei kreativen Prozessen verhelfen oder für Frust in Liebesbeziehungen sorgen, wenn du Schwierigkeiten hast, aufrichtig zu sein.

- **Im 6. Haus** verschiebt Saturn die Koordinaten deines Alltags. Arbeitsorganisation, sportliche Betätigungen, Ernährungsgewohnheiten – all dies erhält eine neue Struktur, die deiner Gesundheit förderlicher ist, auch wenn du dann strenger mit dir umgehen und dich an Regeln halten musst. Nimm dabei nicht die Rolle des wehrlosen Opfers ein – es hat keinen Sinn, sich der Lektion des Saturn entziehen zu wollen. Hör auf seine Botschaft, um nicht in eine Blockade zu geraten.
- **Im 7. Haus** verhilft Saturn dir zu einer neuen Sicht auf die Zugeständnisse, die Beziehungen erfordern. Die Aufgabe besteht darin, die Tragweite des eigenen Verhaltens zu erkennen und zu lernen, den anderen so zu lassen, wie er ist, ohne sich dabei selbst zu verbiegen. Wenn du dich weigerst, dich zu öffnen, fallen Partnerschaften, die nicht fest verankert sind, möglicherweise der Sense des Saturn zum Opfer.
- **Im 8. Haus** verändert Saturn deine Fähigkeit zur inneren Wandlung sowie dein Verhältnis zum Tod und zur eigenen Sterblichkeit. Aufgabe ist es, Abhängigkeiten durch Wechselbeziehungen zu ersetzen, und die Trauer, die zehrenden Kummer mit sich bringt, durch eine Trauer, die bereichert.
- **Im 9. Haus** definiert Saturn den Sinn neu, den wir unserer Existenz geben. Deine philosophische oder religiöse Sicht auf das Leben entwickelt sich und kann zu einem höheren Gesamtverständnis führen und dein Bewusstsein auf eine höhere Stufe heben.
- **Im 10. Haus** verändert ein Saturn-Transit die Rolle, die die Himmelsmitte dir zuschreibt, dein Verhältnis zu deiner eigenen Autorität, zu der Person, die du in der Öffentlichkeit darstellst, sowie zu deinem Platz im sozialen Leben. Wenn du mit deinem Beruf nicht im Einklang bist, könnte das zu drastischen Veränderungen in deiner Karriereplanung oder deiner Laufbahn führen.
- **Im 11. Haus** bestimmt Saturn deinen Platz und dein Verhalten in der Gruppe neu. Welches Ideal verfolgst du in einer Gemeinschaft? Die Aufgabe besteht darin, die soziale Integrität zu bewahren und in Freundschaften oder im bürgerschaftlichen Engagement für die notwendigen Veränderungen zu sorgen.
- **Im 12. Haus** drängt Saturn dich zum Rückzug, zur Isolation und zur Einsamkeit, die Voraussetzung sind, um Bilanz zu ziehen, ohne dich zu verzetteln oder die Flucht nach vorn anzutreten. Aufgabe: abschließen, was abgeschlossen werden muss.

Der weit gespannte Bogen des Saturn

Saturn wird nicht ohne Grund mit einer Sense dargestellt. Wenn er glaubt, dass du dich mit zu vielem herumplagst, trennt er das Überflüssige ab. Wenn du meinst, etwas unbedingt zu brauchen – eine Sache, einen Menschen –, liegt das an mangelnder Reife. Lern, dir selbst genug zu sein. Alle dreißig Jahre ermuntert Saturn dich zu einer Bestandsaufnahme dessen, was du bist, was du tust und was du hast – und dazu, Überflüssiges wegzuwerfen.

RÜCKLÄUFIGE PLANETEN: ZEIT ZUM INNEHALTEN

Wenn ein Planet – von der Erde aus gesehen – scheinbar langsamer wird, zum Stillstand kommt und dann auf seiner Bahn zurückwandert, spricht man von einem rückläufigen Planeten. Einige Wochen oder Monate später macht er erneut kehrt und wandert wieder in die gewohnte Richtung. In Wirklichkeit vollführt kein Himmelskörper ein solches Hin und Her, sondern es handelt sich um eine optische Täuschung (wie beim Überholen eines Autos: Es wirkt, als fahre das überholte Auto rückwärts, in Wirklichkeit fährt man selbst einfach schneller). In Horoskopen werden rückläufige Planeten mit einem R gekennzeichnet.

> **»Hilfe, in meinem Geburtshoroskop befinden sich rückläufige Planeten!«**
>
> *Ist das schlimm, Herr Doktor? Aber nein! Große Planeten wie Neptun, Uranus und Pluto sind vierzig Prozent der Zeit rückläufig. Einer von fünf Menschen wird bei rückläufigem Merkur geboren, und einer von fünfzehn bei rückläufiger Venus. Alles nicht so tragisch!*

Was bedeuten rückläufige Planeten für die Astrologie? Ist ein Planet in einem Geburtshoroskop rückläufig, so setzt er seine Energie in geringerem Ausmaß frei, oder zumindest auf eine mehr nach innen gewandte Weise. Das Wirken seiner Kräfte ist von außen weniger deutlich erkennbar.
Die Phasen, in denen ein Planet rückläufig ist, sind eher Zeiten der Introspektion als der Entscheidungen.
Ermittle (z. B. auf einer Astro-Internetseite), ob derzeit einer oder mehrere Planeten rückläufig sind, und falls ja, in welchen Zeichen sie stehen. Suche – wie für Jupiter und Saturn – den Bezug zu den Zeichen deines Geburtshoroskops und den Häusern, in denen sie stehen. Welche Themen betonen die rückläufigen Planeten in deinem Horoskop?

Rückläufiger Merkur
Ist Merkur rückläufig, kann das zu sprachlicher Unbeholfenheit führen, zu zögerlichem Sprechen oder einem Mangel an Vertrauen in die eigenen Lernfähigkeiten. Der Intellekt wird dadurch jedoch nicht beeinträchtigt.
Merkur ist alle vier Monate etwa drei Wochen lang rückläufig, also relativ häufig. In diesen Phasen kann es vorkommen, dass du dich in der Kommunikation ungeschickt anstellst oder sogar Schnitzer begehst (und etwa Mails überhastet abschickst oder dich beim Telefonieren verwählst), dass Transportmittel sich verfahren oder Verspätung haben, dass Verträge nicht rechtzeitig zustande kom-

men ... Werde bei solchen Störungen nicht nervös, sondern zeig Demut und entspann dich. Schon bald wirst du entweder zu alter Kommunikationsstärke zurückfinden oder lernen, bei deinen Äußerungen Vorsicht walten zu lassen. Wähle deine Worte mit Bedacht, nimm dir die Zeit, Geschriebenes noch einmal zu überprüfen, und vergewissere dich, dass deine Mail wirklich versandt wurde, bevor du dich über die ausbleibende Antwort ärgerst!

Rückläufige Venus
Wenn Venus rückläufig ist, fällt es dir möglicherweise schwer, deine Gefühle auszudrücken, was jedoch nichts an deren Echtheit ändert.
Venus ist alle zwanzig Monate zweiundvierzig Tage lang rückläufig. In diesen Phasen sind Beziehungen bisweilen weniger erfüllend, und neuen Bekanntschaften fehlt es an Reiz. Besinn dich lieber auf deine Werte, als oberflächliche Kontakte zu sammeln.

Rückläufiger Mars
Wenn Mars rückläufig ist, agierst du möglicherweise langsamer und besonnener, was aber nicht von vornherein ein Nachteil sein muss!
Mars ist alle zwei Jahre achtzig Tage lang rückläufig. Dann gilt es zu akzeptieren, dass unsere Entscheidungen mit der allgemeinen Verlangsamung kollidieren, oder dass unsere Vorhaben eine falsche Richtung einschlagen, weil wir blindlings drauflaufen.

Rückläufiger Jupiter
Wenn Jupiter rückläufig ist, kann das zu einer Entfaltung führen, die eher innerer Natur als nach außen gerichtet ist. Das schränkt seine Wirkmächtigkeit jedoch nicht ein.
Jupiter ist im Lauf eines Jahres etwa vier Monate lang rückläufig. Nutze diese Phasen, um deine Ziele neu zu definieren und deine Denkweisen zu hinterfragen.

Rückläufiger Saturn ♄
Wenn Saturn rückläufig ist, verstärkt er möglicherweise die weitverbreitete Haltung, vor der Verantwortung, die einem zukommt, zurückzuschrecken.
Saturn ist im Lauf eines Jahres etwa vier Monate lang rückläufig. Nutze diese Phasen, um zu hinterfragen, wie fest deine Absichten sind. Diese Monate sind auch eine günstige Zeit, um liegengelassene Projekte wiederaufzunehmen und im Licht der neuen Erkenntnisse zu betrachten.

Rückläufiger Uranus
Wenn Uranus rückläufig ist, steht das für einen Zugewinn an Unabhängigkeit. Diese ist allerdings eher innerer Natur und nicht so schroff, wie sonst bei diesem Planeten üblich.

Uranus ist im Lauf eines Jahres etwa fünf Monate lang rückläufig. Dann äußert sich dein Freiheitsdrang möglicherweise stärker als sonst, auch wenn es dir schwerfällt, das zu benennen, was dir wirklich guttun würde. Aber wenn Uranus wieder seine reguläre Richtung einschlägt, werden alle Ideen verwirklicht! Hierbei geht es auch darum, die Routinen zu durchbrechen, in denen sich der Alltag festgefahren hat.

Rückläufiger Neptun ♆
Wenn Neptun rückläufig ist, zeigt das an, dass sich das Innenleben ganz im Verborgenen abspielt und zutiefst private Züge annimmt.
Neptun ist im Lauf eines Jahres etwa fünf Monate lang rückläufig. Flüchte dich nicht in Nostalgie, sondern nähere dich deinem Inneren lieber auf therapeutischem oder künstlerischem Weg.

Rückläufiger Pluto ♀
Wenn Pluto rückläufig ist, gewinnt er möglicherweise mehr Einsichten, weil er eher in sein Inneres blickt, als das Überkommene in aggressiver Weise zu zerstören.
Pluto ist im Lauf eines Jahres zwischen drei und sieben Monate lang rückläufig. Seine Energie entfaltet sich in großer Entfernung und ist nur schwer wahrnehmbar, und oft wird davon abgeraten, zu Anfang und zu Ende der rückläufigen Phase weitreichende Entscheidungen zu treffen. Diese könnten dann mehr von dem Drang gelenkt sein, reinen Tisch zu machen, als von der positiven Sehnsucht nach einem Neuanfang.

EINIGE FRAGEN ZUM BEHUTSAMEN ABSCHLUSS ...

Himmelskarte oder Geburtshoroskop?
»Geburtshoroskop« ist der Fachbegriff für die Konstellation der Himmelskörper zum Zeitpunkt der Geburt einer Person bzw. für deren grafische Darstellung. Als »Himmelskarte« bezeichnet man eine astronomische Karte oder eben auch eine solche grafische Darstellung. Der Ausdruck ist nicht so präzise, dafür aber sehr poetisch!

Wenn jedes Horoskop einzigartig ist, wie verhält es sich dann bei Zwillingen?
Auch Zwillinge können verschiedene Horoskope haben; hierfür genügt es bereits, wenn sie, was recht häufig der Fall ist, mit einem Abstand von zehn, fünfzehn oder zwanzig Minuten zur Welt kommen. Diese zeitliche Differenz kann etwa den Aszendenten verändern (was eine Verschiebung in der Anordnung der Zeichen in den Häusern und damit im Gesamtbild des Horoskops bewirkt), aber auch die Position des Mondes, wenn der Übergang zwischen zwei Zeichen genau zwischen den beiden Geburten liegt. Zwillinge treffen oft ähnliche Entscheidungen und bleiben einander das ganze Leben lang eng verbunden, und manchmal gehen sie auch berufliche Partnerschaften ein.
Aber auch wenn zwei Menschen dasselbe Geburtshoroskop haben, können sie es auf unterschiedliche Weise mit Leben füllen. Ich kenne etwa zwei Zwillingsbrüder, die dasselbe Horoskop haben. Bei beiden stehen die Sonne und zahlreiche Planeten im Steinbock. Einer der beiden widmet sich der Forschung in der Quantenphysik, der andere ist Politikwissenschaftler – beides Gebiete, die typisch für Steinböcke sind. Beide haben differenzierte Gedanken und Gefühle in Bezug auf Männlichkeit und Vaterschaft (ihr Vater verstarb völlig unerwartet, als sie Ende zwanzig waren). Der eine entwickelt seine Ansichten im Kontext der Beziehung mit seiner Partnerin, der andere im Lichte seiner eigenen Geschichte mit seinem Partner. Von außen betrachtet, wirken ihrer beider Leben also recht verschieden, doch was sie im Inneren bewegt, ist durchaus vergleichbar.

Doch abgesehen davon, dass sich ein Horoskop aufgrund der Wanderschaft der Zeichen durch die Häuser und der Bewegungen der schnellen Planeten – wie etwa Mond oder Merkur – innerhalb weniger Stunden grundlegend ändern kann, ist jedes Horoskop auch deshalb einzigartig, weil wir das Glück haben, über einen freien Willen zu verfügen, weil wir unsere Entwicklung vorantreiben, an uns arbeiten und Erfahrungen sammeln können!

Sagt die Astrologie etwas darüber aus, ob zwei Menschen zueinander passen?
Ein weites Feld! Die Antworten können in mehrere Richtungen gehen ...
➡ Die Astrologie kann durchaus die Beziehung zwischen zwei Menschen beleuchten. Hierzu vergleicht man die beiden Horoskope miteinander (Synastrie). Man analysiert sie, wie in diesem Buch beschrieben, und vergleicht ihre Aspekte. Dieser vielschichtige Prozess lässt die Dynamik sowie mögliche Spannungen zwischen zwei Menschen erkennen. Je nach Art der Beziehung werden dabei bestimmte Details in den Blick genommen – eine Liebesbeziehung betrachtet man in einem anderen Licht als das Verhältnis zwischen Kollegen. Manchmal sind zwei Menschen die besten Freunde, könnten aber niemals miteinander arbeiten. Besteht zwischen zwei Liebenden eine gewisse Spannung, kann das ein temperamentvolles Sexualleben zur Folge haben; in einer platonischen Beziehung dagegen führen Spannungen eher zu Frust, der sich anstaut und nicht auflösen lässt.
➡ Was eine Liebesbeziehung angeht, sollte die erste Frage lauten: Welche Art von Beziehung suchst du? Wünschst du dir einen Partner, der innerlich stabil ist und mit dem du langfristig zusammenbleiben und eine Familie gründen kannst, auch wenn sich die Leidenschaft im Lauf der Zeit ein wenig verliert? Oder jemanden, mit dem du womöglich weniger gemeinsam hast, der dich aber immer wieder aufs Neue überrascht? Jemanden, der dir gleicht, jemanden, der dich ergänzt, oder jemanden, der grundverschieden ist und dich dadurch anregt? Brauchst du im Alltag deine Freiheit, oder schrecken Fernbeziehungen dich ab? Ist dir Treue wichtig, oder bist du für Offenheit? Welcher Partner der richtige für dich ist, hängt also von vielen Faktoren ab ...
➡ Wenn du eine simple Antwort suchst, wie etwa »Wenn bei dir die Sonne in dem und dem Zeichen steht, passt jemand zu dir, bei dem die Sonne in dem und dem Zeichen steht«, dann heißt das nur, dass dir bewusst ist, wie wichtig die Sonne für dein Ego und deinen persönlichen Erfolg ist. Aber die Sonne ist nur ein Element unter vielen. Du kannst auch mit jemandem glücklich werden, bei dem die Sonne in einem Zeichen steht, das nicht zu deinem zu passen scheint, der Rest des Horoskops aber zu deinem passt.
➡ Die Liebe ist ein großes Geheimnis! Theoretisch kann ein Astrologe analysieren, was zwischen zwei Menschen klappt und was nicht, er kann jedoch nicht beurteilen, inwieweit sie bereit sind dafür zu sorgen, dass ihre Liebesgeschichte einen guten Verlauf nimmt. Die Astrologie bestreitet nicht, dass

wir Menschen einen freien Willen haben, im Gegenteil. Du kannst dich also um eine gelungene Beziehung bemühen und dabei akzeptieren, dass nicht alles so läuft, wie du es dir wünschst, und trotzdem am gemeinsamen Leben mit deinem Partner festhalten. Gleiches gilt für das Begehren. Auch wenn bei einer Synastrie entsprechende Anzeichen zutage treten, können zwei Menschen, die einander brennend begehren, der Versuchung widerstehen, sei es aus Pflichtbewusstsein oder aus Stolz, und zwei Menschen, bei denen im Ehebett die Chemie nicht so recht stimmt, können durch Kommunikation, Vertrauen, Humor und Liebe zu einem erfüllten Sexualleben gelangen.

Hat das Horoskop bei zu früh Geborenen weniger Bedeutung?
Überhaupt nicht! Wann wir auf die Welt kommen, hängt von einer Vielzahl von Faktoren ab. Als Zeitpunkt der Geburt gilt der Moment, in dem wir den ersten Atemzug tun. Ab diesem Augenblick ist das Neugeborene da, sowohl offiziell im Sinne des Standesamtes als auch für sein familiäres Umfeld. Ob ein Baby spontan zur Welt kommt oder ob man es dabei unterstützen muss, weil es sich Zeit lässt, macht für die Astrologie keinen Unterschied.

Was kann mir die Beratung durch eine Astrologin bringen?
Zuvor solltest du dich über das Weltbild und die Moralvorstellungen der Astrologin informieren. Wie bei Psychologen hat auch bei Astrologen die jeweilige Persönlichkeit großen Einfluss auf die Arbeit. Manche haben ein eher traditionelles Weltbild, andere ein modernes, wieder andere ein feministisches. Manche halten am Schicksalsgedanken fest, andere betonen die Freiheit des Willens. Auch das persönliche Verhältnis ist von Bedeutung – bei manchen Menschen fühlt man sich wohler, bei anderen weniger, das ist nur menschlich ... Man kann auch eine Synastrie für Astrologe und Klient durchführen! Wichtig ist, dass du der Person vertraust, denn eine astrologische Beratung ist etwas ganz Besonderes, und es geht dabei um dein Wohlergehen.
Eine Beratung kann dir also einen Blick von außen auf dein Horoskop vermitteln. Weil Selbsterforschung schnell an ihre Grenzen stößt, kann es oft hilfreich sein, die Einschätzung von jemand anderem zu hören, der nicht urteilt, die Dinge aber an manchen Stellen objektiver sieht, weil er nicht in den einengenden Vorstellungen gefangen ist, die wir von uns selbst haben. Außerdem haben Astrologen viel Erfahrung; weil sie laufend Horoskope analysieren, haben sie ein Auge für Tendenzen und Wiederholungen. Das kann dir helfen, dein eigenes Horoskop besser zu verstehen.

Kommt man bei der Beschäftigung mit der Astrologie jemals an ein Ende?
Keinesfalls! Wie in der Philosophie kann man ein Leben lang neue Herangehensweisen entdecken und das Fach laufend hinterfragen!

Mein Astro-Tagebuch

Dieser Abschnitt des Buches gehört dir! Hier kannst du die Gedanken notieren, die dir während der Lektüre in den Sinn kommen.

Mein Horoskop ist schön!

(siehe S. 25)

Beim Betrachten meines Horoskops fällt mir Folgendes auf:

Verteilung der Planeten

Allgemeiner Eindruck

Die Tierkreiszeichen

(siehe S. 28)

Mit den zwölf Tierkreiszeichen verbinde ich:

	Vorurteile	Eigenschaften	Schwächen	Bin ich das?	Erinnert mich an:
Widder					
Stier					
Zwillinge					
Krebs					
Löwe					
Jungfrau					
Waage					
Skorpion					
Schütze					
Steinbock					
Wassermann					
Fische					

Mein astrologischer Kompass

(siehe S. 65)

Auf den Hauptachsen befinden sich diese gegenüberliegenden und komplementären Zeichen. Sie eröffnen mir folgende Entwicklungsperspektiven:

	Zeichen	Eigenschaften	Entwicklungslinien
Achse Aszendent – Deszendent			
Achse Himmelstiefe – Himmelsmitte			
Achse(n) meiner Planeten			

Die vier Jahreszeiten

(siehe S. 68)

Mit der Jahreszeit, die in meinem Horoskop besonders hervorsticht, verbinde ich Folgendes:

Frühling (Zeichen: Widder, Stier, Zwillinge)

Sommer (Zeichen: Krebs, Löwe, Jungfrau)

Herbst (Zeichen: Waage, Skorpion, Schütze)

Winter (Zeichen: Steinbock, Wassermann, Fische)

Elementar, meine liebe Astro-Freundin!
(siehe S. 70)

Um zu ermitteln, ob in meinem Horoskop ein Element besonders betont ist, zähle ich in der Tabelle auf Seite 246, wie viele Planeten jeweils:
- in einem Feuerzeichen stehen (Widder, Löwe, Schütze)
- in einem Erdzeichen stehen (Stier, Jungfrau, Steinbock)
- in einem Luftzeichen stehen (Zwillinge, Waage, Wassermann)
- in einem Wasserzeichen stehen (Krebs, Skorpion, Fische)

Planeten, Elemente, Qualitäten
(siehe S. 72)

Um zu ermitteln, ob in meinem Horoskop eine Qualität besonders betont ist, zähle ich in der Tabelle auf Seite 246, wie viele Planeten jeweils:
- in einem kardinalen Zeichen stehen (Widder, Krebs, Waage, Steinbock)
- in einem festen Zeichen stehen (Stier, Löwe, Skorpion, Wassermann)
- in einem beweglichen Zeichen stehen (Zwillinge, Jungfrau, Schütze, Fische)

Planet	Zeichen	Element				Qualität		
		Feuer	Erde	Luft	Wasser	kardinal	fest	beweg-lich
Sonne ☉								
Mond ☽								
Merkur ☿								
Mars ♂								
Venus ♀								
Ceres ⚳								
Jupiter ♃								
Saturn ♄								
Uranus ♅								
Neptun ♆								
Pluto ♇								
Summe								

Jetzt kann ich erste Perspektiven benennen (meine Stärken und mögliche Entwicklungslinien), je nachdem, welche Elemente und Qualitäten in meinem Horoskop vorherrschen.

	Stärken Allianzen Kraftquellen	Dunkle Seiten Widersprüche Entwicklungslinien
Verteilung der Elemente	Diese(s) Element(e) ist/sind vorhanden:	Diese(s) Element(e) fehlt/fehlen:
Verteilung der Qualitäten	Diese Qualität(en) ist/sind vorhanden:	Diese Qualität(en) fehlt/fehlen:

Mein astrologisches Profil

(siehe S. 86)

Was mir zu den Hauptaspekten meines Horoskops einfällt:

Mein Sonnenzeichen:

Mein Mondzeichen:

Mein Aszendent:

Meine Planeten im Tierkreis

(siehe S. 87 bis 110)

Jeder meiner Planeten steht in einem bestimmten Zeichen.

	... erhält Energie aus diesem Zeichen:	... hat folgende Würde:	... und das lässt mich an Folgendes denken:
Sonne ☉ Mein Ideal Mein Streben nach Erfolg			
Mond ☽ Mein Gefühlsleben Was mich beruhigt			
Merkur ☿ Mein Geist; Meine Sprache			

Venus ♀ Meine Empfindsamkeit Meine Neigungen			
Mars ♂ Meine Kampfeslust Meine Wut			
Ceres ⚳ Meine Logik Meine Fähigkeiten			
Jupiter ♃ Meine Entfaltung Meine soziale Integration			
Saturn ♄ Meine Frustration Meine Verantwortung			
Neptun ♆ Meine Illusionen Meine Träume			
Uranus ♅ Meine Unabhängigkeit Meine Freiheit			
Pluto ♇ Meine Widerstandskraft Meine innere Stärke			

Meine Häuser und ihre Zeichen

(siehe S. 119)

Jedes Haus hat sein eigenes Thema. Es steht jeweils unter dem Einfluss der Energie eines Zeichens.

	In meinem Horoskop steht in diesem Haus folgendes Zeichen:	Was fällt mir daran auf?
1. Haus ICH BIN		
2. Haus ICH BESITZE		
3. Haus ICH KOMMUNIZIERE		
4. Haus ICH EMPFINDE		
5. Haus ICH LIEBE		
6. Haus ICH DIENE		
7. Haus WIR SIND		
8. Haus WIR GEBEN WEITER		
9. Haus WIR ERKUNDEN		
10. Haus WIR GESTALTEN		
11. Haus WIR TEILEN		
12. Haus WIR GEBEN UNS HIN		

Meine Planeten und ihre Häuser
(siehe S. 119)

Jeder Planet erfüllt in dem Haus, in dem er steht, eine bestimmte Aufgabe.

	... erfüllt seine/ihre Aufgabe im Haus Nummer:	Das Thema dieses Hauses lautet:	Was mir dabei in den Sinn kommt:
Sonne ☉ Mein Ideal Mein Streben nach Erfolg			
Mond ☽ Mein Gefühlsleben Was mich beruhigt			
Merkur ☿ Mein Geist Meine Sprache			
Venus ♀ Meine Empfindsamkeit Meine Neigungen			
Mars ♂ Meine Kampfeslust Meine Wut			

	... erfüllt seine/ihre Aufgabe im Haus Nummer:	Das Thema dieses Hauses lautet:	Was mir dabei in den Sinn kommt:
Ceres ⚳ Meine Logik Meine Fähigkeiten			
Jupiter ♃ Meine Entfaltung Meine soziale Integration			
Saturn ♄ Meine Frustration Meine Verantwortung			
Neptun ♆ Meine Illusionen Meine Träume			
Uranus ♅ Meine Unabhängigkeit Meine Freiheit			
Pluto ♇ Meine Widerstandskraft Meine innere Stärke			

Meine Planeten und ihre Beziehungen

(siehe S. 205)

Planeten bilden Aspekte, d. h. sie stehen zueinander in Beziehungen, die harmonisch oder gespannt sein können. So auch in meinem Horoskop.

Astrologische Wechselwirkungen	Stärken Allianzen Kraftquellen	Dunkle Seiten Widersprüche Entwicklungslinien
Aspekte zwischen Planeten	Sextile: Trigone:	Quadraturen: Oppositionen:

Meine astrologische Erzählungen

(siehe S. 246)

	... erhält Energie aus diesem Zeichen:	... hat folgende Würde:	... erfüllt seine/ihre Aufgabe im Haus Nummer:
Sonne ☉ Mein Ideal Mein Streben nach Erfolg			
Mond ☽ Mein Gefühlsleben Was mich beruhigt			
Merkur ☿ Mein Geist Meine Sprache			
Venus ♀ Meine Empfindsamkeit Meine Neigungen			
Mars ♂ Meine Kampfeslust Meine Wut			
Ceres ⚳ Meine Logik Meine Fähigkeiten			
Jupiter ♃ Meine Entfaltung Meine soziale Integration			
Saturn ♄ Meine Frustration Meine Verantwortung			
Neptun ♆ Meine Illusionen Meine Träume			
Uranus ♅ Meine Unabhängigkeit Meine Freiheit			
Pluto ♇ Meine Widerstandskraft Meine innere Stärke			

... bildet mit diesen Planeten Allianzen:	... findet mit diesen Planeten nur schwer zu einem Gleichgewicht:	Was ich daraus mitnehme:

Thematische Ausflüge
(siehe S. 219)

Hier ist Platz für weiterführende Gedanken zu bestimmten Themen, die mich interessieren oder betreffen.

Gefühlsleben: Welche Hinweise geben mir diese Planeten bzw. Häuser?

* Mond:

* 4. Haus:

* 8. Haus:

* 12. Haus:

Beruf: Welche Hinweise geben mir diese Häuser?

* 2. Haus:

* 6. Haus:

* 10. Haus:

Familie: Welche Hinweise geben mir diese Planeten bzw. Häuser?

* Mond (Mutter):

* Ceres (Erzieherin):

* Sonne (Vater):

* Saturn (pädagogische Autorität):

* Merkur und Venus (Brüder und Schwestern):

* 4. Haus:

Paarbeziehung: Welche Hinweise geben mir diese Planeten bzw. Häuser?

* Sonne und Mars:
* Mond und Venus:
* 7. Haus:

Sexualität: Welche Hinweise geben mir diese Planeten bzw. Häuser?

* Mars:
* Venus:
* Pluto:
* Lilith:
* 5. Haus:
* 8. Haus:

Kreativität: Welche Hinweise geben mir diese Planeten bzw. Häuser?

* Sonne:
* Mond:
* Venus:
* Jupiter:
* 2., 4., 10. Haus:
* 5. Haus:

Mein Reisetagebuch

Was ich von meiner astrologischen Reise mitnehme:

Entdeckungen: Was ich über mich gelernt habe
*
*
*

Pläne: Was ich noch tun will
*
*
*

Herausforderungen: Auf zu neuen Abenteuern
*
*
*

Rituale: Routinen, die mir Freude und inneren Frieden verschaffen
*
*
*

....
Geburtsort *Geburtsdatum* *Geburtsstunde*

ZEICHEN		PLANETEN		UND ...	
♈ Widder	♎ Waage	♂ Mars	♀ Venus	☊ N. Mondknoten	
♉ Stier	♏ Skorpion	⚴ Proserpina	♇ Pluto	⚸ Lilith	
♊ Zwillinge	♐ Schütze	☿ Merkur	♃ Jupiter	⚷ Chiron	
♋ Krebs	♑ Steinbock	☽ Mond	♄ Saturn	⚶ Vesta	
♌ Löwe	♒ Wassermann	☉ Sonne	♅ Uranus	⚵ Juno	
♍ Jungfrau	♓ Fische	⚳ Ceres	♆ Neptun	⚴ Pallas	

HIMMELSMITTE

VIII Wir geben weiter
XI Wir erkunden
X Wir gestalten
IX Wir teilen
Wir g... uns

ASZE

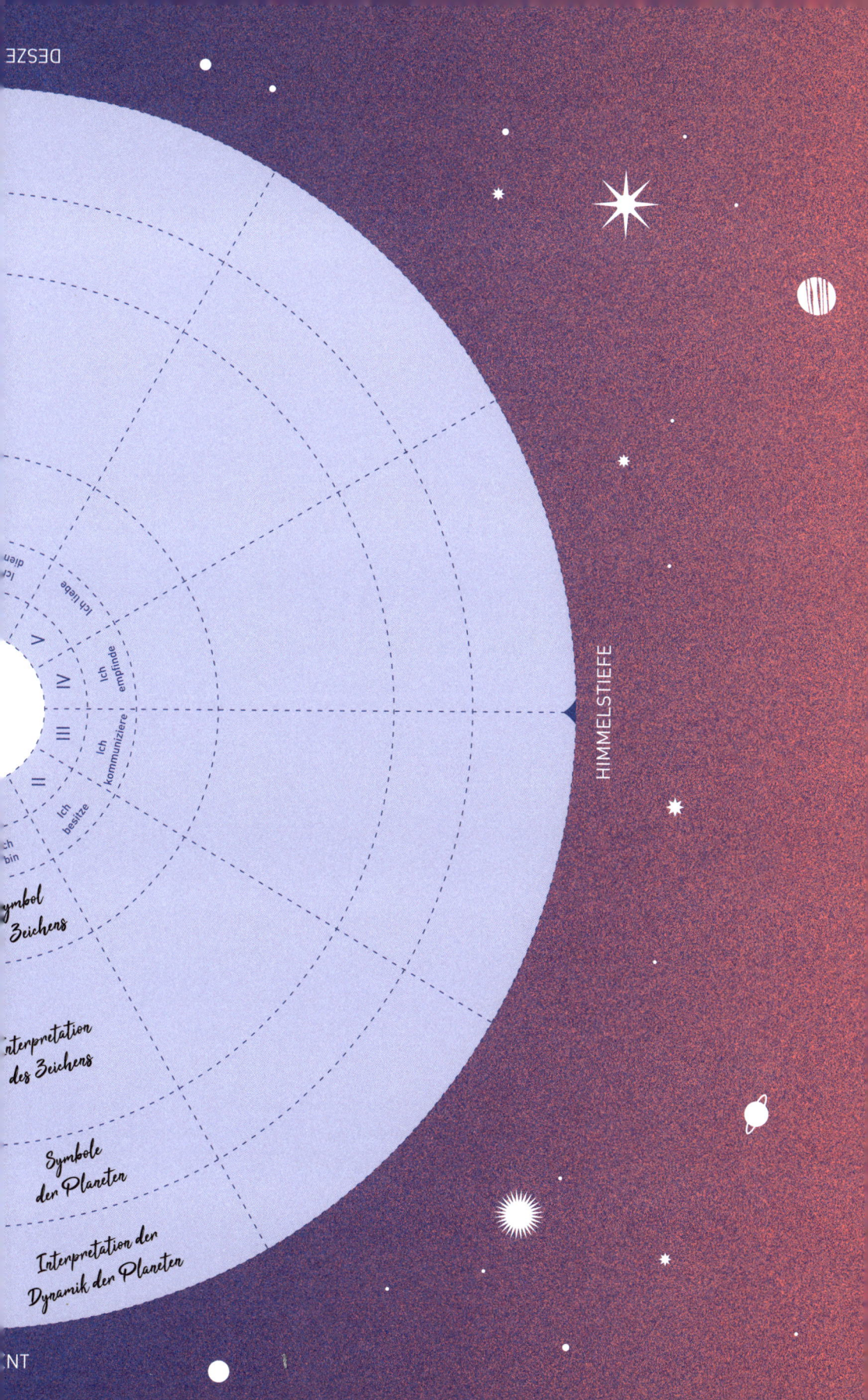

DANKSAGUNGEN

An die Jungfrau Lama und die Waage Marion, für ihr kostbares Vertrauen.
An den Widder Clémence, für seinen Enthusiasmus.
An einen weiteren trefflichen Widder, Lauriane, dafür, dass sie mir großzügigerweise ihre Bibliothek zur Verfügung gestellt hat.
An die Löwin Martine und an den Zwilling Alain, für ihre unerschütterliche Unterstützung.
An die genialen Skorpione Noémie und Zoé, die mir seit meiner Kindheit so viele Anregungen gegeben haben.
An den Krebs Dorian, mit dem man so wunderbar die Sterne betrachten kann.
An den Schützen Z, der mich immer wieder überrascht.

Die französische Originalausgabe erschien 2020 unter dem Titel »Astro Map«
© 2020, Éditions Solar, ein Imprint von Edi8, Paris
Lizenzausgabe mit freundlicher Genehmigung

Sollte diese Publikation Links auf Webseiten Dritter enthalten, so übernehmen wir für deren Inhalte keine Haftung, da wir uns diese nicht zu eigen machen, sondern lediglich auf deren Stand zum Zeitpunkt der Erstveröffentlichung verweisen.

Penguin Random House Verlagsgruppe FSC® N001967

Die Deutsche Nationalbibliothek verzeichnet diese Publikation
in der Deutschen Nationalbibliografie; detaillierte bibliografische Daten
sind im Internet unter http://dnb.d-nb.de abrufbar.

© dieser Ausgabe 2022 by Anaconda Verlag, einem Unternehmen der
Penguin Random House Verlagsgruppe GmbH,
Neumarkter Straße 28, 81673 München
Alle Rechte vorbehalten.
Umschlagmotiv: Clémence Gouy
Umschlaggestaltung: Druckfrei. Dagmar Herrmann, Bad Honnef
Satz und Layout: Achim Münster, Overath
Druck und Bindung: Alföldi, Debrecen
Printed in Hungary
ISBN 978-3-7306-1086-2
www.anacondaverlag.de